2018年
广西蓝皮书

广西文化发展报告

THE DEVELOPMENT REPORT OF GUANGXI'S CULTURE

广西社会科学院 编

广西人民出版社

图书在版编目（CIP）数据

广西文化发展报告 / 广西社会科学院编 . — 南宁：广西人民
出版社，2018.12
（2018 年广西蓝皮书）
ISBN 978-7-219-10990-8

Ⅰ . ①广… Ⅱ . ①广… Ⅲ . ①地方文化—文化发展—研究
报告—广西—2018 Ⅳ . ① G127.67

中国版本图书馆 CIP 数据核字（2020）第 041426 号

GUANGXI WENHUA FAZHAN BAOGAO

广西文化发展报告

广西社会科学院　编

策　　划　温六零
责任编辑　周娜娜
责任校对　廖　献
装帧设计　子　浩
责任排版　施兴彦

出版发行　广西人民出版社
社　　址　广西南宁市桂春路 6 号
邮　　编　530021
印　　刷　广西桂川民族印刷有限公司
开　　本　787mm×1092mm　1 / 16
印　　张　18.25
字　　数　328 千字
版　　次　2018 年 12 月　第 1 版
印　　次　2018 年 12 月　第 1 次印刷
书　　号　ISBN 978-7-219-10990-8
定　　价　50.00 元

2018 年广西蓝皮书编委会名单

主　任　陈立生

副主任　谢林城　刘建军　黄天贵

委　员　（按姓氏笔画为序）

王建平　韦朝晖　邓　坚　冯海英
刘东燕　吴　坚　陈红升　陈洁莲
林智荣　周可达　冼少华　姚　华
黄红星　蒋　斌　覃　娟　覃卫军
覃子沣　曾家华　解桂海　廖　欣

本书编委会名单

顾　问　李建平

主　编　王建平

副主编　李　萍

编　辑　过　竹　任旭彬　吕文静

2017年是我国实施国民经济"十三五"规划的推进之年，也是广西区域经济和文化发展的重要年份。在这一年里，广西生产总值达到了20396.25亿元，同比增长7.3%，在全国排在第17位。全区规模以上文化产业法人单位748个，比上年增加93个；资产总计810.9亿元，同比增长24.0%；实现营业收入796.4亿元，同比增长7.6%。

2017年，全区文化工作者认真学习、贯彻落实中共中央十八届七中全会精神和党的十九大精神，以及习近平总书记视察广西重要讲话精神，坚定文化自信，勇于进取，砥砺前行，在建设民族文化强区、促进广西文化走出去上取得了可喜突破，推动了社会主义文化事业与产业长足发展，开创了繁荣局面。

2017年初，与文化相关的广西文化厅、广西新闻出版广电局、广西文联、广西社科联、广西社科院分别召开了2017年工作会议，总结成绩，部署工作，谋划2017年广西文化繁荣发展大计，并且逐一落实。全区文化工作者经过一年的艰苦奋斗，取得了宣传思想文化建设扎实推进、公共文化服务能力切实提高、文化遗产传承发展不断强化、新闻出版广播影视更上台阶、社会科学事业取得新的成绩、文化产业发展保持良好态势、广西文化走出去打开了新局面等成绩。

　　《2018年广西蓝皮书：广西文化发展报告》是广西社会科学院出品的年度性系列丛书之一，2018年这一本是已经出版的第14本。它记载了2017年广西文化事业和文化产业建设的光辉历程与成就，提出了广西文化在新时代里的发展对策，因而成为广西社会科学新型智库的重要载体。该书除后记由七个部分组成：（一）总报告。对2017年广西文化事业与产业发展的有关情况进行全面介绍，并对今后的趋势和路径提出具体建议。（二）理论探讨篇。对广西文化产业现象以及民族文化事象进行理论研究，提出新颖见解。（三）行业发展篇。对广西文化系统、新闻出版广电系统、社科联系统和文艺界等行业及其具体领域的发展情况进行报告。（四）专题分析篇。对广西舞台艺术、广西广播影视、广西文化产业等专题展开具体而深入的研究。（五）文博研究篇。对广西主要的博物馆和纪念馆进行案例研究，以响应习近平总书记在合浦汉代博物馆参观海上丝绸之路文物精品展所发表的有关重要讲话。（六）地方文化篇。继续关注各级地方文化建设所取得的成绩，探寻未来发展之路。（七）附录。对2017年广西文化大事进行梳理和记录。这样，读者通过这本书就可以较为全面地了解和把握2017年广西文化发展状况，并且得到有关广西文化发展的对策启迪。

　　本书的成书与出版得到了广西文化界各行各业的支持和帮助。除广西社会科学院文化研究所全体同事的共同努力外，我们还得到中共广西区委宣传部、广西文化厅及其广西民族文化艺术研究院、广西新闻出版广电局及其广西电视台、广西社科联、广西文联及其广西文艺评论家协会和广西民间文艺家协会、广西统计局、广西文化产业集团及其广西演艺集团和广西电影集团，以及广西大学、广西经济干部管理学院、中共广西区委党校、广西博物馆、广西民族博物馆、桂林博物馆、柳州工业博物馆、八路军桂林办事处，以及崇左市宁明县、贺州市昭平县黄姚镇等单位及专家的大力支持。他们为本书提供了翔实而丰富的资料和新颖独到的观点，具有较强的应用性、针对性和指导性，以及学术价值。

　　在此，我们向这些单位和专家表示衷心感谢！期盼他们一如既往地继续支持，共同为繁荣发展新时代广西文化事业与产业做出贡献。

目录

2018年广西蓝皮书：广西文化发展报告

THE DEVELOPMENT REPORT OF GUANGXI'S CULTURE

总报告

002　2017年广西文化事业与产业发展总报告

理论探讨篇

036　广西文化产业集团改革现状与发展路径探索

043　广西区直国有文化企业新时代创新发展的实践
　　　与探索
　　　——以广西演艺集团为例

049　广西边境地区民族语"传播保护"探析
　　　——以崇左市开展本地壮语方言传播工作为例

行业发展篇

058　2017年广西文化系统发展报告

070　2017年广西文化产业发展报告

089　2017年广西图书出版业发展报告

096　2017年广西文艺评论家协会发展报告

专题分析篇

106　筑就新时代广西舞台艺术高峰研究

114　广西广电事业发展现状问题及对策分析

119　广西广播电视公益广告发展的必要性及现状
　　　对策研究

133　影视作品走出去国际化专业化不够的调研报告

139 广西电视台国际频道改革创新发展报告

148 加快广西文化产业发展战略统计监测报告

155 江海联动下广西文化产业发展优势分析

164 广西文化及相关产业发展相对滞后的原因及对策

文博研究篇

170 广西壮族自治区博物馆改革创新发展报告

181 广西民族博物馆的建设历程及特色分析

194 桂林博物馆 2017 年发展报告

203 柳州工业博物馆建设成果初探

212 八路军桂林办事处旧址红色旅游景区建设状况与发展思路

地方文化篇

226 新时代视域下南宁市文化产业发展对策研究

240 做大做强花山文化旅游品牌的战略思考

250 黄姚镇文化现状与发展对策建议

附录

262 2017 年广西文化大事记

后记

282

广西文化发展报告

广西社会科学院 编

总报告

2017 年广西文化事业与产业发展总报告

广西社会科学院《广西文化发展报告》课题组*

2017 年是"十三五"规划的推进之年。党的十九大胜利召开，中国特色社会主义进入新时代，广西各项事业取得新成就、呈现新气象。

一、宣传思想文化建设扎实推进

2017 年，广西宣传思想文化战线按照中宣部和自治区党委的要求，以习近平新时代中国特色社会主义思想为指导，深入学习贯彻党的十九大精神，学习贯彻习近平总书记视察广西重要讲话精神和广西营造"三大生态"、实现"两个建成"等重大战略部署，贯彻落实自治区第十一次党代会会议精神，特别是认真学习贯彻习近平总书记在文艺工作座谈会和中国文联十大、中国作协九大重要讲话精神。全区宣传思想文化系统紧紧围绕宣传贯彻党的十九大这条主线，牢牢把握"两个巩固"根本任务，为广西发展提供了有力的思想舆论保证和良好的精神文化条件。

（一）理论学习成效显著，舆论引导能力不断有效提升

广西各级党委、政府认真贯彻落实党的十九大精神，

---

* 课题组由广西社会科学院文化研究所成员组成。组长：王建平（副所长、研究员）。组员：任旭彬（副研究员）、李萍（副研究员）、过竹（副研究员）、吕文静（助理研究员）。

围绕全区意识形态和宣传思想文化建设、高校思想政治工作等会议精神，把学习习近平新时代中国特色社会主义思想和党的十九大精神作为各级党委（党组）中心组学习的必修课，作为学校思想政治教育和课堂教学的重要内容，以多种形式组织开展党的十九大精神进教材、进课堂、进头脑。结合推进"两学一做"学习教育常态化制度化，采用"三会一课"等形式开展多形式、分层次、全覆盖的全员培训。自治区党校发挥主阵地作用，开发约 70 个专题作为学习贯彻党的十九大精神的核心课程，举办各类培训班 123 期，培训学员 9022人，其中包括外国政党培训班 9 期，培训学员 172 人；创新开发党性教育情景课《忠诚》，组织 8000 多名区直机关党员干部职工和在校主体班学员观看，在区直机关引起热烈反响。文艺界组织开展美术、书法、摄影、诗会、歌会等形式的主题文艺活动，推出主题文艺作品，深入企业、农村、社区、街道、学校等，开展面向基层的文艺活动。结合广西实际，开展党的十九大精神重大咨政课题专题招标，及时组织专家开展重点专项课题理论研究，把学习贯彻党的十九大精神不断引向深入。党的建设制度改革落地见效。广西积极学习贯彻执行《中国共产党工作机关条例（试行）》《关于加强新形势下党的督促检查工作的意见》《中国共产党党务公开条例（试行）》等，全面推进党内制度建设，从严治党向下延伸，广西基层党组织建设全面推进。

深化理论创新，加强阵地建设。依托党校、高校、马克思主义理论研究和建设工程基地、马克思主义学院、中国特色社会主义理论体系研究中心、报刊媒体网络理论等宣传阵地，不断推出一批高质量的理论创新成果，为促进广西经济社会发展提供了强有力的智力支持。2017 年内，广西国家社科基金项目立项创历史新高。共获得国家社科基金年度项目、青年项目、西部项目立项 116项，获资助金额 2380 万元，有 23 个单位 21 个学科的 116 人获得立项。其中，重点项目 4 项，一般项目 46 项，青年项目 19 项，西部项目 47 项。广西哲学社会科学规划课题立项课题 321 项。其中，资助项目 90 项，包括一般项目 58 项，青年项目 32 项。2017 年初，召开广西第十四次社会科学优秀成果奖颁奖大会，加强激励理论创新。广西出版单位策划出版《习近平谈治国理政》（壮文版）、《党风十章》、《多彩中国梦》等重大主题精品出版物，《中国道路的文化基因》和《院士之路》入选国家新闻出版广电总局公布的迎接党的十九大精品出版重点出版物选题。

强化思想引领，形成正面舆论强势。媒体发挥特有优势，创新传播方式，为宣传思想文化工作做出积极贡献。2017 年内，广西组织开展了中国梦、社会主义核心价值观等重大主题宣传，主要媒体成功报道了全国和全区两会、习近平总书记视察广西、党的十九大召开、建军 90 周年、香港回归 20 周年、广西

"壮族三月三·八桂嘉年华"、中国—东盟博览会（商务与投资峰会）、环广西公路自行车世界巡回赛等重要会议和节庆活动，形成主流舆论强大声势。针对复杂敏感、经济民生热点问题和重大突发事件等，及时发布权威信息，及时回应社会关切，及时有力辨析批驳错误思潮观点，有效引导社会舆论。全国两会期间，广西电台创新采取面向东盟多语种全媒体报道形式进行融媒体报道，泰语、柬埔寨语、老挝语和缅甸语两会特别节目分别在当地国家广播电视台的落地（交换）节目中播出，并在中越双语《荷花》杂志期刊中推出两会专稿。"三月三"期间，广西电视台2017"壮族三月三·八桂嘉年华"大直播首次走出国门，国内外融媒体直播送达用户超过一亿人次。广西电台与缅甸国家广播电视台签约合办电视栏目《中国电视剧》，这是中国媒体与缅甸国家广播电视台首次以固定时间、固定栏目的合作方式开办电视栏目，开创了中国媒体与"一带一路"沿线国家开展合作传播的全新模式，使得广西舆论引导及国际传播能力得到有效提升。

全方位统筹理论宣传、新闻宣传、网络宣传、社会宣传、文艺宣传、对外宣传，全面准确、深入浅出、生动鲜活地开展宣传贯彻党的十九大精神宣传解读活动。依托各级党报党刊、电台、电视台，如广西电视台、《广西日报》、《当代广西》、广西新闻网等主要媒体开设学习党的十九大精神专题专栏。全区电台电视台开设《砥砺奋进的五年》《喜迎十九大》《十九大时光》等专栏，宣传展示广西"十二五"以来重大成就。同时，广西学习十九大精神宣讲团抽调骨干力量组赴各地市县深入企业、农村、机关、校园、社区进行宣讲，并利用广大基层干部、贫困村党组织第一书记、驻村工作队员力量，组成上下结合的宣讲团，专门组织选调生宣讲团，深入基层并充分利用各类媒体，以群众喜闻乐见的方式开展宣讲，深刻阐释和解读习近平新时代中国特色社会主义思想和党的十九大精神。大力宣传全区各地各部门学习贯彻十九大精神的实际行动、具体措施和创新做法。推动一批深入阐释习近平总书记系列重要讲话精神、中国梦等的重点外向型桂版优秀出版物和项目输出版权、落地更多的东盟国家。把学习宣传贯彻党的十九大精神与贯彻落实习近平总书记对广西工作的重要指示精神紧密结合起来，使党的十九大精神入脑入心，成为指导实践、加快推动广西富民兴桂各项事业向前发展的强大思想武器。

（二）大力弘扬优秀文化，促使文化事业产业不断发展

广西宣传部门通过各类平台，积极传播中华优秀文化，提高公众人文素养，提升社会道德水平，为全区经济社会发展提供强大的精神动力和智力支持。2017年内，举办开展爱国主义教育进校园专题活动，组织开展多场弘扬主旋律、传播正能量科普活动，弘扬中华优秀传统文化专题科普活动。组织开展

系列文艺活动。积极参与"壮族三月三·八桂嘉年华"等节庆主题活动，参与主办以"我们的中国梦"为主题的滇黔桂三省（区）践行社会主义核心价值观山歌擂台赛，用山歌的形式宣传社会主义核心价值观，弘扬主旋律。组织"一带一路"全国美术名家走进海上古丝路始发港合浦采风创作，举办"美丽南方·美丽广西"全国当代书法精品展，"美丽广西·七彩云南——广西、云南美术作品展"，广西入选历届国展作者书法作品展，2012—2017年广西获奖摄影作品展暨第八届广西摄影家协会会员精品展，"第五届广西艺术作品展"美术、书法、篆刻展等一系列活动，进一步弘扬了中华优秀传统文化。

组织开展第五届全区"讲文明树新风"公益广告征集评选活动。广泛开展"我们的节日"主题活动，利用重点节庆活动和传统节日，开展"书写赠送春联"、"感恩父母"、节日民俗、缅怀先烈、经典诵读、孝老爱亲等形式多样的主题活动。深入开展"斑马线上的文明"主题活动，培育文明交通新风尚。深入学习宣传道德建设先进人物，组织开展道德模范、"身边好人"、广西公民楷模新闻人物、广西十大孝心人物、美德少年评选表彰。广泛开展"和谐建设在基层"和"感恩教育"活动。推进未成年人思想道德建设，深入开展"网上祭英烈""学习和争做美德少年"、童心向党歌咏活动、向国旗敬礼、"美丽广西·少年阅读纪"读书活动。大力宣传凡人善举，激发向善向上的正能量。抓好网络文明建设。持续推进志愿服务制度化。继续推进文明城市、文明村镇、文明单位、文明家庭、文明校园创建，大力传承中华优秀传统文化，为广西发展提供强大的精神力量和丰润的道德滋养，唱响弘扬社会主义核心价值观主旋律。

文化惠民不断深入，文化产业发展提质增效。全区建设2043个村级公共服务中心。全区1515个博物馆、纪念馆、公共图书馆、美术馆、文化馆、乡镇综合文化站、城市社区（街道）文化中心实现零门槛开放和免费提供基本服务。2017年新增的843个村综合文化服务中心，全部安排在民族自治县、边境县，实现全区14个民族自治县、边境县基层综合性文化服务中心全覆盖，文化扶贫惠民富新举措。广西首届全民艺术普及日活动在柳州启动，成为全国首个确立推广"全民艺术普及日"的省区。骨干文化企业扶持力度不断加大，有5个文化产业项目获得文化部扶持，38个项目获得自治区文化产业发展专项资金扶持，得到补助近4000万元。联合自治区有关部门成功举办了2017中国—东盟博览会文化展和2017中国—东盟博览会动漫游戏展，吸引了大批国内外文化企业及组团参展。组织区内文化企业参加第13届中国（深圳）国际文化产业博览交易会、第2届中国（敦煌）丝绸之路文化博览会等全国文化展会并获得多个展会奖项。

坚决维护意识形态和文化安全。扎实开展扫黄打非"清源""净网""护苗""秋风""固边"专项行动。自治区党委印发了《关于进一步深化全区文化市场综合执法改革的实施意见》，切实做好文化市场监管工作，确保了文化市场环境安全有序。2017年内，全区共出动文化市场执法检查251450人次，检查经营单位83543家次，责令改正1199家次，受理举报239件，立案调查598件，移交案件15件，办结案件1030件，罚款195.8万元，没收违法财物19296件，没收非法音像（电子）出版物5612张。继续做好报刊、图书、音像制品、网络文学、手机出版物的审读审看工作，做好广播电视节目、网络视听节目的监听监看工作和广告播出监管，加强图书音像电子出版物、印刷复制、电影放映等市场监管。全区共排查清理虚假违法广告580条（次），进一步规范了广告播出秩序。全区共查缴各类违法出版物54.8万件，关停网站17家，查处各类扫黄打非案件445起。加强版权治理与工作体系建设。着力解决片面强调收视率、收听率、上座率、点击率、排行榜、发行量等问题。为促进广西经济社会持续健康发展做出积极贡献。

二、公共文化服务能力切实提高

（一）积极争取项目资金，基层文化建设扶持力度加大

1. 增加年初部门预算

2017年，自治区财政厅下达年初部门预算为4.93亿元，同比增长13.93%，其中，财政拨款数为4.11亿元，比2016年增加8082万元，同比增长24.51%，实现年初预算逐年"两位数"增加。2017年度部门预算、2016年度部门决算及"三公"经费情况均严格按财政厅和绩效考评要求，按时在部门网站上公开。2017年制定完善了《广西壮族自治区文化厅政府采购实施管理暂行办法》《广西壮族自治区文化厅本级政府采购实施管理暂行办法》《广西壮族自治区文化厅国有资产管理办法、固定资产管理暂行办法》和《广西壮族自治区文化厅本级财务管理暂行办法（修订）》，进一步规范资金管理。

2. 加大对基层项目的资金扶持力度

2017年，争取中央、自治区财政支持落实各项文化事业专项经费共计7.72亿元，并已全部下达到位。其中，落实村级公共服务中心建设经费3亿元，公益性文化设施场所免费开放资金2.22亿元，国家重点文物保护专项资金2.14亿元，"三区"（边远贫困地区、边疆地区、民族地区）人才培养经费1627万元，非物质文化遗产保护专项资金2059万元，为基层文化建设提供了资金保障。

3. 培育扶持文化产业创新发展取得新成效

评选公布了第七批自治区级文化产业示范基地20家、2017年度特色文化

产业发展重点项目 25 个。2017 年，自治区文化产业示范基地达到 131 家，国家文化产业示范基地达到 8 家，特色文化产业项目 75 个，列入国家和自治区专项资金重点支持范围。积极组织、指导申报 2017 年中央、自治区文化产业发展专项资金，经评审，确定中央文化产业发展专项资金支持 5 个项目，申请补助金额共计 900 万元；自治区文化产业发展专项资金扶持 38 个项目，扶持资金共计 2670 万元。

（二）着力推进为民办实事工程，服务群众水平不断提升

1. 为民办实事工程村级公共服务中心项目建设取得新进展

2017 年创新督查形式，推行"一公示、两随机、第三方核验"模式，以问题为导向，提升群众满意度，对村级公共服务中心建设项目进行督查和竣工验收。2017 年在全区支持建设 2043 个基层综合性文化服务中心，其中贫困村建设点 1171 个，占比 57%，实现了贫困地区民族自治县、边境县村综合文化服务中心全覆盖。截至 2017 年 10 月底，全区村级公共服务中心开工率 96%。自治区本级财政已累计投入资金约 21.34 亿元，建成 8279 个村级公共服务中心，到 2018 年初将增加到 10322 个，覆盖全区 72% 的行政村。

2. 公益性文化设施免费开放工作有序开展

全区 114 个公共图书馆，3 个美术馆，124 个文化馆，112 家博物馆、纪念馆，1127 个乡镇综合文化站，41 个城市社区（街道）文化中心实现零门槛开放和免费提供基本服务。2017 年 4 月 19 日至 21 日，习近平总书记亲临广西视察工作，首站参观了合浦汉代文化博物馆海上丝绸之路文物精品展览，肯定了围绕古代海上丝绸之路展出的文物有特色。2017 年全年，各级公共图书馆、文化馆、博物馆紧密围绕群众需求，在元旦春节、"三月三"、国庆、中秋等节假日期间举行了丰富多彩的群众文化活动。2017 年 1 月至 9 月，共举办各类文化活动 26235 次，服务群众 1500 多万人次。全区公共图书馆藏书量达 2800 万册，流通人次达 2000 多万人次，举办各类读者活动 4500 余次；全区各级群众艺术馆、文化馆举办各类文化服务 50000 余次，文化服务惠及 2000 多万人次。

3. 文化惠民演出广受好评

"南国之声"周末音乐会等全区 20 多个驻场演出品牌影响力持续扩大，全区共开展驻场演出 3193 场，观众 250 多万人次。全区各级文艺院团持续开展以"唱响八桂中国梦"为主题的艺术精品到基层惠民演出活动，演出 4878 场，观众 360 多万人次。举办了第九届广西音乐舞蹈比赛、2017 年全区"深入生活 扎根人民"音乐创作成果展演、2017 年全区"深入生活 扎根人民"小戏小品创作成果展演、2017 年全区基层院团地方戏曲优秀剧目展演、《旗帜飘扬》广西庆祝中国人民解放军建军 90 周年交响音乐会等专业艺术活动，以鲜明的

主题、多维度的视角展示了广西经济社会发展取得的辉煌成就,呈现了全区各族人民奋发有为、朝气蓬勃的精神风貌。

4. 群众文化活动丰富多彩

成功举办了"壮族三月三·桂风壮韵浓"系列文化活动。全区各地共组织各类文化活动 430 多场。组织优秀队伍参加中国老年合唱节、少儿合唱节、西部民歌歌会等。广西少儿合唱队在第八届中国少年儿童合唱节上荣获全国第三名。承办文化部、中央文明办 2017 年"春雨工程"——全国文化志愿者边疆行活动,组织开展"文化扶贫 春雨暖心"——文化志愿者助力脱贫攻坚巡演,文化志愿者深入上思县、龙州县、八步区、右江区等自治区 2017 年脱贫摘帽的贫困县开展文化扶贫活动。全国首创"全民艺术普及日"活动,组织开展读者阅读、广西少儿艺术比赛、广西广场舞大赛等文化活动,极大地丰富了群众的精神文化生活。

5. 文化工作宣传影响扩大

自治区文化厅主办的《广西文化》、"广西文化"微信订阅号、自治区文化厅官方网站等平台加强对"壮族三月三"、"5·18"国际博物馆日、文化和自然遗产日、第 12 届中国—东盟文化论坛等重点文化活动以及文化工作成绩、文化政策法规的宣传报道,让人民群众及时掌握活动信息,了解政策法规,提高人民群众的知晓度和参与度。2017 年 1 月至 10 月,广西文化厅官网已发布信息 2898 条,广西文化微信订阅号共推送信息 52 条,《广西文化》编印 9 期、刊载 25 万多字、图片 480 多张,全面立体地反映了广西文化发展新气象。此外,还积极借助《人民日报》、新华社、中央电视台、《光明日报》、《广西日报》等中央和自治区级主要媒体,宣传广西文化工作成绩。

(三)扎实推进项目建设,文化基础设施建设取得新突破

广西文化艺术中心等自治区重点建设项目稳步推进,计划年底完工明年年初投入使用。自治区文化厅持续加大指导支持力度,牵头组织广西演艺集团、广西戏剧院等相关单位对广西文化艺术中心的演出内容、项目规划等进行多次论证,确保各项演出工作顺利开展。

区直文化系统各基础设施项目推进加快。广西图书馆地方民族文献中心、区直文化系统幼儿园改扩建、广西艺术学校民族文化艺术教学综合大楼等 3 个项目即将投入使用。广西群众艺术馆改扩建项目已经正式动工,广西博物馆改扩建、广西民族剧院等 2 个项目共获得自治区财政安排的 2017 年政府新增债务资金 5000 万元。

各市文化基础设施项目有序开展。桂林博物馆新馆、钦州市图书馆新馆等一批新的文化场馆正式投入使用。南宁、柳州、贵港、玉林、贺州等市新建和规划了一批文化项目，大力改善城市文化基础设施水平。

（四）落实重点帮扶项目，定点扶贫工作取得新进展

1.产业扶贫项目建设扎实推进

按照"补短板、攻难点"的工作思路，安排专项经费252万元，重点推动马圣村、白山村、阳朔村、新寨村、凤立村等5个定点扶贫村13个农业产业发展和基础设施项目，进一步增强贫困村、贫困户的"造血功能"，提高贫困村（含2016年摘帽村）集体经济年收入。继续组织指导后援单位、帮扶干部深入结对贫困户共商脱贫计策，并给予力所能及的帮扶。

2.积极争取扶贫资金和优惠政策

紧紧围绕贫困村"十一有一低于"、贫困户"八有一超"的脱贫要求，指导驻昭平县扶贫工作队争取相关部门扶贫专项资金的支持，加大扶贫政策宣传力度，努力改善贫困村的生产生活条件，使贫困户在医疗救助、教育扶贫方面得到更多的帮助和实惠。

（五）公共文化服务内容不断丰富，进一步发挥艺术惠民、提升城市文化形象的积极作用

围绕中宣部、文化部等的工作部署，自治区文化厅2017年年初在全区启动了地方戏曲进校园活动，组织区市两级戏曲院团开展活动近千场，彩调剧《刘三姐》、壮剧《第一书记》、桂剧《打棍出箱》、粤剧《北上》、邕剧《牧虎关》等广西地方剧种的经典剧目走进校园。同时，各级政府及文化教育部门积极创新活动方式，河池学院与宜州共同建立了刘三姐艺术学院，排演大学生版彩调剧《刘三姐》赴外巡演，南宁市打造了"一场演出、一个课堂、一项培训、一项展览、一套教材"的"五个一"模式，柳州市打造了"艺术课堂平台＋校园展演平台＋数字教育平台"集成教育模式等，带动了活动持续深入开展。通过课堂讲台、演出舞台、网络平台"三台"联动，广西地方戏曲进校园活动受到了广大师生的热烈欢迎，戏曲艺术传承文化、涵养道德的独特作用得到了充分发挥。仅2017年"戏曲进校园"演出就达2975场，观众达210多万人次。在2017广西"戏曲进校园"演出活动中，广西戏剧院就派出150多名优秀演员，按剧种分成8个演出小分队分赴全区校园演出120多场，每场都得到各大高校学生的热捧，戏曲进高校全区覆盖率达50%。

以戏曲进校园活动为依托，全区艺术创作演出呈现繁荣景象。在2017年度国家舞台艺术基金申报中，广西共有34个项目获得资助，在全国排名第9位。在"一带一路"国际合作高峰论坛期间，广西的舞蹈诗《侗》在北京演出，为高峰论坛新闻中心组织的中外记者献演，得到广大观众的一致好评。同时，"南国之声"周末音乐会、"民族戏苑"周末剧场、南宁民歌湖周周演等全

区市县驻场惠民演出品牌通过开展常态化演出，继续发挥艺术惠民、提升城市文化形象的积极作用。

（六）以"国门文化工程"为抓手，国家公共文化服务体系示范区创建取得新进展

以"国门文化工程"为抓手，防城港市、柳州市柳南区积极开展第三批国家公共文化服务体系示范区（项目）创建工作。在文化部中期督查中，防城港市共有7项指标获得优秀评价，特别是自治区文化厅扶持的"国门文化工程"项目，以"五缘促五化"和"边山海湾民"特点打造的五个公共文化服务示范带得到了督查组的高度肯定，具体如下：

1. 打造防城港市边境"文化睦邻"示范带

在东兴市、防城区实施边境地区"文化睦邻"示范工程建设，分三类标准实施国门文化大院工程。国门文化大院设国门大舞台、文化广场、"四室一厅"等基础设施，配备一批数字化设备和文化专管员，每年开展活动12次以上，其中，一类大院对越南文体活动不少于3次，文体活动群众参与率在35%以上，每年举办培训班6次以上，实现常态化、规范化、制度化新要求，突出边境地区公共文化服务固边、安边、兴边新作用，形成边境地区公共文化服务示范引领作用。

2. 打造临海"文化惠民"公共文化服务示范带

在港口区实施沿海地区文化惠民示范工程，以港口区生态环境优良、农村人居环境和风貌良好以及工业企业集聚的优势条件，分类实施以"文化进企业、进移民社区、进自然屯"为抓手的文化惠民示范项目建设，造点、连线、扩面，打造一批文化惠民示范村、屯和文化惠民示范企业，深入村屯企业服务最基层群众职工。

3. 打造山区"文化扶贫"公共文化服务示范带

在上思县实施"十万大山文化家园"文化扶贫示范工程，培育一批文化示范户、壮（瑶）文化志愿服务队和乡土文化人才，满足山区、贫困地区人民群众文化需求，形成山区、贫困地区公共文化服务体系建设中可推广、可复制的有效工作经验和做法。

4. 打造环西湾文化体育休闲服务示范带

防城港主城区由三岛三湾组成，环西湾文化体育休闲服务示范带借2017年11月举办的防城港国际马拉松赛的有利契机，以北部湾文化广场、西岸公园、龙马广场、伏波文化广场等群众文化休闲广场和环西湾步道为依托，建设国学文化长廊等一批文化服务设施，形成以环西湾文化体育休闲为主的公共文化服务场所，满足城镇居民不断增长的文化活动场地需求。

5. 打造中越边境非遗保护惠民富民示范带

根据防城港非物质文化遗产资源分布情况，建设市非遗展示馆等9个非遗展示馆（展示室）、传承基地，以点带面、点面结合，在20公里范围内形成一条非物质文化遗产保护、展示长廊，并制定了服务标准。各非遗展示基地每年举办非遗传承培训不少于3期，非遗展品固定展出每周开放时间不少于5天；举办非遗展品展演巡展活动，每年组织各非遗点展品巡展不少于3次，至少举办一次非遗进校园活动；各非遗展示基地每年新增展品数量不低于展品总藏量的10%；通过京族"哈节"、独弦琴、大板瑶、"壮族三月三"民俗活动等，逐步形成中越边境非遗保护惠民富民示范带。

三、文化遗产传承发展不断强化

广西继续加大文物保护力度，加强文物资源合理利用，促进文物保护与城镇化建设协调发展。继续实施左江花山岩画病害防治和展示工程，推动灵渠、海上丝绸之路·北海史迹、三江侗寨申报世界文化遗产。围绕公共文化服务体系建设，打造文物展示和文博创意品牌，弘扬民族优秀传统文化，满足人民群众的文化生活需求。

（一）加强申报世界文化遗产

1. 全力以赴推进"海丝"申遗

2017年4月，在"一带一路"国际合作高峰论坛前夕，习近平总书记到北海视察时提出，合浦汉代博物馆和铁山港码头都与"一带一路"有着重要联系，北海具有古代海上丝绸之路的历史底蕴，要写好新世纪海上丝绸之路新篇章，并勉励北海牢牢抓住机遇，扎实推进申遗各项基础工作。自治区、北海市高度重视北海海上丝绸之路申遗工作，将海上丝绸之路申遗列为工作的重中之重，各项准备工作都在全面提速，基础研究、环境整治、展示宣传等工作止在全力推进。落实海上丝绸之路申遗的自治区、北海市、合浦县"三级联动"工作机制，加大与国家文物局、海上丝绸之路申遗牵头城市和国家研究机构、专家对接力度，逐步加强合浦汉墓群、草鞋村遗址、大浪古城遗址等遗产点与海上丝绸之路关联性的课题研究，抓紧实施《合浦汉墓群保护总体规划》，强力推进合浦汉墓群金鸡岭、四方岭的本体保护及环境整治、打造精品陈列展示等工作，继续加大宣传力度，提高人民群众对遗产保护和申遗工作的知晓率和支持度。

积极挖掘、保护遗存，寻找"始发港"遗迹，打造体现历史传承特色的文化名城。汉墓群附近区域发现的"大浪古城""草鞋村"两处汉城址，均已列入国家大遗址保护"十三五"规划。北海对合浦汉代文化博物馆进行改造提升，成立合浦县海丝研究院及合浦县申遗中心。在馆藏文物的保护和利用方面，北海市先后组织合浦汉墓群出土文物收藏单位，不断改善保管条件，开展文物整理、登记定级、藏品修复、科技保护、预防性保护、数字化管理等工作。实施大遗址保护展示工程。目前，合浦汉墓群四方岭、金鸡岭重点保护区文物保护和环境整治工程，已部分完成项目用地考古勘探、征地拆迁、工程技术方案编制审批工作。合浦汉墓群国家考古遗址公园项目正有序推进。

充分利用合浦汉代文化博物馆的场馆条件，不断创新陈列展览。为加强海上丝绸之路宣传交流活动，北海市一方面不断加强博物馆项目建设，先后选送相关文物珍品赴法国、美国等多个国家和中国香港等地展出，并参加"丝路帆远——海上丝绸之路七省（区）联展""跨越海洋——中国海上丝绸之路九城市文化遗产精品联展"等各类展览；以广西古代海上丝绸之路为背景创作的《沧海丝路》《海上丝路之南珠宝宝》两部影视作品的拍摄和播出，将进一步扩大北海海上丝绸之路的文化影响力。

2. 古籍普查工作有了新突破

广西在文物保护、文化普及方面有更多新动作。党的十九大报告提出了"坚定文化自信，推动文化繁荣"的重大任务，为进一步落实《关于实施中华优秀传统文化传承发展工程的意见》有关工作部署。2017 年 12 月 13 日，《广西壮族自治区图书馆古籍普查登记目录》首发仪式在南宁举行，这是广西首部正式出版的古籍普查登记目录，也是广西古籍整理的一个重要成果。此外，民族古籍的整理出版在本年度也取得累累成果。壮族古籍整理项目《壮族鸡卜经影印译注》获第四届中国出版政府奖提名奖。列入国家出版基金补贴项目的《苗族古歌·融水卷》《仫佬族文书古籍影印校注》顺利出版。利用地方民族文献中心建设的契机还完成了古籍多功能修复台、净水器、压书机、裱案等新设备和专业修复大墙的采购工作。桂林图书馆修复、装裱书画作品近 70 幅，并开展为其他公藏或私藏文献的修复工作。自治区博物馆完成了《道家初学》《地母真经》等 9 部少数民族文献修复，为少数民族古籍修复工作做了有益的探索。自治区地方志办公室修复了《历代地理志韵编今释》等 7 种 93 册古籍。

3. 继续推进桂北侗寨申遗工作

三江侗族村寨 2012 年列入《中国世界文化遗产预备名单》以来，湘桂黔将继续深化省区联动申遗机制，加强县级申遗交流。2017 年 4 月 19 日至 22 日，柳州市三江侗族村寨申报世界文化遗产业务培训在广西三江侗族自治县举行，来自自治区、市、县三级申遗工作相关研究部门和申遗领导小组成员单位的 90 余人参加培训，并在下半年举办侗族村寨申遗高峰论坛。

（二）深入实施中华优秀传统文化传承发展工程

1. 做大做强传统节庆"壮族三月三"

广西各地共组织开展了 400 多场"壮族三月三·八桂嘉年华"文艺活动，并与经贸、体育、旅游等结合，将"壮族三月三"打造成一个集民族文化、群众体育、风情旅游、特色消费于一体，全区各族群众广泛参与，对国内外游客有较强吸引力的民族文化嘉年华。2017 年"壮族三月三"期间，自治区文化厅在广西各地开展了多彩的民俗文化活动和精品演出，文化活动多达 430 项。文化活动包含了文化展、创意市集、少数民族歌舞展演、非遗美食展、"唱响家乡三月三"趣味课堂等丰富活动。充分利用全区博物馆、图书馆、文化馆站、美术馆、剧场等公共文化场所，组织开展各种群众文化活动，举办反映广西优秀非物质文化遗产的展览、展示、展演和广西民族文化艺术精品演出等活动。壮族服饰、壮族会鼓、凌云长号、苗族芦笙、苗族红伞、彝族打磨秋等非物质文化遗产项目，壮族五色糯米饭、瑶族油茶等传统美食为来宾营造具有民族特色、欢乐和美的节日氛围。"壮族三月三"活动更具国际性。"壮族三月三"期间，一场别出心裁的活动——2017 广西"三月三文化丝路行"，东盟友人、海外华侨争相参与。钦州市、防城港市、崇左市利用地缘优势，邀请泰国、老挝、越南等国家的民众和学生共同参与"壮族三月三"活动。"壮族三月三"已成为全区一个重要的民族特色文化品牌。"壮族三月三"作为广西颇具特色的非物质文化遗产，具有民族性、区域性、群众性的特色活动，已经成为世界认识广西的窗口之一。

2. 实施地方戏曲振兴计划和传统工艺振兴计划

广西各级文化部门以习近平总书记在文艺工作座谈会上重要讲话精神为指导，落实国务院办公厅《关于支持戏曲传承发展的若干政策》，传播和弘扬广西地方戏曲艺术，推动地方戏曲剧目创作。广西文化厅主办、广西戏剧院承办的全区基层院团地方戏曲优秀剧目展演在广西儿童剧院拉开帷幕，汇聚桂剧、彩调剧、采茶剧、仫佬戏等精彩亮相。2017 年广西戏剧院"戏曲进校园"演出活动启动仪式在广西艺术学院举办。此次"戏曲进校园"活动共安排 120 场演出，演出地点侧重于偏远地区特别是边境地区中小学，节目内容设置包含戏剧院精品剧目和折子戏专场两大主题，演出形式除了安排唱念欣赏、身段体验等，还将穿插活跃气氛的歌舞小品节目和表演互动环节。广西充分发挥广西与东盟人文合作优势，不断深化民间交往，传承传统文化。中国—东盟中心通过中国和东盟各国艺术院校之间的联动专门设置了传统艺术培训科目。

广西民族传统织绣培训计划之壮锦培训班在广西崇左龙州县开班，培训班将通过近两个月的时间对当地 40 名壮族妇女进行壮锦织绣培训，帮助学员掌握和提高织锦技艺，同时开展民族特色产品开发。广西壮族自治区博物馆、广西织绣发展研究会联合相关文化企业以传承民族织绣技艺和精准扶贫为目的，面对全区少数民族妇女开展的民族织绣培训项目，全面开发广西少数民族特色的文化旅游创意产品。广西各地 48 名服饰制作技艺传承人在广西民族大学经过为期 20 余天的交流学习后，对民族服饰制作技艺的认识由原来仅停留在谋生手段和单纯爱好的层面上，上升到进一步认识民族服饰文化的价值和发展潜力、保护民族服饰文化遗产的重要性。

3. 创造性转化和创新性发展，加强文化遗产保护利用

广西对文物保护工作的方方面面进行详细排查，包括是否建立联合执法工作机制、是否安排文物安全专门经费、是否签订安全责任书、是否建有视频监控和入侵报警系统、是否有正式人员专门负责文物安全和执法、是否有文物安全案件事故应急预案等。利用数字多媒体等现代化技术手段，全面、真实、系统地记录代表性传承人掌握的非物质文化遗产知识和精湛技艺，为后人传承、研究、宣传、利用非物质文化遗产留下宝贵资料。瑶族盘王节，当地称为还盘王愿、坐歌堂、奏堂等，是瑶族人民祭祀始祖盘王（盘瓠）的盛大节日，也是瑶民答谢许愿之诺的活动。

在文化传承方面，提升青少年儿童对本土文化的认知。2017 年的"壮族三月三"活动中，广西师院附属实验学校还通过与广西体育高等专科学校的合作，使得壮乡传统的板鞋、滚铁环、高脚马、抛绣球以及竹竿舞等民族传统体育项目，在该校也得到传承和发展。政府部门、专家学者、学校老师和学生的密切配合，持续有效地促进了"民族文化进校园"。河池拟为非物质文化遗产立法，加强传承人扶持力度。2017 年 6 月 9 日至 11 日，在百色市举行广西"文化和自然遗产日"活动，来自广西各地的非物质文化遗产传承人展示了壮族织锦技艺、坭兴陶烧制技艺、六堡茶制作技艺、角雕技艺以及马山壮族三声部民歌、侗族大歌、京族民歌，丰富多彩的文化遗产展示活动，有力促进民族文化遗产融入当代、走进百姓日常生活。广西还通过组织和举办文化遗产日主题活动、"壮族三月三"系列文化活动、中秋节文化惠民活动等大型文化活动对全区非物质文化遗产进行集中展示、展演，向广大民众展现非物质文化遗产魅力，提高民众非物质文化遗产保护意识。

广西开展非物质文化遗产保护工作取得了显著成效。如完成了第一次全区非物质文化遗产资源普查工作，收集了项目资源线索超过了 13 万条，各地汇集普查汇编 450 册。非物质文化遗产名录体系逐步完善：有联合国人类非物质文化遗产代表作名录扩展项目 1 项，国家级代表性项目 50 项，自治区级非物质文化遗产代表性项目 583 项，市级 1039 项，县级 2563 项。中越边境非物质

文化遗产惠民富民示范带建设雏形初现：已完成 32 个示范点的建设。研究成果显著：出版了国家级非物质文化遗产代表性项目丛书共 37 本，还有《广西非物质文化遗产精粹》《壮族三月三》画册、《美丽广西　多彩非遗》（广西国家级非物质文化遗产代表性项目图典）等出版。

（三）启动广西特色博物馆建设工程

深入贯彻落实习近平总书记视察合浦汉代文化博物馆的重要讲话精神，全面实施广西特色博物馆建设工程。"互联网＋中华文明"主题论坛、非物质文化遗产展演等丰富多彩的活动，把历史文化的保护挖掘与开发利用结合起来，提升博物馆的文化服务水平。在 2017 年国际博物馆日期间，广西壮族自治区各地市文化系统举办 100 多项非遗展示活动。2017 年 4 月 3 日，"秦汉文明"特展在美国纽约大都会博物馆展出，来自合浦汉代文化博物馆的数件文物也在展览中亮相。广西特色博物馆推出舞台演出、群文活动、全民阅读、文博展示等 350 多项主题文化活动。广西壮族自治区博物馆、广西民族博物馆、广西自然博物馆、广西图书馆全部免费开放，推出了"瓯骆遗粹——广西百越文化文物陈列""印象广西——2016 广西文化创意产品设计大赛获奖作品展""品味广西：2016 美丽广西·广西古民居古建筑摄影大赛获奖作品展"，传统民居文化生态展示园、地球与生物历史展厅、珍稀动物展厅、蝴蝶展厅、露天恐龙园及室外科普园区等精品展览，开展了一系列年味浓郁、内容丰富、形式多样、群众喜闻乐见的主题文化活动。

四、新闻出版广播影视更上台阶

广西新闻出版广电系统深入学习宣传贯彻习近平新时代中国特色社会主义思想，学习党的十九大精神，推动广播影视事业的大发展。

（一）注重宣传舆论的正确引导

各广播电台、电视台通过组织重大主题宣传，深化习近平总书记系列重要讲话精神，以及党的十九大报告精神和习近平总书记视察广西重要讲话精神的学习、阐释和宣传，开设《砥砺奋进的五年》《十九大时光》《喜迎十九大》《新时代　新思想　新征程　全面贯彻落实党的十九大精神》等专栏。其中，广西电台、广西电视台的党的十九大宣传报道得到中宣部 3 次点名表扬，获得国家新闻出版广电总局监听监看中心 2 次点评肯定。广西电视台的《还看今朝·广西篇》2017 年 9 月 21 日在中央电视台新闻频道播出后，在全国反响良好。广西电视台的五集"十九大系列"公益广告，也得到社会好评和自治区领导的表扬。北海电视台协作与合作采访的《习近平在广西考察工作时强调　扎实推动经济社会持续健康发展　以优异成绩迎接党的十九大胜利召开》《习近平在视察南部战区陆军机关时强调　抓紧抓实年度各项工作　努力开创部队工作新局面》《谱写丝路新篇章——习近平总书记考察广西在当地引起热烈反响》等3条新闻在《新闻联播》头条播出。这些报道正确地引导了社会的舆论导向。在出版方面，广西出版单位策划的《习近平谈治国理政》（壮文版）、《多彩中国梦》、《党风十章》等重大主题精品出版物得到扶持，《中国道路的文化基因》《院士之路》入选国家新闻出版广电总局迎接党的十九大精品出版重点出版物选题。这对新闻出版产生了引导作用。

（二）提升文艺精品的创作能力

广西继续实施"广西电影电视剧精品工程"，取得创作丰收，共摄制完成《这货是主人》《冰刀里的夏日》《龙窖》《爱＋100年》《艺术空间》《骆春伟》等6部电影，以及《烟花易冷》《沧海丝路》等2部80集电视剧。其中，广西重点打造的"一带一路"题材电视剧《沧海丝路》取得重大阶段性成果。另外，向自治区成立60周年献礼电视剧《北部湾人家》11月在北海开拍。广西电影集团创作电影3部、电视剧2部，完成少数民族电影译制89部，其摄制的故事片《石头》荣获第20届上海国际电影节亚洲新人奖、最佳影片奖提名奖和最佳编剧、最佳导演提名奖；电影《再见，在也不见》获广西第十四届精神文明建设"五个一工程"奖。该集团的40集电视剧《战昆仑》自2016年11月开始先后在湖南、吉林、天津等电视台播出，收视率及市场份额排名居于前列，2017年1月获得"2016年度湖南经视730剧场"长沙收视金奖，2017年6月获得第13届东方电影·电视剧颁奖典礼收视贡献奖。

广西原创纪录片、动画片少儿精品节目及宣传片的成绩显著。重点打造的电视纪录片《人间三月天》，播出效果良好；反映广西优秀名镇的5集纪录片纳入央视大型纪录片《记住乡愁》系列第三季，制作和播出量位居全国省市第二。自治区成立60周年文艺精品项目纪录片《壮美广西》已进入外景拍摄阶段。《少数民族民间故事动画系列片》项目之《窍哥2》（10集）的创作已经完成，电视动画片《海上丝路之南珠宝宝》登录央视少儿频道。自治区成立60周年文艺精品项目宣传片《相约广西》正在摄制中。广西电台的系列广播作品《"行政之手"拦下营业执照》获第27届中国新闻奖二等奖。

广西新闻出版广电局为迎接党的十九大召开，以及"一带一路"建设等重大主题活动，扶持并推出了《海上丝路之南珠宝宝》《青少年"红色记忆"故事汇》等一批精品图书。另外，《壮族科学技术史》《中国历代乐论》等7种重点出版选题入选"十三五"国家重点图书、音像、电子出版物出版规划增补项目。《是我：一个书法主义的无言之诗》《文爱艺爱情诗集》《错了?》被评为2017年度"中国最美的书"。这说明，广西精品的创作能力有所提升。

（三）推动网络文化的有序发展

广西新闻出版广电局组织开展 2017 "壮美广西·网播天下" 网络视听节目征集推选展播活动，圆满成功。其中，选送的《长明灯》等 3 部作品入选总局中国梦原创网络视听节目推选展播目录。作为全区首届网络视听节目的展播活动，在社会上产生了较大的反响，有力地推动了新的影视业态的发展。此外，广西还举办第三届网络文学大赛，扶持原创精品创作出版。在国家新闻出版广电总局举办的 "2016 年优秀网络文学原创作品推介活动" 中，由广西推荐的《我心缅怀旧时光》等 3 部作品入选，在数量上与上海并列全国第二位。

（四）巩固文化惠民的基础工程

首先，广西新闻出版广电系统认真落实自治区政府办公厅正式出台的《关于加快推进广播电视村村通向户户通升级的实施意见》所提出的 2020 年基本实现数字广播电视户户通的战略部署，继续实施村村通向户户通电视乡镇无线覆盖工程，在全区新建乡镇无线发射台站 55 个，并且基本完成 "十二五" 广播电视高山无线发射台站基础设施工程，进一步加快推进中央广播电视节目无线数字化覆盖工程建设。同时，对乡村民众的广播电影传播系统进行升级改造，以提升覆盖率。全区 1126 个乡镇全部光纤联网，6571 个行政村光纤联网，行政村联网率 45.8%。

其次，继续实施农村电影公益放映工程，已放映 154841 场；加大数字影院建设力度，新增城市数字影院 36 家，使城市数字影院总数达到 211 家，城市数字影院银幕突破 1000 块大关。这些基础工程的推进与完成极大地提升了全区广播影视公共文化的服务能力，全区数字电视用户数近 400 万户。

再次，制定《广西壮族自治区全民阅读中长期规划（2017—2025）》，深入展开 "八桂书香" 全民阅读活动，促进文化强区建设。举办 "2017 广西书展" 并销售图书 4.5 万余册，价值 136 万码洋。评选 "2016 桂版好书"，有《庄子哲学讲记》等 30 种好书入选。开展第二次广西居民阅读指数调查，2016 年的总指数为 63.18 点，比第一次调查有所提高。

（五）增强广播影视媒体的竞争实力

深化广播影视体制改革，推行权责清单，强化对行政权力的制约和监督，改革审批制度。加快构建 "双随机" 抽查监督体系，制定出台《自治区新闻出版广电局推行双随机抽查强化事中事后监管实施方案》和《自治区新闻出版广电局 "双随机一公开" 工作细则》，规范管理。

大力推动重大项目建设。全区有 12 个项目入选总局新闻出版改革发展项目库。全区新闻出版广电行业基础设施建设得到国家拨付的 4519 万元中央预算内资金的支持。广西成功举办 2017 中国—东盟网络视听产业合作发展论坛。

持续推进广西新媒体中心、广西电台技术业务综合楼两个自治区层面重大项目建设和"一带一路"项目——中国—东盟(广西)电视中心建设。推进绿色创意印刷产业园区发展,并已完成了南宁园区和柳州园区的建设。

加快推动媒体融合发展。切实推进"采编融合、内容汇聚、多渠道传播、多终端一体化"的广西广电融合媒体云平台建设,组织编制完成《广西广电融合媒体云平台建设方案》。积极试水"中央厨房"模式,再造采编发流程。通过搭建台、网、微、端四位一体融媒传播矩阵,为受众提供多样态的新闻产品。开展广西"广电+"媒体融合创新案例推选活动。

积极推动媒体战略转型。广西电视台完成了广西网络广播电视台升级改版工作,初步形成全新的集"收视、参与、连接、触达、商业影响"于一体的TV+媒体新生态。广西电台建成北部湾在线多语种全媒体内容聚合及移动互联网新闻信息服务平台,创新"互联网+广播+外宣"模式。广西广电网络公司以"宽带广西"为基础,完善广西广电骨干传输网和数据承载网建设,进一步提高骨干网及用户接入带宽。指导建成集广播电视安全播出、宣传、传统媒体和新媒体业务管理等于一体的传统媒体和新媒体监测监管云平台。2017年,全系统荣获2016年度全国广播影视科技创新奖二等奖1项,三等奖6项。促进广西出版单位的数字化转型升级,已有19家出版单位获得网络出版服务许可证资质。在第七届中国数字出版博览会的评选中,广西新闻出版广电局被评为"2016—2017年度数字出版·年度优秀组织单位"。

(六)打造广播影视书籍走出去的新亮点

广西电视台认真配合国家重大外交行动,为习近平主席访问越南和老挝,以及越南越共中央总书记阮富仲访华,展开影视宣传,营造良好的舆论氛围。2017年1月9日至15日,为了配合越共中央总书记阮富仲访华,越南国家电视台新闻综合频道(VTV1)及越南国家电视台官网连续一周同步播放广西电视台制作的7集系列纪录片《中越友谊家庭纪事》。2017年11月,为配合习近平主席出席在越南举办的APEC会议并对越南进行国事访问,广西电视台与越南国家电视台签署了2017年的合作备忘录,在APEC越南峰会期间联合举办中越友谊晚会并摄制《梦中的河流——2017中国—越南友谊晚会》以及双方联合制作系列纪录片《光阴的故事——中越情谊》。该片亦为中宣部2017年度中外合拍纪录片的重点项目。它们陆续在越南国家电视台新闻综合频道(VTV1)、国际频道(VTV4),中国中央电视台中文国际频道(CCTV4)和纪录片频道(CCTV9)以及广西电视台卫星、新闻、国际等频道播出,产生较大影响。同时,双方还举行中国(广西)—越南"同唱友谊歌"办公室揭牌等系列交流活动。为配合习近平主席访问老挝,营造良好的舆论氛围,广西电视台与老挝国家电视台沟通协商，确定了老挝国家电视台2017年11月12日、13日在第1频道20:00黄金时段重播与老挝国家电视台联合制作的纪录片《光阴的故事》。2017年11月13日，习近平主席在老挝《人民报》《巴特寮报》《万象时报》发表题为《携手打造中老具有战略意义的命运共同体》署名文章，指出："中老合拍的纪录片《光阴的故事》网络总播放量达数百万次，深深撼动两国民众心灵。"

广西新闻出版广电媒体及出版社还积极主动向外国推介作品，宣传中国，树立良好的国家形象。

一是构建面向海外的传播平台。广西电视台的《海丝路》栏目于2017年7月1日在广西卫星频道、国际频道、新闻频开播，同时还依托广西网络广播电视台、微博、微信全媒体传播。广西电台借助外语进行对外播报。该台面向东盟国家，采取多语种全媒体报道形式进行融媒体报道，用泰语、柬埔寨语、老挝语和缅甸语将我国两会特别节目分别在当地国家广播电视台的落地（交换）节目中播出，并在中越双语《荷花》杂志期刊中推出两会专稿。

二是向外国播出影视节目。广西电视台在"三月三"期间，举行2017"壮族三月三·八桂嘉年华"大直播，国内外融媒体直播送达用户超过一亿人次。该台还在柬埔寨、老挝国家电视台播出《西游记》《三国演义》等一批优秀中国电视剧和动画片，在新西兰华人电视台播出电视专题片《广西故事》，在新西兰、澳大利亚、西班牙等国家举办2017年中国（广西）电视展播周。广西电影集团与柬埔寨NICE卫星电视台承办2017中国—柬埔寨电影文化周，播放该集团出品的3部电影。该集团还协办泰国第十二届中国电影节，展映9部中国影片。

三是与东盟国家合作开辟播放中国影视作品栏目。广西电视台与越南国家数字电视台旗下负责运营VTC10频道的越南NetViet多媒体股份公司签署了合作协议，在越南国家数字电视台（VTC）开设名为《环游世界之多彩中国》的纪录片专栏，播出中国的优秀纪录片。广西电台与缅甸国家广播电视台签约合办电视栏目《中国电视剧》，这是中国媒体与缅甸国家广播电视台首次以固定时间、固定栏目的合作方式开办电视栏目，开创了中国媒体与"一带一路"沿线国家开展合作传播的全新模式。

四是将中国影视作品译配为对象国语言进行播放。广西电视台国际频道完成国家新闻出版广电总局"丝绸之路影视桥工程——中国影视剧对象国本土化语言译配项目"印尼语包的电视剧《青年医生》、电影《孙子从美国来》、纪录片《清真的味道》以及动画片《围棋少年》等4部国产影视作品的译配，并继续中标越南语包，译配动画片《小济公》，纪录片《你所不知道的中国》《美丽乡村》《人间世》《指尖上的传承》《马可·波罗：从历史走入现代》等6部作品。而所译配的泰语译制剧《我的经济适用男》在泰国第九台播出，收视情况良好。

五是与东盟国家同行联合制作和播出广播影视作品。广西电视台与泰国国家电视台联合策划摄制纪录片《家在青山绿水间》和《暹罗追鸟》在广西电视台卫星频道、国际频道和泰国国家电视台播出。广西电台与柬埔寨国家广播电台商定，将以中柬友谊为主题创作的广播剧剧本并翻译为柬埔寨语，由柬埔寨国家广播电台广播剧团队录制，在柬埔寨国家广播电台《中国广播剧场》播出。南宁电视台与马来西亚嘉丽台、菲律宾菲中电视台、三沙卫视等14家境外媒体重磅推出《春天的旋律·2017》跨国春节晚会，播出信号辐射亚洲、欧洲、大洋洲、北美洲等。

六是加大图书版权输出的力度。共有100多种优秀桂版图书版权输出到"一带一路"沿线国家，扩大了中华文化在海外的传播和影响。

广西广播影视发展也存在一些不足。一是高水平的精品力作还不多，二是媒体融合的力度还不够，三是大型项目的资金还缺乏，四是产业经营的收入大幅滑坡。

五、社会科学事业取得新的成绩

广西社科联系统在自治区党委和政府的领导下，以习近平新时代中国特色社会主义思想为指导，深入学习宣传贯彻党的十九大精神，在各个方面取得新成绩、新发展，开创了新局面。

（一）政治学习与理论宣传深入展开

广西社科联坚持以马克思主义为哲学社会科学发展的指导思想，坚持在党的领导下展开工作，引领全区社会科学界坚决维护以习近平同志为核心的党中央权威，坚定团结在以习近平同志为核心的党中央周围，通过不断的政治学习，提升广西哲学社会科学的理论研究能力，通过不断的政治宣传，扩大社会影响。2017年，广西社科联先后召开了"广西社科界学习习近平总书记视察广西重要讲话精神座谈会"（5月5日）、"习近平在哲学社会科学工作座谈会上的讲话发表一周年广西社科界学习座谈会"（5月17日）、"广西社科界学习贯彻党的十九大精神座谈会"（10月27日）等会议，深化政治学习，深入理论诠释，准确把握内涵，认真贯彻落实。广西社科联还积极展开宣传，一方面将以上座谈会的成果转化为文章，以专版的形式，发表在《广西日报》；另一方面在所属的学术刊物里或开辟专栏阵地，发表有关的理论文章，或结集出版优秀成果。例如，《广西社会科学》杂志开设了《政治学》《中共执政理论》等栏目，发表马克思主义、中国特色社会主义等论文 200 多篇，并且从中选取优秀之作，公开出版《探索·实践·展望——马克思主义中国化时代化大众化研究文集》。又如，《改革与战略》杂志开设《中国特色社会主义经济学》和《人的发展经济学》等栏目，发表论文 60 多篇。广西社科联以此扩大政治学习与理论研究的影响。

（二）组织制度与队伍建设不断推进

在机构建设方面，广西社科联 2017 年度的重点工作是在建立企业社科联上加以拓展。首先是完善制度。在广泛调研和征求自治区国资委、自治区工商联等部门意见的基础上，广西社科联进一步完善《关于在广西大中型企业建立社会科学界联合会的意见》，争取早日出台，为在企业建立社科联奠定政策基础。其次是建立企业智库。广西社科联推动广西物资集团、广西华业集团和广西广济医院集团等 3 家大型企业建立社科联组织，服务于广西经济社会的发展。

在队伍建设方面，广西社科联加强了全区社科联干部培训和工作交流，提高基层社科联干部的政治素质和业务水平。（1）干部培训。2017 年 8 月 29—30 日，广西社科联在南宁举办第九期全区市县社科联干部培训班，深入学习习近平总书记"7·26"重要讲话精神，120 余名干部得到培训。2017 年 9 月 18—24 日，广西社科联以"传承红色基因，坚定理想信念"为主题，在江西井冈山举办第二期全员培训班，41 位区市社科联干部以及部分社会组织代表参加。（2）工作交流。为了促进基层社科联互相学习，共同发展，广西社科联还组织经验交流会。2017 年 7 月 28 日，广西社科联主办、桂林社科联承办的 2017 年全区市县社科联工作研讨与经验交流会在桂林举行，全区 14 个市 111 个县（区、市）社科联的 150 名代表参会，收到经验材料 95 篇，桂林市等 14 个市县社科联在会上介绍经验。2017 年 10 月 19 日，广西社科联又在南宁组织 2017 年全区高校社科联工作研究与经验交流会，全区 31 所高校社科联的近 50 位代表参会，收到会议材料 35 篇，广西大学社科联、广西师范大学社科联、广西民族大学社科联、桂林电子科技大学社科联代表在会上做介绍经验发言。

（三）科研工作与智库建设亮点纷呈

在制度方面，建立规章，完善管理，实现规范化。广西社科联根据实际情况，吸纳专家的意见与建议，对《广西社会科学研究基地管理暂行办法》《广西社会科学重点课题管理暂行办法》《广西社会科学重点学术著作出版管理暂行办法》等文件进行修订与完善，在制度上规范科研管理。

在研讨方面，围绕国家发展战略、各级党委政府中心工作以及学科创新召开学术会议。首先是关注国家战略。跨省联合主办黔滇桂三省（区）南盘江流域发展论坛；承办全国社科联第十八次学会工作会议；召开第二届治国理政研讨会，研讨"坚定文化自信·弘扬中华优秀传统文化"；举办第六届广西社会科学学术年会，研讨"创新发展，全域旅游"。其次是聚焦各地中心工作。例如，举办第十九期广西发展论坛，研讨"山清水秀的自然生态与广西发展"的主题，与钦州联合举办"纪念刘永福诞辰 180 周年学术论坛""广西钦州坭兴陶文化产业专家座谈会"，还有桂林社科联举办 2017 中国—东盟博览会旅游研讨会、柳州社科联召开改革与城市发展学术研讨会。与会专家从不同角度和层面对各地提出加快发展经济社会的对策。再次是探讨学科创新。例如，举办中国人的发展经济学研讨会、中国（粤桂琼闽）改革创新论坛、中国—东盟文化民族论坛、北部湾论坛、红水河论坛、贺江论坛等学术会议。据不完全统计，全区社科联举办各类学术研讨 200 余次，征集论文 2500 余篇，参会人员 2 万多人次。

在课题方面，广西社科联引导全区社科界围绕重点领域全面深化改革问题展开研究，坚持以问题为导向，从 80 多个问题中，选定"广西哲学社会科学研究成果后期资助和事后奖励制度研究"等 11 个选题作为 2017 年广西社会科学重点课题，并且全部纳入自治区哲学社会科学规划年度重点委托项目。一些重点课题成果，如《创建健康养老生产业特区，推动产业突破发展的建议》等成果得到了转化而获得自治区领导的肯定。同时，它还引领各市县社科联结合本地特点，立足发展实际，展开课题研究。例如，南宁市社科联的《南宁壮族文化广场建设研究》、北海市社科联的《加强北部湾城市群旅游核心竞争力的研究》、钦州市社科联的《钦州创建国家历史文化名城研究》、崇左市社科联的《左江花山岩画产生的自然和社会历史条件研究》等。广西社科联还指导扶持全区县级社科联展开县域发展研究，对 93 项课题给予立项，一些成果被当地党委、政府采用，纳入决策。据不完全统计，全区社科联系统展开应用课题研究 600 余项，组织决策咨询 100 多场。另外，广西社科界还获得国家社科基金项目 35 项，厅局级项目 500 余项，得到厅局级以上单位或自治区领导批示、采纳和奖励的成果 100 余项。

在著作方面，广西社科联继续设立广西社会科学重点学术著作出版项目，引领学术创新。2017 年共收到书稿 24 部，最后经过严格评选，《广西沿边金融综合改革理论与实践探索》等 10 部著作被列为 2017 年广西社会科学重点学术著作出版项目，涉及马克思主义、金融、农业、民族、法学、文学、艺术、传播、历史、房地产等学科。另外，全区出版学术著作 800 余部，发表论文 1000 余篇。

在评奖方面，广西社科联在 2017 年 3 月 24 日召开广西第十四次社会科学优秀成果奖颁奖大会，自治区党委书记接见获奖代表并做重要讲话，自治区党委常委、宣传部部长出席会议并讲话，自治区副主席、广西科学院院长主持会议。这次会议充分发挥了评奖工作对广西社科研究的激励和导向作用。

（四）科普立法与社科普及成绩显著

在科普立法方面，广西社科联在 2012 年启动社科普及立法工作，在 5 年中，经过提出、立项、起草、调研、审议、颁布等诸多环节，广泛征求意见，反复修改，终于在 2017 年 7 月 28 日颁布《广西壮族自治区社会科学普及条例》。这是广西哲学社会科学领域首部地方法规，它的颁布有利于广西社会科学普及法制化，也为其他省区的科普立法提供参考。

在科普活动方面，首先是广西社科联组织全区社会科学普及联合大行动，并于 2017 年 5 月 22 日在靖西市中山休闲文化广场举行启动仪式及社科知识宣传展览和咨询活动，展出宣传板报 55 块，发放宣传品 2 万余份。此后在全区展开社科普及联合大行动，资助完成普及活动 120 场，其中，广西社会科学大讲坛 100 场、广场科普 10 场、进社区科普 10 场，比 2016 年多出 20 场。另外，一些市社科联、高校社科联、学术团体社科联也举办各种讲坛，进行社科知识普及。例如，桂林市社科联举办"桂林百姓文化大讲坛"、广西科技大学社科联举办"书香校园"讲坛、广西社会道德文化研究会举办"传承文化根·弘扬民族魂"等科普活动。广西社科联还组织会员单位广西现代东盟教育研究院深入贺州、梧州、桂林等基层单位、学校、乡镇进行 8 场中华文化与社会主义核心价值观走基层巡回宣讲活动，有听众 2000 多人。其次是展开多种主题系列社科普及活动，主要有以下活动：2017 年 4 月至 7 月，在南宁市翔景轩大酒店等 3 个地方举行"弘扬中华优秀传统道德文化"主题系列科普活动；5 月，在广西经济干部管理学院等 6 个地方开展"健康中国，心理健康"主题系列科普活动；6 月至 7 月，在南宁市长乐学校等 4 个地方开展"弘扬主旋律，传播正能量"主题系列科普活动；9 月至 10 月，在玉林市委党校等 4 个地方，开展"当代中国马克思主义大众化"宣讲活动；10 月下旬，在广西团校等 4 个地方，开展"2017 爱国主义主题教育沙龙"进校园活动；11 月 20—25 日，在玉林市东明社区等 4 个地方，举办"深入社区开展群众性精神文明创建科普活动"等。

据不完全统计，广西社科联系统在 2017 年开展社会科学普及活动 1200 余场次，举办专题展览 67 场，组织专家 400 多人参加咨询活动，发放社科书籍3.7 万册，传单 13.5 万份，参与公众人数累计近 80 万人次。另外，各学术团体自发组织决策咨询活动 60 余场，参与咨询人员累计 500 多人次，自主开展科普活动 350 余场次，参与公众人数累计 8 万多人次，承担进农村、进社区、进企业、进校园科普 100 多场次，发放书籍 8000 多册，科普资料 2000 多份，传单 5 万多份，组织业务培训 150 余场，受训人员 7000 多人次。

在科普读物方面，广西社科联共资助出版《中国名人家风鉴赏》《国家公园县域特色经济发展与广西模式》《帮助孩子成才》《一代宗师语言学家王力》4 本科普读物。另外，社会学术团体出版社科普及读物 10 余本。

在科普基地方面，广西社科联在东兴市社科联、田林县社科联、广西社会道德文化研究会等 3 个单位，建立社会科学普及基地，使全部基地数量上升至 37 个，进一步拓展和完善社科普及网络与平台。

（五）广西与东盟文化交流日趋密切

广西毗邻东盟国家，便于与东盟展开文化交流。广西社科联主动利用这一地理优势，积极拓展业务空间，加强与东盟的学术交流与合作。一是邀请全国和东盟国家专家进行系列学术活动，先后举办以中国—东盟体育文化交流、中国—东盟法律比较研究为主题的系列"中国—东盟大讲坛"共 4 期。二是邀请东盟国家和世界其他国家的学者来广西进行学术研讨，先后举办第二届中国—东盟民族文化论坛、第三期中国—东盟旅游合作研讨会、第四期中国—东盟警务合作研讨会等活动，逐渐密切与东盟等国际学术界的关系，深化合作，促进文化交流。

六、文化产业发展保持良好态势

广西文化产业整体有所增长，但与全国相比，依然规模偏小，发展较为缓慢，目前对文化资源的发掘、整合、创新还做得不够，优势未能很好发挥。广西规模以上文化企业还不多，文化企业大多规模化、集约化、专业化水平较低。

（一）多项文化产业政策、规划、措施出台，为产业发展服务

广西先后出台了一系列完善文化产业政策。如《广西优秀原创动漫作品评选暂行办法》（桂文发〔2017〕1 号）、《广西特色文化产业重点项目评选暂行办法》（桂文发〔2017〕2 号）。南宁、柳州、河池等市也编制了文化产业发展规划：《南宁市"十三五"文化产业发展规划》《三江侗族自治县特色文化产业发展规划》《巴马长寿养生国际旅游区文化资源保护和利用规划（2015—2025）》。建立了广西文化产业网络信息服务平台，公布了文化产业政策，建立了广西文化产业项目库。实施文化产业"十百万千工程"，力争到 2020 年，打造十个特色文化小镇、树立百家文化品牌、培育万家文化企业、实现千亿元文化产业增加值。设立了广西皇氏产业投资发展基金，扶持骨干文化企业项目和《广西文化产业跨越发展行动计划（2017—2020）》中的重点项目。

（二）营业收入整体逐步增长，与全国相比仍有差距

广西文化产业依然保持"传统文化产业比重过大，新兴文化产业比重偏小；生产类产业占比大，服务类产业占比小"的格局。在文化及相关产业 10 个行业中，有 8 个行业的营业收入实现增长，其中 6 个行业增长两位数，分别是文化用品的生产增长 27.8％，文化艺术服务增长 27.4％，文化休闲娱乐服务增长 22.7％，工艺美术品的生产增长 15.7％，文化产品生产的辅助生产增长 12％，新闻出版发行服务增长 10.2％，这个发展趋势与国家整体发展趋势基本一致。传统产业占营业收入总量的 80.6％，新兴产业占营业收入总量的 19.4％。服务类产业占营业收入总量的 19.3％，生产类产业占营业收入总量的 80.7％。

广西文化产业仍然以传统文化产品生产、批零等产业链的中低端业态为主，而新兴业态较多、科技含量较高的文化服务业则增长缓慢，所占比重依然偏小。文化创意、网络、动漫游戏、现代传媒、广告会展等高附加值、高科技含量的新兴产业，以及文化旅游、文化休闲娱乐、文化经纪等高成长性的新兴文化服务业，还处于较为弱小的状态。

（三）企业培育显成效，但各地区发展不平衡

文化产业主体不断壮大。2017 年，全区共有文化企业（不含分支机构，下同）51388 家，比上年增长 25.65％。各市文化企业数量均有不同程度增长。其中，来宾、贺州和钦州三市增长最为迅速，均超过 40％，分别增长 46.52％，43.46％和 41.73％。从文化企业数量来看，主要集中在南宁、柳州、桂林三市，远高于其他城市。南宁市的文化企业数量几乎占了广西总和的一半，其余 13 个城市的文化企业数量远远低于南宁。2017 年，广西国有文化企业盈利水平进一步下滑。其中，广西广电网络公司营业收入 20.0636 亿元，同比下降 9.64％；利润总额 1.9756 亿元，同比下降 41.41％。广西文化产业集团营业收入 1.0124 亿元，同比增长 1.59％，利润总额亏损 25 万元，同比下降 116％。广西有实力、上规模的文投公司不多。民间资本的产业进入壁垒比较高，使得社会上的闲散资金难以向文化产业靠拢，而外资在文化的市场准入方面也受到限制。政府的扶持资金和一些财税政策很大程度上仍然是一种事业型投入方式，推动文化产业发展的市场化投资方式偏少，投入和产出不平衡。

广西共有 18 个项目获得中央文化产业发展专项资金扶持 4595 万元，73 个项目获得自治区文化产业发展专项资金扶持 5900 万元。2017 年评选公布了第七批自治区文化产业示范基地，自治区文化产业示范基地达到 131 家，国家文化产业示范基地 8 家。有上市企业 A 股 2 家（桂林东方时代网络股份有限公司、广西广电网络股份有限公司）、新三板 5 家、新四板 1 家、广西北部湾股

权交易所挂牌企业 4 家，共计 12 家上市企业。文化产业脱贫攻坚工作得到强化。对隆林、昭平等 7 个贫困县扶持产业项目 7 个。在国内各类展会上，重点宣传、推介贫困地区《坐妹·三江》《梦·巴马》等演艺产业项目。上林县"三湖一寨"文化旅游等三个文化产业项目纳入《广西文化产业跨越发展行动计划（2017—2020）》中的"助力脱贫攻坚"项目。

广西通过文化产业发展专项资金，支持特色文化产业发展、文化金融扶持计划、推动影视产业发展、促进文化创意和设计服务相关产业融合、推动对外文化贸易发展、推动传统媒体和新兴媒体融合发展。2017 年，广西短板领域投资加快，文化体育和娱乐业投资比上年增长 38.3%，快于全部投资 25.5 个百分点。

（四）文化集聚发展，持续带动明显

1. 文化产业园区打造文化企业群落

全区共有文化产业园区、集聚类基地 9 家：南宁高新技术产业开发区软件园、南宁广告产业园、柳州市石尚 1966 艺术文化创意产业园、柳州 23°文化创意产业园、桂林创意产业园、北海文化产业园、广西三诺智慧产业园、海上丝路工艺美术创意产业城、钦州坭兴陶文化创意产业园。其中，国家工商总局命名的广告产业试点园区 1 家，自治区文化厅命名的文化产业示范园区 4 家。这些园区的集聚效应，带动了广西文化产业的持续发展。自治区级文化产业示范基地桂林国家高新区创意产业园入选国家级文化产业示范园区预备名单。桂林创意产业园、钦州坭兴陶文化产业园纳入自治区政府公布的第一批自治区现代服务业集聚区名录。

2. 城市文化综合体拉动文化消费

广西几个主要城市建立了不同类别和规模的城市文化综合体，在拉动文化消费上贡献越来越大，并逐渐成为一个城市文化精神的载体。北海老街珠海路、桂林正阳东巷历史文化街区经过统一改造后，形成集历史文化体验、时尚文化旅游、休闲购物于一体的文化旅游商业街区。南宁万达茂将文化、旅游、商业等形态重新整合，建成的桂文化室内主题乐园，把游乐设施与广西文化、山水元素结合。柳州华侨城"卡乐星球 欢乐世界"主题乐园开业就迎来大批游客。

（五）特色文化产业丰富，引领发展新方向

广西民族地区特色文化产业迅速发展，种类越来越多，成为打造县域品牌的重要着眼点。2017 年，广西共有 10 个特色小镇入选国家级特色小镇名单：河池市宜州刘三姐镇、贵港市港南区桥圩镇、贵港市桂平市木乐镇、南宁市横县校椅镇、北海市银海区侨港镇、桂林市兴安县溶江镇、崇左市江州区新和镇、贺州市昭平县黄姚镇、梧州市苍梧县六堡镇、钦州市灵山县陆屋镇。

2017年，广西文化创意品牌建设得到加强。评选出20家自治区级文化产业示范基地、15个文化创意产品开发示范基地，充分发挥企业品牌的示范作用。充分调动文化文物单位积极性，发展创意文化产业。扶持自治区博物馆、民族博物馆开发创意产品。支持自治区博物馆设立创意空间，打造"文创集市"品牌。文化创意企业单位积极参加中国—东盟博览会文化展、第十三届中国（深圳）国际文化产业博览交易会、中国（义乌）国际文化产品交易会、北京国际文化产业博览会等，打造拥有自主知识产权、在全国有一定影响的文化创意产品品牌。广西壮族自治区梧州茶厂、广西南珠宫投资控股集团有限公司、广西钦州坭兴陶艺有限公司、广西三环企业集团股份有限公司等16家文化企业产品荣获"2016年度广西名牌产品"称号。

（六）对外文化贸易、合作交流有新进展

广西与东盟国家经贸和人文交流更加密切，渠道更加畅通，形式更加丰富。广西的文化产业在面向东盟走出去的过程中，形成了中国—东盟博览会、南博网、广西文化舟、新闻媒体联合采访活动以及版权贸易等多平台、多渠道的交流模式，并出现了合作主体多样化、表现形式多样化等特点。广西容县美柏工艺品有限公司的广西容州美柏工艺品文化产业园项目申报2017—2018年度国家文化出口重点项目，并成功列入文化部、商务部公布的名录。南宁市峰值文化传播有限公司打造中国—东盟市场的文娱中转站，建立了与东南亚37家华语渠道的合作机制，并且与广西广播电台建立东南亚国家小语种译配的战略合作。桂林市坤鹤文化传播有限公司拟推出100集《可可小爱进东盟》动画，将现有剧集进行内容整合，译制成东盟各国官方语言推向东盟国家。广西南宁市昇泰安电子商务发展有限公司针对海外市场投入研发了一款大型的手机游戏《怪咖联盟》，并在2016年长期保持海外MMORPG类游戏前三名。借助中国—东盟博览会的平台，联合自治区有关部门成功举办了2017中国—东盟博览会文化展、动漫游戏展。俄罗斯、西班牙等欧美、中东国家60家境外企业与国内80多家企业参会洽谈，彰显了广西在开拓东盟等"一带一路"沿线国家市场的作用，为广西文化企业开拓国内外市场提供了重要平台。

（七）新闻出版广电业：整体增速放缓，IPTV增长迅速

2017年，受新媒体冲击和阅读方式的改变，纸质出版物特别是报刊出版出现下降态势，民营数字出版企业迅速崛起。2017年行业增速明显放缓，但IPTV增长则十分迅速。广西电影院线票房增幅有所回落，新增城市数字影院35家，城市数字影院总数211家，城市数字影院银幕突破了1000块大关，达到了1001块，影院座位数133882个。受国家广告政策、多媒体冲击

等因素影响，全区广告收入同比下滑明显。2017 年，情况有所好转，全区广告经营单位 42780 户，同比增加 46.2%；广告从业人员 91560 人，同比增加 2.3%；广告经营额为 19.567 亿元，与去年同期基本持平，同比减少约 0.2%。从总量看是不少，但规模小、广告经营额不高、专业化程度弱、市场竞争力不强。

动漫游戏业发展势头良好。2017 年，广西共有通过国家认定的动漫企业 9 家，自治区级动漫骨干企业 28 家，动漫人才培养基地 16 个。2017 年 10 月，广西动漫协会成立，为进一步发挥行业组织在行业指导、事业发展、自律规范、专业评估等方面的作用奠定了坚实的组织基础。《百越历险记之壮锦密码》等 8 个作品被评为 2017 年度广西首届优秀原创动漫作品，6 部优秀动漫作品被推荐参加中国文化艺术政府奖第三届动漫奖评奖。桂林力港网络科技公司产值相比实现了百倍增长，企业累积纳税已突破 1 亿元，被评为 "中国动漫游戏行业优秀企业"。南宁峰值文化传播有限公司荣获 "2017 年宝鼎风云汇先进动漫传播（研发）企业" 称号。2017 年，广西电子竞技业飞速发展。广西广电新媒体有限公司首推 IPTV 大屏电竞内容直播，公司联合举办的 NESO 广西代表队选拔赛，累计观看用户达到 530062 户。

（八）文化旅游业：逐年增长并渐成特色

2017 年，全年入境过夜游客 512.44 万人次，比上年增长 6.2%；国际旅游外汇消费 23.96 亿美元，增长 10.7%。近年来，广西文化与旅游融合发展态势良好，并逐渐形成了特色。崇左市依托花山岩画申遗成功的契机，投资 60000 万元建设花山文化拓展带，建设内容包括世界岩画博物馆、花山部落、土司饭店、洞廊歌圩等。南宁市积极推进大明山骆越文化旅游项目、中国—东盟民俗风情观光旅游景区等一批民族文化旅游项目建设。百色市打造全国有影响力的百色起义纪念公园红色旅游景区，开发了乐业火卖村、右江区平圩民族村等民族乡村旅游区。马山弄拉民族文化传媒有限责任公司推出文化旅游专线，带动约 4 万名游客到马山、都安等县观光旅游。此外，三江突出侗族风情，融水凸显苗族特色，金秀主打瑶族韵味，宜州唱响三姐歌声，东兴推出边关风光，逐步形成了各具特色的文化旅游新局面。

群众的文化娱乐支出比重和文化消费时间不断增加，对演艺产品的选择逐渐向高层次的精品转移。2017 年，文艺院团新创推出现代壮剧《赤子丹心》、壮剧《牵云崖》、粤剧《风雨骑楼》、邕剧《玄奘西行》等 8 部大型剧目，修改提升现代壮剧《第一书记》等 12 部大型剧目，新创 500 多个歌曲、舞蹈、杂技、曲艺、小品、小戏等小型剧节目。共有 34 个项目获得 2017 年度国家艺术基金资助，在全国排名第 9 位。全区共开展驻场演出 3193 场，比 2016 年增长

102%，观众 250 多万人次，比 2016 年增长 157%。"南国之声"周末音乐会、民族戏苑周末剧场、民歌湖周周演、桂林有戏、刘三姐大舞台周周演、《碧海丝路》周周演、临贺文化剧场、桂林市《梦幻漓江》《象山传奇》、三江侗族自治县《坐妹·三江》、巴马瑶族自治县《梦巴马》等 25 个。不少驻场演出与旅游紧密结合，成为丰富文化旅游产品的重要手段。

七、新时代广西文化发展对策建议

深入贯彻落实习近平总书记在文艺工作座谈会上的重要讲话精神，坚持"二为"方向和"双百"方针，坚持以人民为中心的创作导向，在取得民族文化建设重大成就的基础上，继续深入推进民族文化强区建设。更进一步挖掘与更加充分利用广西丰富的历史文化资源、民族文化资源、边境文化资源，把广西的文化资源优势转化为发展优势与竞争优势，为广西经济、政治、文化、社会协调发展提供强大的精神推动力、价值引导力和文化凝聚力。

（一）夯实公共文化服务体系建设，打造文化品牌，推动文化事业繁荣发展

深入贯彻落实《中华人民共和国公共文化服务保障法》，推动公共文化服务体系建设再上新台阶。广西农村基层公共文化建设走在全国前列。《广西文化发展"十三五"规划》明确提出，到 2020 年，广西各县（市、区）建有达标的公共图书馆、文化馆，各乡镇（街道）建有达标的综合文化站，各村（社区）普遍建成集文化、科普、普法和健身于一体的基层综合性公共文化设施和场所。同时，将实现"每 25 万人拥有一个博物馆"的目标，全区博物馆总数达到 300 家，其中包括 100 家高水平特色博物馆，国家三级以上博物馆达到 50 家，建成边疆少数民族特色博物馆体系，实现县县有博物馆或纪念馆、陈列馆，促进博物馆公共文化服务均等化。全民艺术普及是公共文化服务的重要内容，是让艺术融入百姓生活的手段，广西将大力推进全民艺术普及服务，促进全民艺术普及制度化、规范化、常态化，营造全社会参与艺术普及的良好氛围。因此，必须坚持政府主导、社会参与、共建共享，全面推进广西公共文化服务标准化均等化，引导文化资源向城乡基层倾斜，建成和完善自治区、市、县、乡、村五级公共文化设施网络，基本建立覆盖城乡、便捷高效、保基本、促公平的现代公共文化服务体系。强化国家指导标准和地方实施标准执行，推进基层综合性文化服务中心建设，加大政府购买公共文化服务力度，实施好重点文化惠民工程。深化国家公共文化服务体系示范区创建，巩固创建成果，推广先进经验。全面推进公共文化服务效能建设，深化公共文化机构法人治理结构改革，推进县级公共图书馆文化馆总分馆制建设，充分利用新技术发展数字

公共文化服务，建立公共文化服务效能监督和评价机制。

认真贯彻落实中央关于保护弘扬中华优秀传统文化的新部署，加大文化遗产保护利用力度。认真履行《保护非物质文化遗产公约》，贯彻落实《中华人民共和国非物质文化遗产法》，推进实施《中国传统工艺振兴计划》，推动非物质文化遗产保护与传承、传统村落保护利用、重大文化遗址保护、非遗代表性传承人的抢救性记录，提高非遗保护水平，增强非遗传承活力。加强博物馆服务能力和服务质量建设，加大改革力度，推动让文物资源"活"起来落到实处。加大珍贵古籍保护力度，推进古籍普查，加强少数民族古籍、桂学文库等典籍的收集整理工作，促进转化利用。

大力推进文化精品创作，重点扶持重大革命和历史题材、现实题材、爱国主义题材、青少年题材等主题创作生产，突出广西特色、广西品牌、广西故事、广西人才、广西题材、广西品味、广西平台，加强对文化产品创作生产的引导，创作一批在全国有一定影响力的艺术作品、舞台作品、文学作品、影视作品、精品图书等，打造无愧于民族、无愧于时代的具有明显"广西印记"的文化艺术精品。

（二）大力发展文化产业，培育支柱产业，提升文化产业发展动力

依据美国、英国、韩国文化产业发达国家与北京、上海、深圳、长沙等文化产业发达城市的发展经验，文化产业对其社会经济发展具有重要的战略意义，不仅促进经济增长，增加就业，还使国家或城市焕发新活力、增强文化输出动力。因此，必须加强党委、政府对文化产业的领导与引导，不断激发广西文化产业的发展生机与活力。全区各级党委、政府要切实加强领导，树立新的文化产业发展观，把发展文化产业纳入各个地级市的经济社会发展总体规划。要强化文化产业发展意识，将其作为各地级市支柱型产业进行重点培育。要积极推进文化产业领域供给侧结构性改革，以文化产业创新发展为主线，以促进文化产业与相关产业融合发展为重点，实施重大文化产业工程和重点文化产业项目带动战略，优化文化产业发展布局，实施差异化城乡文化产业发展战略，建设一批文化创意重点集聚区，推动特色文化产业示范县建设。发展壮大优势文化企业群，发展壮大一批有核心竞争力的国有文化企业，着力打造一批有实力、有竞争力的骨干企业，重点培育一批富有活力的创新型企业，推动文化企业上台阶、上水平、出名企、出人才、出精品、出成效。

深刻把握文化产业面临的新机遇，迅速提升文化产业发展质量和效益，做大做强主导文化产业。要大力扶植优势文化企业，加大对骨干文化企业扶持力度，引导培育特色文化产业项目，争取中央、自治区投入专项资金支持地方文化产业发展。加大对现有优势文化产业单位在资金、政策、人才等方面的帮扶

力度和税收优惠，使它们能尽快得到发展，做大做强。举全区之力培育文化旅游、创意产业、出版印刷、文娱演艺等领域的龙头企业，鼓励企业集团化发展。强化文化品牌建设，培育国际知名、国内著名的文化品牌。依托广西文化资源，打造具有广西特色的品牌文化项目。努力推进旅游文化的有机结合，在历史文化、民俗文化、民族文化、都市文化等多点突破、多点开花。积极引进大型文化服务、文化用品生产、销售企业，实现更加立体化的文化产业集群，构建点线面相结合的集群产业链。增加文化产品和服务有效供给，积极推进扩大文化消费试点，开展文化消费提升行动。加强文化科技创新，大力发展创意设计、影视服务企业、数字动漫、网络游戏、数字文化服务等新型文化业态，推动文化旅游、演艺娱乐、工艺美术等传统行业转型升级、文化文物单位文化创意产品开发。加强文化产业园区建设，建立健全动态管理评估机制。切实发挥各类财政专项资金、产业基金的引导促进作用，继续深化文化金融合作，推广政府与社会资本合作模式，引导社会资本进入文化产业。大力推动文化产业融合发展，全力构建广西文化产业发展的强大动力网。促进文化产业与金融、旅游、科技、商务等行业的融合，不断提升文化旅游、休闲旅游、影视、演艺、动漫等领域的创新能力；着力发展文化产业电子商务公共贸易平台和公共服务平台，推动文化创意、设计服务与体育用品业、消费品工业对接，改造传统文化的生产经营与传播模式。实施文化产业"十百万千工程"，力争到2020年，打造十个特色文化小镇、树立百家文化品牌、培育万家文化企业、实现千亿元文化产业增加值。

积极应对文化市场发展新形势，不断提高文化市场管理水平。推进文化市场综合执法改革，建立文化市场监管信用体系，营造良好的文化市场发展环境。密切关注文化市场新动向，加强内容监管，强化价值导向。建立文化市场主体评价管理体系，健全文化市场信用监管制度。按照场所阳光、内容健康、服务规范、业态丰富、受众多样、形象正面的目标，深入推进上网服务行业和文化娱乐行业转型升级。落实进一步深化综合执法改革的意见，完善文化市场管理领导体制，建立执法协作机制，不断提高综合执法水平。切实发挥文化市场技术监管与服务平台的重要作用，为文化市场繁荣有序提供有力保障。加快建立统一开放、竞争有序、诚信守法、监管有力的现代文化市场体系，打造综合性、专项性、区域性文化产品和服务交易平台，提高文化消费规模和水平。

（三）推进文化走出去战略，讲好广西故事，增强广西文化软实力

深入学习贯彻习近平总书记关于中华文化走出去的重要论述，主动服务国家周边外交战略和"一带一路"建设，明确东盟与海上丝绸之路沿线国家为广西文化走出去战略重点方向。完善组织保障、文化交流、文化贸易等方面的顶

层设计，加强内容建设、队伍建设、国际传播能力建设，充分发挥广西毗邻东盟的地缘优势，深入挖掘广西历史文化、民族文化，特别是与东盟联系密切的地域文化，统筹谋划、协调推进、提质升级，精心打造叫得响、有国际影响力的文宣品牌，不断拓展文化走出去的空间。

广西"文化边缘省区"的现实客观存在。文化走出去不太容易。充分研究与借鉴《刘三姐》的成功经验，加快广西文化走出去的步伐。20世纪60年代，刘三姐的美丽传说成功地演化成罕见的文化现象：广西100多个剧团云集南宁参加《刘三姐》会演大会。之后，在广西壮族自治区文化局的领导下，集合广西戏剧界之力排演的彩调剧《刘三姐》在全国巡演500场，并五进中南海，四入怀仁堂，产生重大影响。长春电影制片厂拍摄的电影《刘三姐》一经面世便风靡全国、惊艳海外，刘三姐成为广西绚丽的文化符号。《刘三姐》给我们的启示是集中力量办大事。

扩大"文学桂军"的规模与能效，向世界讲述广西故事。近年来，广西作家群格外活跃，在与国内各兄弟省市自治区的文学交流活动日益频繁的同时，更注重用全球视野、世界语言来传播"广西作品"。广西代表性作家韦其麟、聂震宁、杨克、林白、东西、凡一平、黄佩华、田耳、李约热、朱山坡等的作品被陆续翻译出版。但是，力度不够。因此，需要以广西文化走出去战略的高度，整体行动，主动出击，成建制地向外推介"文学桂军"。

系统化、有步骤地推进广西戏剧走出去。继《刘三姐》之后，广西成功地推出《歌王》《八桂大歌》《妈勒访天边》《大儒还乡》《七步吟》《天上恋曲》《冯子材》《碧海丝路》《壮锦》《侗》等数10部戏剧，产生较大的影响。2016年，广西戏剧院排演的《刘三姐》在泰国、柬埔寨、马来西亚演出6场，平均每场观众人数近3000人次。2017年，由柳州市艺术剧院打造的舞蹈诗《侗》在新加坡亮相，获得好评。尽管广西舞台戏剧创造了辉煌，被业界称为戏剧的"广西现象"。但是，桂剧、彩调剧、壮剧等缺乏剧种代表人，主要演员与外省的演员差距不小，本土力量相对薄弱。因此，加大广西戏剧名导、名编、名演培养力度，集中人力、物力、财力，举全区之力，每年推出一部大制作剧目，并进行国内外巡演。

完善"中国—东盟电影系列"与中法合拍电影的合作模式。广西电影集团策划拍摄"中国—东盟电影系列"与中法合拍电影三部曲已取得可喜成果。合作双方共同策划拍摄主题，共同投入资金、演职人员，共同开拓双方电影市场。已经拍摄了东盟题材电影《再见，在也不见》《越囧》，中法合拍电影《夜莺》等。通过"多国部队"主创团队，打造易于融入双方的电影市场的电影作品。因此，纳入国家文化战略大盘子，加大政府支持力度，创作出更多、更好的具有国际影响力的影视作品。

美术是较早为广西赢得国内国际声誉的文化艺术门类之一。广西老一代画家黄独峰、阳太阳、朱培均、涂克等，新一代的画家黄格胜、郑军里、刘绍昆、雷波、谢天成等，均具有较大影响力。随着"漓江画派"的形成与崛起，广西画坛整体实力明显提升。在此基础上，加大"漓江画派"的扶持力度与整合强度，形成合力，充分利用桂林山水的景观资源，扩大"漓江画派"的文化体量，打造桂林漓江世界级的山水画总部基地。

（四）实施广西文化腾飞"三大工程"，培育广西文化发展内在动力

实施文化人才队伍建设工程。文化的特殊性在于"文化人才"的重要价值。要创新人才培养与引进机制，切实加强人才队伍建设。加大文化行政人才、文化经营管理人才和文化艺术专业人才为主体的文化人才培养力度，建立健全各类文创人才培养机制。大力实施紧缺文创人才培训工程，安排专项资金，资助各类机构开展对急需人才的培养计划，加大对各层次的文化创意人才的培养力度，优化人才结构和发展环境，形成文创人才聚焦高地。特别要主动吸纳有丰富经验和艺术特长的文化创意领军人才、高层次文化经营管理人才、文化金融融合的资本型人才、文化科技融合的创新型人才，以及熟悉国际文化产业和贸易规则的外向型人才入桂。通过设立基金奖励和股权激励的方式不断提高稀缺文化人才的归属感和使命感，实现文化人才队伍素质明显提高，文化人才总量稳步增长。

实施文艺精品创作工程。大力推进文艺"十百千"计划，力争"十三五"期间，创作编排 10 部在全国有较大影响的大型舞台艺术作品，100 部小戏小品，1000 部（件）音乐、舞蹈、曲艺、美术等文艺作品，打造一批无愧于民族、无愧于时代的具有广西民族文化特色同时又与时俱进的文艺精品。

实施文化惠民富民工程。推进自治区级公共文化设施建设，改扩建广西博物馆、广西图书馆、广西群众艺术馆，完善广西文化艺术中心，建设广西民族剧院、广西自然博物馆；推动地市级公共图书馆、群众艺术馆、博物馆、文化艺术中心等新建和改扩建；达标建设县级公共图书馆、文化馆、乡镇（街道）综合文化站等；加快建设综合性村级公共服务中心，实现行政村公共文化服务基本覆盖。将公共文化服务体系建设纳入文化精准扶贫攻坚战略，推动贫困地区县级图书馆、文化馆和乡镇文化站、行政村公共文化中心达标建设，实现公共文化服务均等化，缩小城乡之间的文化差距，保障低收入群体享受公共文化福利，提升居民的文化素质，增加人力资本存量。

BLUE
BOOK

广西文化发展报告
广西社会科学院 编

理论探讨篇

广西文化产业集团改革现状与发展路径探索

匡达蔼*

2016年7月，经自治区人民政府批准，广西电影集团有限公司和广西演艺集团有限责任公司整体并入广西文化产业投资集团有限公司，成为其全资子企业，重组后广西文化产业投资集团有限公司更名为广西文化产业集团有限公司（以下简称"广西文化产业集团"）。广西文化类企业实施战略重组，是自治区党委、政府贯彻落实《中共中央　国务院关于深化国有企业改革的指导意见》（中发〔2015〕22号）、《中央办公厅　国务院办公厅关于推进国有文化企业把社会效益放在首位、实现社会效益和经济效益相统一的指导意见》（中办发〔2015〕50号）精神，不断深化国有企业改革、完善国资监管体制，做强做优做大广西文化产业的重要战略决策，对进一步整合广西文化产业资源，加快推进广西文化产业发展，活跃广西文化市场、打造文化精品，实现文化企业社会效益和经济效益双提升都具有十分重大的意义。

重组磨合后，2017年，广西文化产业集团继续坚持以人民为中心的创作导向，坚定文化自信，不忘初心，牢记使命，突出抓好影视、演艺等主业发展，创作生产取得了

---

* 匡达蔼，广西文化产业集团党委书记、董事长。

新成绩，为满足人民对美好文化生活的需要做出积极贡献。

一、改革发展现状分析

（一）夯实主业多元发展，社会效益成果显著

广西文化产业集团深入学习贯彻习近平新时代中国特色社会主义思想和党的十九大精神，贯彻落实习近平总书记在文艺工作座谈会的重要讲话精神，坚持以人民为中心的工作导向，认真抓好影视创作生产、舞台艺术表演与经营、文化设施建设及运营等工作。

1. 影视创作生产保持健康发展势头

一是精心打造主旋律影视作品。2017年，摄制完成《巨赞法师》《龙窑》2部电影，《守护者》《猎金行动》2部电视剧，《白头叶猴之嘉猴壮壮之森林使者》1部动漫片。其中，电影《巨赞法师》是广西文化产业集团策划的"广西青年作家电影系列"作品之一，讲述一代高僧巨赞法师爱国爱教的故事。电视剧《守护者》《猎金行动》《觉醒》是继《绝战》《战昆仑》之后，继续策划打造"爱国战争电视剧系列"的电视剧作品，《守护者》《猎金行动》已摄制完成，《觉醒》于2017年10月正式开机。自治区成立60周年献礼电影《又是一年三月三》以精准扶贫为背景，围绕实施乡村振兴战略和生态文明建设，讲述南山村人民群众进行大农业开发和改造家乡生态面貌的火热生活和创业故事，表现边疆稳定、民族团结、人民幸福的美好主题。该片计划于2018年上半年完成摄制，下半年全国公映。二是影视佳作捷报频传。农村留守儿童题材电影《石头》入围第67届柏林电影节新生代单元，获第20届上海国际电影节亚洲新人奖最佳影片、最佳编剧、最佳导演入选作品奖。东盟题材电影《再见，在也不见》获广西第十四届"五个一工程"奖、第八届广西文艺创作铜鼓奖。以昆仑关战役为背景的战争题材电视剧《战昆仑》在多个省市电视台播出，收视率在全国居于前列。

2. 舞台艺术精品生产取得新成绩

一是服务大局，完成和筹备各项重大演出任务。顺利完成自治区迎春团拜会文艺演出等10多场重大节庆演出。认真筹备庆祝自治区成立60周年、国庆70周年系列重大活动献礼精品项目。舞剧《梦回丝路》、交响乐《广西四季》已成立主创团队。二是立足广西文化，创作宣传美丽广西。广西原创儿童音乐剧《壮壮快跑》获四川南充第二届国际木偶艺术节优秀演奏奖、最佳剧目奖、广西第十四届精神文明建设"五个一工程"奖、第八届广西文艺创作铜鼓奖、2017广西优秀原创动漫等奖项。木偶剧团获第50届国际戏剧艺术节"最佳演出奖""最佳舞台美术奖""最佳集体动画奖"。新编壮乡木偶歌舞剧《刘三姐

与阿牛哥》入选文化部艺术司全国曲艺、木偶剧、皮影戏优秀剧（节）目展演作品。杂技《瑶心鼓舞——蹬鼓》《灵之翼——单手倒立技巧》获第十届中国杂技金菊奖比赛"入围奖"、第四届中国国际马戏节银虎奖，并登上 CCTV《我要上春晚》大型综艺节目。广西杂技团崔焱荣获 CCTV 重点综艺节目 2017年度《星光大道》季度冠军、年度分赛场总冠军、年度冠军赛第四名。歌曲《从七月开始》获第八届广西文艺创作铜鼓奖，歌曲《年华》获广西第十四届精神文明建设"五个一工程"奖。三是整合演艺资源，盘活繁荣文化市场。在整合自身五大剧场资源的基础上，联合广西戏剧院、广西文化艺术中心、柳州艺术剧院、桂林大剧院等区内 20 多家剧院，于 2017 年 9 月成立广西剧院演艺联盟，积极探索通过联盟平台共享优秀剧目引进资源，开发剧场托管业务，盘活繁荣广西演艺市场。

3. 加强交流合作，提升文化影响力

响应"一带一路"倡议，讲好 21 世纪海上丝绸之路的广西故事，积极扩大广西在东盟影响力。依托 2013 年启动，每年与东盟主宾国合拍电影、共同举办电影展映活动的中国—东盟电影文化周平台，于 2017 年成功举办中国—柬埔寨电影文化周活动。协办泰国"第十二届中国电影节"，圆满完成"美丽中国·美丽广西——2017 斯里兰卡·中国'广西文化周'"文化交流演出等 8个重要对外演出任务。

4. 公共文化事业发展成效突出

一是依托电视媒体弘扬主旋律，传播正能量。广西科教频道牢牢把握正确舆论导向，围绕中心服务大局，精抓内容制作，打造栏目品牌，严格制度管理，强化队伍建设，努力提高传播力、引导力、影响力和公信力，收视率稳居广西地面频道前列，初步形成区域性传媒品牌，为宣传党的十九大精神、传播核心价值观正能量以及促进广西经济社会文化发展做出积极贡献。二是贯彻落实文化惠民工程，与广大群众共享文化发展成果。农村公益电影订购 13.5 万场，放映 12.4 万场，圆满完成广西农村公益电影放映任务。精心打造首府和边境地区驻场演出品牌，"南国之声""南宁剧场""快乐城堡""南国炫技""东兴国门剧场"5 个常态化演出品牌全年共演出 1040 场，服务观众 79.9 万人次，发展观众会员近 2.6 万人。大力开展文化下基层，组织各院团开展"唱响八桂中国梦·艺术精品到基层"主题演出活动，组织公益演出 780 场，同比增加 160%；服务观众逾 50.5 万人，同比增加 84.3%。三是做好少数民族语电影译制工作，丰富广西少数民族地区群众文化生活。少数民族语电影译制成效显著，完成译制录音节目 89 部，2017 年，全区少数民族语电影放映订购 21144场次，同比增加 17.2%，在全国 11 个译制中心位列第五。壮语译制故事片

《太平轮·彼岸》获中国声音制作优秀作品三等奖，侗语译制故事片《笑功震武林》获全国优秀少数民族语电影译制艺术三等奖，广西少数民族语电影译制中心获"广西壮族自治区少数民族语文工作先进集体"荣誉称号。

5. 文化基础设施建设再获新成效

一是抓好广西文化创意产业大厦项目（原南宁剧场文化设施配套建设及环境改造项目）建设。该项目建成使用后将成为首府文化新地标。二是抓好广西壮语译制与动漫娱乐项目建设。三是启动建政路、鲤湾路东盟影视演艺中心项目。将打造融合东盟影视、演艺文化的新地标。四是积极谋划集团公司位于五象新区的中国—东盟信息港子项目建设，计划投资总额 11 亿元，项目将建设以"产业集群＋人才智库＋平台数据＋展演商推＋产权贸易＋资本融通"为核心内容的文化创意产业基地，目前正进行项目策划论证工作。

6. 积极探索"文化＋"产业发展新业态

通过实施挺进机关、挺进企业、挺进校园、挺进社区、挺进酒店（影吧）的"五个挺进"工程，拓宽路径，积极探索"文化＋"新业态。一是以文化共建为抓手，初步建立"文化＋"生态圈。先后与广西工业龙头企业柳钢集团、金融龙头机构广西农信社和知名旅游企业广西国悦集团分别签署了企业文化共建合作协议，通过强强联合，实现优势互补。成功策划举办柳钢集团成立 60 周年系列庆典活动；与广西农信社签署了"文化贵金属"合作协议，在"文化＋工业""文化＋旅游""文化＋金融"等方面取得实质性进展。二是摸索创新"文化＋"新模式。通过整合"网演中国广西站""大麦网""广西演出资讯网"及各大院团微信、微博公众平台资源，投入运营演艺营销一体化平台"广西文化惠"，打造 B2C＋O2O 的票务交易平台，实现剧场运营、票务营销、剧目推广、会员管理的高效资源整合。第五届全区基层群众文艺会演通过"广西文化惠"平台首次尝试网络直播，累计观看人数 42657 人，累计评论 5387 条。此外，依托新媒体平台的大数据优势及各大驻场演出的品牌影响力，与光大银行在全区首创推出"演艺联名信用卡"，半年内发卡量突破 6000 张，初步摸索出"文化＋科技＋金融"的创新模式。

（二）推进管理机制转变，激活组织效能

集团公司重组以来，随着改革的深入，原有管理层级冗长、决策效率不高的问题日益凸显。为此，集团公司深化子企业法人治理结构改革，将原有的三级子公司提升为二级子公司管理，通过机制创新、流程再造，降低管理成本，增加效益。

二、改革发展中面临的困难

(一)资产规模小,投资抗风险能力不足

一方面,原重组的三家文化类企业都属于轻资产性质,经济体量都较小,投资抗风险能力严重不足。在新增项目投资方面,集团公司可用于投资的自有资金非常有限。另一方面,集团公司缺乏可用于抵押的优质资产,融资能力不足。项目投资力度与集团公司作为自治区国有文化龙头企业的地位不匹配,投资后劲不足严重制约了集团公司的发展壮大。

(二)项目盈利能力弱,经营管理水平不足

原重组的三家文化类企业都定位为以提升社会效益为主要目标,且电影、演艺集团是由事业单位改制为企业,长期以来都注重社会效益为主要生产经营目标,对项目的经济效益分析不足。经营管理上,部分管理人员市场意识较弱,跟不上集团公司转型发展的步伐。此外,集团公司目前运营的主要演出场所都历史久远,配套设施陈旧,消费者体验感较差。目前,区内一些新建的演出场所规格较高,且在地理位置、设备配套等方面都具优势,集团公司主要演出场所的市场竞争力面临极大的挑战。

(三)文化产业人才匮乏,人才储备优势不足

当前,广西文化产业存在严重的人才匮乏。许多国有文化企业是由原来的事业单位转制组建的,在人才储备方面优势不足,普遍缺乏既有宽广视野、又有精深文化产业理念的复合型高素质经营管理人才和专业人才,以及文化创意领军人物。

三、发展路径探索

习近平总书记在党的十九大报告中指出:"文化兴国运兴,文化强民族强。"将文化战略、文化定位提升到全新高度,对文化产业发展提出全新定位,对精神文化产品提出新需求。当前,人民群众对美好文化生活的需要,成为文化产业发展的红利,新一轮文化消费能量将积聚和喷发,广西文化产业集团的发展迎来了新机遇。

与此同时,一方面,从国资国企改革发展要求来看,党的十九大报告指出,要完善各类国有资产管理体制,改革国有资本授权经营体制。当前,国有资本投资公司试点改革进入全面深化、巩固提高的阶段。自治区国资委印发的《关于促进广西文化产业发展和完善文化企业国有资产监督管理的意见》(桂国资〔2017〕63号)提出要推进广西国有文化企业改组或组建国有资本投资(运营)公司,通过划拨、吸收兼并等方式,整合本地区文化产业及相关产业资

源。另一方面，文化产业经济形态已经突破传统边界，"文化＋"新型业态深度融合发展，文化旅游、特色小镇等项目已经遍地开花，依托互联网的网络文学、网络综艺、网络大电影等进入井喷式爆发阶段。

集团公司"十三五"规划提出把企业打造成为知名文化企业品牌，发展成为广西文化产业引领企业、在我国西南处在前列、在东盟有较大影响、拥有核心文化品牌、具有较强文化传播能力和竞争实力、富有民族特色和边疆风情的现代文化产业集团，并提出了到 2020 年集团公司产值翻一番、收入翻一番，再造一个文产集团的总体目标。当前，可通过以下路径实现。

（一）利用资本市场，开启投融资新模式，实现跨越式增长

集团公司的发展有条件、有机遇，也得到政府的大力支持。《广西壮族自治区人民政府办公厅关于印发广西文化发展"十三五"规划的通知》（桂政办发〔2016〕165 号）提出深化国有文化企业改革，发展壮大广西文化产业集团有限公司等一批具有核心竞争力的国有文化企业。鼓励和培育文化创意企业在主板、中小板、创业板、新三板等多渠道上市。

集团公司作为广西文化产业龙头企业，具备政策和资源优势，"十三五"期间，集团公司将最大限度放大自身优势，搭建平台引入社会资本，谋划打造上市平台公司，依托资本市场推进企业改革与发展，以资本运作作为手段整合产业资源，突破传统思维和手段布局文化产业，打通文化全产业链，实现跨越式增长。

通过加快组建广西文化产业基金，盘活既有的 5000 万元政府引导基金，解决资金不足和融资难的问题。同步谋划成立基金管理公司，充分发挥文化产业基金的功能，引入文化类企业和战略投资者，发挥协同效应撬动社会资本。

（二）双轮驱动，推进资本运作发展模式和实体产业之间的融合发展

当前，集团公司具有影视、演艺、文化设施等实业基础，但总体资产规模小，盈利能力较弱，资本市场不认同，投资抗风险能力不足，是现阶段制约企业发展的最关键因素。可通过上市运作，以并购重组、股权投资等方式快速布局文化产业，做大集团公司整体资产规模，反哺文化实体产业，形成完整的产业链，提高投资抗风险能力。同时，加快实体产业的培育，提高盈利能力，符合资本市场的需求，有利于企业逐步打造核心竞争优势，塑造企业品牌。

（三）机制创新，清晰定位集团总部和子公司职能，建立符合国有文化企业的有效管理机制

通过机制创新，将集团公司本部定位为战略中心、投融资中心和资本运作中心，主要功能是提供支持，发挥协调效应。将子公司定位为经营中心，以扁平化改革方式减少管理层级，缩小经营单元，强化市场导向，培育市场竞争优

势，提升核心竞争力。积极发展国有控股混合所有制、员工持股等模式，深度推进集团公司改革发展，建立国有企业激励约束长效机制，释放改革活力。

（四）业务创新，促进文化产业与相关产业深度融合发展

以"文化＋"模式，加快推进集团公司创新业态，促进文化产业与科技、旅游、体育娱乐、互联网、房地产、金融等行业进行深度融合发展。通过投资、并购、重组等方式，培育新型文化业态，延伸文化产业链，拓展文化产业发展空间。

（五）扩大开放合作，提升文化影响力

在国际合作方面，积极参与"一带一路"文化交流与合作，扩大对外文化贸易和文化投资。加快建立与"一带一路"沿线地区组织和重点国家的城际文化交流合作机制，推进文化交流合作，加快形成文化产业开发新格局。

在国内开放合作方面，突破地域思维，要跳出广西，从文化产业的全行业视野审视广西文化产业。要有立足全区、放眼全国的思维，走出去占领文化产业的高地，用区外的资源反哺区内的不足。北京、上海、杭州等城市是国内文化产业发展水平最高的地区，北京是全国的文化中心，引领着中国文化产业发展趋势。集团公司可建立和北京、上海、杭州等地的紧密联系，学习国内先进文化企业发展模式，学习先进的文化产业投资管理机制，掌握产业发展最新态势，吸引国内一流文化企业到广西投资兴业。广西的文化产业可通过基金合作、上市公司并购重组以及产业项目投资等方式，建立文化产业长效合作机制，实现中国有广西，广西有文产，打造广西文化产业的特色名片。

广西区直国有文化企业
新时代创新发展的实践与探索
——以广西演艺集团为例

林燕飞　韦阳星 *

"十二五"时期，广西文化体制改革成效显著，文化软实力快速提升。"十三五"时期是广西促进文化繁荣发展，建设民族文化强区的关键时期。2017年，党的十九大宣布我国进入新时代，文化发展也进入新时代。按照党的十九大"创新生产经营机制，完善文化经济政策，培育新型文化业态"的要求，未来文化的发展是"双效统一"，是数量向质量、总量向结构的新转变，要不断提供多元、优质的精神文化产品。那么，在新时代背景下，把广西文化发展放到党的十九大描绘的宏阔前景中，放到我国经济和文化发展的新要求中，广西文化发展的方向将更明确、路径将更清晰。本文将以广西演艺集团为例，探索新时代下，广西区直国有文化企业创新发展的新实践。

一、广西演艺集团发展简述

广西演艺集团自2012年8月转企改制以来，切实肩负起文化企业的责任和使命，坚持把社会效益放在首位、社

* 林燕飞，广西演艺集团董事长；韦阳星，广西演艺集团投资企划部副主管。

会效益和经济效益相统一的文化立场不动摇，为繁荣发展广西文化事业、建设民族文化强区做出了积极贡献。2016 年 4 月，为进一步深化广西文化体制改革，做强做优做大广西文化产业事业，广西演艺集团划归自治区国资委管理，同年 7 月，与广西电影集团、广西文化产业投资集团重组为广西文化产业集团，是自治区国资委监管的公益二类文化企业。企业的重组为演艺集团带来了新的活力和发展契机，在自治区国资委的监管下，机遇与挑战并存。2017 年，广西演艺集团以党的十九大精神为指引，积极贯彻落实习近平总书记视察广西重要讲话精神，在繁荣文艺创作、推动文化事业和文化产业发展，深化文化改革的探索和实践中，实现了新作为，展现了新气象，取得了新成效。

二、2017 年文艺创作发展的新成果

（一）精品力作不断涌现

2017 年，广西演艺集团坚持以人民为中心的创作导向，聚焦精品创作，生产作品 22 台。其中，一批具有时代精神、彰显广西特色、在全国享有盛誉的文艺精品的涌现，书写和记录了广西高度的文化自信。儿童音乐剧《壮壮快跑》荣获第二届南充国际木偶艺术周最佳剧目奖、优秀演奏奖；群舞《风起苗舞》参加第二届全国少数民族优秀舞蹈展演，并入围第十一届中国舞蹈"荷花奖"民族民间舞终评；杂技《灵之翼——单手倒立》《瑶心鼓舞——蹬鼓》入围第十届中国杂技金菊奖；杂技《瑶心鼓舞——蹬鼓》荣获第四届中国国际马戏节"银虎奖"；木偶综合晚会《偶艺新韵》荣获第 50 届国际戏剧艺术节（克罗地亚）"最佳演出奖""最佳舞台美术奖""最佳集体动画奖"三项大奖；新编木偶歌剧《刘三姐与阿牛哥》入选文化部艺术司全国曲艺、木偶剧、皮影戏优秀剧（节）目展演作品等。此外，庆祝自治区成立 60 周年系列重大文艺活动舞剧项目、交响乐项目正积极筹备和创作中；获国家艺术资金资助的广西首部民族歌剧《醉美三月三》也已经完成前期创作。

（二）多元演出优化升级

2017 年，广西演艺集团通过进一步优化升级演出品牌，提供多样化文化产品，构建多元化的演出格局，致力于满足观众日益增长的文化需求以及对美好生活的新期待。2017 年，演艺集团全年共演出 1280 场，服务观众 76.3 万余人次。其中，驻场演出共计 338 场，服务观众 15 万余人次；各类公益性惠民演出共计 780 场，服务观众约 50.5 万人。

一是五大驻场演出品牌深入人心。为持续优化升级南宁城市文化品牌建设，满足市民日益增长的文化生活需求，演艺集团全面启动"南国之声周末音乐会""南宁剧场精品剧目""南国炫技""梦想乐园""东兴国门演艺剧场"五

大驻场演出品牌升级计划。通过面向广大市民观众策划推出"节庆演出系列""亲子家庭系列""国内外经典系列""古典音乐系列"等多个广受欢迎的主题系列演出，持续提升驻场演出品牌文化服务能力和品牌影响力，集团历时多年精心打造的常态化驻场演出品牌已初见成效，品牌深入人心。2017年，集团驻场演出品牌也因此荣获自治区优秀驻场演出品牌称号。

二是惠民演出扎根基层服务百姓。为积极贯彻落实习近平总书记视察广西重要讲话精神，进一步加大文化惠民服务的力度和广度，演艺集团精心组织四大院团优秀的演出队伍，持续深入开展"唱响八桂中国梦·艺术精品到基层"主题活动，精心组织安排歌舞、杂技、木偶、儿童剧等艺术形式的新作品、新节目到昭平、田阳、巴马、都安等贫困村屯开展公益性惠民演出活动，让广大群众共享文艺发展新成果。

三是对外交流演出展现广西新风貌。2017年，演艺集团圆满完成外交部、文化部委派的外事交流演出任务，并加大对"一带一路"沿线国家特别是东盟国家的文化交流力度。组织优秀演出队伍赴越南、克罗地亚、新加坡、斯里兰卡等十余个国家地区开展文化交流演出活动，广受欢迎和好评。组织艺术团队赴澳门参加第十五届澳门妈祖文化旅游节，顺利完成"美丽中国·美丽广西——2017斯里兰卡·中国'广西文化周'"文化交流演出，杂技剧《百鸟衣》亮相新加坡"春城洋溢华夏情暨欢乐春节"活动等，全面、立体、集中地展示了新时代下具有浓郁民族风情的广西新风貌。

四是精品剧目巡演传播八桂新歌声。2017年，集团一批原创经典优秀剧目累计开展全国巡演共计189场，受众超过16万人次。其中，《山歌好比春江水》赴上海、江苏、湖北、重庆等全国巡演8场，《壮壮快跑》赴乌鲁木齐、中山、深圳、银川等城市开展全国巡演63场，《魔豆》赴上海、浙江、江苏、安徽等地开展二轮全国巡演75场，《猫猫侠：保卫蝶苑》全国巡演3场，《花山》全区巡演10场。一批特色鲜明的文艺新作的巡演活动，不仅赋予了文艺作品新的生命，也在全国范围内传播了广西好故事、新歌声。

（三）文艺队伍焕发活力

2017年，依托创作、演出和比赛等多种方式，演艺集团积极挖掘和培养有才华有潜质的优秀文艺骨干，培养了一批德艺双馨的文艺人才队伍。一是广西歌舞剧院创作团队深入宁明、凭祥、龙州等村屯开展"深入生活、扎根人民"采风创作实践活动，并在实地采风中积累了丰富的创作素材、激发了创作灵感。二是实施"抓作品带队伍，以作品促人才"战略，通过专家的传、帮、带，锤炼和提升青年创作队伍的专业素养和专业水平。三是一批青年演员斩获国际国内大奖。如崔焱荣获CCTV重点综艺节目2017年度《星光大道》季度冠军，年度分赛场总冠军；杨春梅荣获意大利 URBANIA 国际声乐比赛艺术歌曲和歌剧咏叹调两项银奖；苏晓庆荣获 2017 年第十一届中国音乐金钟奖声乐比赛广西选拔赛民族组第一名等。

三、2017 年文化产业创新发展的新实践

（一）文化＋新媒体，探索文化一体化营销的新方法

2017 年，为进一步推进文化科技创新和演艺文化传播体系建设，演艺集团强化文化与新媒体的有机结合，通过整合"网演中国广西站""大麦网""广西演出资讯网"及各大院团微信、微博公众平台优质资源，开发运营"广西文化惠"演艺营销一体化平台。该平台旨在通过"互联网＋"思维，打造 B2C＋O2O 的线上票务交易平台，促进演艺集团演艺营销与服务手段与市场消费趋势的接轨，实现演出营销在线支付与服务全程应用。自该平台试运行以来，演艺集团市场营销能力大大加强，观众线上文化体验显著提升。此外，基于"广西文化惠"营销平台，演艺集团紧跟时代热潮，积极探索文化演艺网络直播的营销方式。如在第五届全区基层群众文艺会演中，通过"广西文化惠"平台首次尝试网络同步直播，受到区内外广大观众的热捧，线上观演总人数达 42657 人次，评论数 5387 条。通过"演艺＋新媒体"的探索，有效地实现引导全民关注参与，营造浓郁文化氛围，是演艺集团创新性地开展文化惠民工作的新尝试。

（二）文化＋旅游，探索构建沿边文化产业带的新思路

2017 年，演艺集团贯彻落实习近平总书记视察广西重要讲话精神，利用沿边优势，做足"边"的文章，不断探索构建沿边文化产业带的新思路。一是《广西东兴国门演艺剧场中越边境文化旅游产业项目》获 2017 年度中央财政文化产业发展专项资金扶持。该项目是演艺集团充分利用东兴市沿边、沿江又沿海的区位优势，积极参与"一带一路"文化交流与合作，扩大对外文化贸易，推动文化产业跨越发展的特色旅游演出文化产业项目。剧场的主体建筑于 2016 年 12 月 19 日完成竣工，当月 28 日投入使用，已运营壮族杂技剧《百鸟衣》等具有东南亚民族风情的特色文化演出 80 余场，日渐成为中越边境旅游产业链里的重要一环。二是"越南《印象会安》主题公园文化旅游演出项目"入选 2018 年度文化部"一带一路"文化贸易重点项目。该项目前期通过越南方采购文化服务的方式，进一步输出演艺集团的新技术和创意人才等产业要素向国外流通，是演艺集团与"一带一路"沿线国家和地区的文化企业围绕主题公园旅游演出开展的首次合作，也是演艺集团积极参与"一带一路"国际间文化贸易的新尝试和新探索，将极大促进广西本土文化企业探索文化产业结构转型，推

动文化产业大发展。

（三）文化＋企业，探索资源共享文化强企的新途径

2017 年，在自治区国资委的鼓励和支持下，广西演艺集团结合自身实际，创造性地策划了文化进企业项目。项目充分发挥演艺集团国有文化企业的优势，积极探索建立区直国有企业间文化资源共享、文化共建的合作模式。通过授予企业文化共建牌匾、开展党建联盟、文化项目合作等方式展开多方位、深层次的合作，全面提升文化共建企业的软实力，实现文化强企，为提高企业经济和社会效益提供文化支撑。2017 年，演艺集团与柳钢集团、柳工集团、十一冶集团进行合作洽谈，并成功策划举办柳钢集团迎春晚会。围绕文化强企目标，演艺集团敢于先行先试，通过增强互动、通力合作，积极探寻具有时代特征、企业特点的文化创新驱动发展新路子，助推广西文化产业发展。

四、新时代，文化产业发展的新思考

（一）文艺创作要体现新时代的"精气神"

党的十九大报告明确了文化建设在中国特色社会主义新时代的新定位，把文化放到了兴国强国的高度，提出要激发全民族文化创新创造活力，建设社会主义文化强国。这就要求广西文化工作者应有更高的使命和更广的视野，真诚记录和展示民族和国家的成长足迹，不断推出讴歌党、讴歌祖国、讴歌人民、讴歌英雄的精品力作。2018 年，广西演艺集团以改革开放 40 周年、新中国成立 70 周年、广西壮族自治区成立 60 周年等重要节点为工作坐标，以现实主义题材为重点，立足广西民族风格和地域特色，组织策划创作舞剧项目、交响乐项目、歌剧《醉美三月三》为代表的一批思想精深、艺术精湛、制作精良相统一的精品力作，推动广西艺术创作从"高原"向"高峰"攀登。

（二）文化产品要满足美好生活的"新需要"

党的十九大报告中"人民日益增长的美好生活需要和不平衡不充分的发展之间的矛盾"的阐述，为新时代文化产业的发展提供了新的方向。2018 年，广西演艺集团进行文化产品供给升级，不断满足人民过上美好生活的新期待。一是持续开展"深入生活 扎根人民"主题实践活动，打造"唱响八桂中国梦艺术精品到基层"惠民演出品牌，深入开展文艺进校园、进乡村、进社区活动，推进文艺工作密切联系群众的常态化建设，丰富群众文化活动；二是加大以"南国之声"周末音乐会为代表的五大驻场演出品牌升级版的打造，加强节日营销策划，创新内容设计，满足人民对多方面多层次多样化的美好精神文化需要。

（三）文化产业要实现发展体系的"新升级"

党的十九大报告明确指出文化产业要创新生产经营机制，完善文化经济政策，培育新型文化业态。新时代要有新思路、新境界。2018 年，广西演艺集团进一步优化资源配置，加快布局结构调整和重组整合，强化市场融合，大力倡导"文化＋"理念，推动文化与教育、旅游、制造业、互联网等相关行业向纵深发展，促进产品和服务创新，推动文化产业跨越发展，加快推进文化产业提档升级。一是抓好供给侧结构性改革和互联网技术带来的产业融合发展机遇，探索文化与互联网科技的有机融合，健全完善"广西文化惠"演艺营销一体化平台运营管理模式，构建全方位、立体化的营销网络。二是打造广西演艺联盟，并初步形成一个以南宁为核心，覆盖全区的规模化、集约化的演艺产业格局。三是坚定文化自信，坚持走文化强企发展之路，积极与全区国有企业、民营企业建立文化共建单位，实现强强联合，优势互补，助推实现做优做强企业目标。四是立足广西"三大定位"新使命，顺势而为、应势而动、乘势而上，积极融入国家"一带一路"建设，统筹做好越南《印象会安》主题公园文化旅游演出项目、"中国壮乡三部曲"海上新丝路——东盟 10 国巡演文化旅游产业项目、崇左文化旅游产业项目等演艺文化旅游项目的策划运营工作。

广西边境地区民族语"传播保护"探析

——以崇左市开展本地壮语方言传播工作为例

林素娟　农日东 *

2018年 广西蓝皮书 广西文化发展报告 理论探讨篇

　　习近平总书记在党的十九大报告指出,"加大力度支持革命老区、民族地区、边疆地区、贫困地区加快发展","加快边疆发展,确保边疆巩固、边境安全"。根据报告的这一精神,我们很有必要对广西边境地区民族语"传播保护"问题进行探讨分析。

　　近几年来,崇左市以推进民族语广播影视事业发展为抓手,着力开展本地壮语方言传播工作,取得较好较大成效,对广西边境地区民族语传承保护起到了积极的促进作用。实践使我们认识到:要保护好广西边境地区民族语言,这需要顺应新时代该地区人民群众日益增长的美好生活需要,以利用现代技术传播民族语为手段,以本地壮语方言讲本地好故事为载体,把传播"本地声音"融入宣传思想工作之中,以传播促保护、促传承、促发展。

一、实践与成效

　　广西边境地区本地壮语方言是我国多民族语言中的一

---

　　* 林素娟,广西职业师范学院教授;农日东,崇左市人大常委会副秘书长、原崇左市广播电影电视局局长。

种，属于不可再生的、弥足珍贵的非物质文化，是我们国家丰富的多民族文化的重要组成部分。作为广西边境线最长的地级市崇左，其壮族人口占总人口的89.4%，是全国壮族人口比例最高的地级市。长期以来，崇左边境地区的壮族群众，讲的都是本地壮语方言，唱的都是"本地壮语声音"。针对这样的情况，这几年来崇左市高度重视本地壮语方言传播工作，把发展民族语广播影视事业作为践行党的群众路线，贯彻落实党和国家民族政策法规以及促进民族地区广播影视事业发展的重要工作来抓，取得良好效果。截至2014年底，全市所有电台、电视台都开播了本地壮语方言民族语节目，民族语电影译制工作已经实施，民族语广播影视事业实现历史性跨越。

一是抓基础、建平台，民族语广播电视传播硬件建设取得大突破。崇左与广西各地一样，早已县县（含县级市，下同）都开办有线广播站或广播电台。后来由于投入不足或没有投入，一些县级广播站（广播电台）先后"关门"停办。经过几年努力，全市于2013年实现了县县开办新广播电台目标。其中，停播了8年的扶绥人民广播电台，于2013年6月7日以无线调频方式重新开播。至此，崇左成为全区唯一实现县县开办新广播电台的地级市。电视媒体方面，崇左不仅市级有电视媒体，县县建有电视台，而且还通过实施兴边富民行动大会战和大石山区大会战广电项目，使有关县（市）电视台的技术装备水平有了较大提升。由于注重抓硬件建设，着力恢复建设新的县级广播媒体，电视媒体技术设备获得不断更新升级，全市广电媒体开播民族语节目有了比较好的硬件条件和载体平台。

二是抓部署、促落实，民族语广播电视新闻节目实现全覆盖。长期以来，由于受到思想观念和人才、资金、技术、设备等因素制约，崇左开办本地壮语方言广播电视节目的广播电视媒体微乎其微。农村壮族群众收听收看壮语方言广播电视节目难的问题相当突出。为解决这一问题，崇左市于2013年4月组织有关人员赴百色市靖西参观考察之后，即着手推进民族语广播电视工作。2014年春节后上班的第一天，市广电局专门下发了《关于开办和完善壮语新闻栏目的通知》，对开办与完善壮语广播电视新闻栏目工作进行部署并提出要求，把开办与完善壮语广播电视新闻栏目作为发展民族语广播影视事业的切入点。特别是2014年7月的"全区民族语广播影视工作座谈会"在靖西召开之后，崇左市狠抓会议精神的贯彻落实，加大推进民族语广播电视工作力度。市广播电台和市电视台先于2014年8月6日和11月6日开播了本地壮语方言新闻节目。至此，崇左成为当年全国唯一的市辖所有广播电视媒体都开播有壮语新闻节目的地级市。

三是抓投入、求实效，民族语广播电视节目数量、质量获得大提升。开办本地壮语方言节目，既要增设该语节目自制、译制项目，添置制播设备，又要"找人找钱找编制"，才能达到数量多、质量好，影响力才能扩大。为解决人、财、物等方面的投入问题，崇左市积极争取有关方面支持。自治区新闻出版广电局在资金、项目和业务等方面予以倾斜资助和指导，市、县（市）党委、政府对该工作都给予重视和关心，为广播电视媒体开办民族语节目工作取得突破性进展创造了非常有利的条件。2011年底，崇左开播本地壮语方言节目的仅有宁明县电台、电视台各1家，开设该语节目各1档。至2014年12月，全市7家广播媒体开播本地壮语方言节目达19档，其中天等县电台开播7档、大新电台开播4档、宁明电台开播3档、凭祥电台开播2档，崇左市电台、龙州电台、扶绥电台各开播1档。电视方面，全市开办本地壮语方言节目的有7家，开播该语节目14档，其中大新电视台开播4档、天等电视台开播3档、宁明电视台开播3档，崇左市电视台、龙州电视台、凭祥电视台、扶绥电视台各开播1档。市、县广播电视台开播壮语节目后，受到当地干部群众的欢迎。有的群众写信到电视台里表达了高兴和支持之意，有的网民在网络上发帖表示赞成和拥护。其间，新华网、国家新闻出版广电总局网站、网易等多家网络媒体都登载了崇左市推进民族语广播电视工作的新闻。尤其是崇左广播电台《壮语新闻》开播以来，坚持用本地壮语方言报道时事新闻及有关信息，受到边境地区壮族群众的喜爱，栏目影响力越来越大，获得了2015年全市唯一的"2015年度广西广播电视优质栏目"奖。

四是"买服务、不养人"，民族语电影译制放映工作进入"试施行"阶段。建市以来的多年间，崇左民族语电影译制放映工作基本处于停滞状态。为了贯彻落实上级关于开展少数民族语影视译制工作的有关文件精神，让更多的农村壮族同胞看懂电影，2014年以来，在自治区有关部门的支持下，崇左市克服困难，采取"花钱买服务、养事不养人"的方式，"试施行"民族语电影译制放映工作，译制了《天琴》等3部电影。电影《天琴》由广西电影集团和崇左市、龙州县联合打造，在龙州实地取材取景，展现了壮族天琴文化的魅力。这部崇左建市后第一部壮语电影于2014年7月译制完成。在崇左市第四届陆路东盟国际商务文化节电影文化周活动期间，在城区试放映，广受群众欢迎。当年《天琴》在龙州放映70场，观众达2.1万多人次，观众看后普遍反映良好。之后，龙州县连续放映该影片55场，使片子放映达到125场。宁明县译制的《寻找刘三姐》《举起手来》两部电影顺利完工，在申请办理许可放映手续后进行了放映。崇左市、县建立"买服务、不养人"的民族语译制机制，对全市民族语电影译制放映工作起到了良好的促进作用。

二、困难与对策

这几年来，崇左市开展本地壮语方言传播工作虽然取得突破性进展，但要推动该工作进一步做大做优，还需要解决一些困难和问题。这些困难和问题主要表现在：一是民族语广播影视人才非常缺乏。长期以来，由于没有学校培养崇左本地壮语方言方面的民族语译制与播音主持人才，想在本地找到既懂得讲本地壮语方言，又有播音主持技能的人员相当难。二是投入不足。无论是有关设备的投入，还是编制、人员工资和工作经费的增加等，都严重短缺。三是发展很不平衡。虽然崇左广播电视媒体都开办了民族语节目，但民族语电影电视译制工作方面，前几年除了完成对《天琴》等几部电影的译制外，电影电视片民族语译制工作整体上受到人才、设备、经费三大瓶颈的制约，仍处于起步艰难的状态。四是认识没有到位。有的同志担心在广播电视台开设民族语节目，与国家推广普通话政策相抵触；有的认为本地壮语方言是"土话"，用"土话"进广播、上电视，显得土里土气；等等。针对这些困难、问题，建议有关方面采取更加切实可行的对策措施，努力把边境地区民族语传播工作做得更好更多。

（一）地方政府要把发展边境地区民族语广播影视事业提升到落实党和国家的民族政策加以推进

国家对发展民族语广播影视事业高度重视。《国务院关于进一步繁荣发展少数民族文化事业的若干意见》提出，要大力发展少数民族广播影视事业。"提高少数民族语言广播影视节目制作能力，加强优秀广播影视作品少数民族语言译制工作。提高民族地区电台、电视台少数民族语言节目自办率。""推出内容更加新颖、形式更加多样、数量更加丰富的少数民族广播影视作品，更好地满足各族群众多层次、多方面、多样化精神文化需求。"近年来，国务院、自治区政府还在有关文件中就发展民族语广播影视事业提出新要求。尤其是2014年9月召开的中央民族工作会议暨国务院第六次全国民族团结进步表彰大会提出"继续推进广播电影电视民族语译制工程"的工作任务，对现阶段我们推进壮语方言传播工作，具有重要的指导意义。贯彻落实中央、国务院的有关文件精神，需要把发展民族语广播影视事业纳入地方政府层面进行谋划，由地方政府牵头推进，统一思想，达成共识，形成合力。

（二）着力加强边境地区民族语广播影视专业人才队伍建设

崇左壮语方言是广西边境地区壮族群众用以表达情意的声音，是崇左壮族群众最重要的交际工具和进行沟通的主要表达方式。长期以来，广西壮语以壮语北部方言武鸣话为准。广西壮文学校多年来为少数民族地区培养的几万名人才，讲学的壮语都是武鸣话。右江、邕江以南的地区学生进入广西壮文学校学讲的壮话即武鸣话，毕业回乡工作一般都用不上。基于这种现实，要加强边境地区民族语传播工作，发展崇左民族语广播影视事业，需要加快培养和打造一支懂得讲崇左本地壮语方言的广播影视专业人才队伍，特别是播音、主持、策划和电影电视译制方面的人才团队。根据广西壮族自治区少数民族语言文字工作委员会意见，崇左本地壮语方言广电媒体播音应以龙州话为准。为此，特建议崇左市各县（市、区）从本地的优秀学生和有关人员当中，挑选一些苗子，委托广西民族师范学院等本地院校进行有针对性的培养培训，为发展广西边境地区民族语传播事业提供人才保障。

（三）加大对民族语广播影视事业的投入

经过多年发展，中央人民广播电台少数民族语言广播已经发展成为集传统广播、互联网、移动多媒体等多种形式于一体的民族语言传媒，成为党和少数民族群众之间重要的沟通桥梁。电视方面，云南、新疆、内蒙古等地方的民族语广播电视事业，发展非常好。在中央和自治区高度重视"广播电影电视民族语译制工程"的背景下，有必要加强广西边境地区民族语传播工作，加大力度发展民族语广播影视事业，不断增加投入，着力改善边境地区壮语方言的采、编、播、译的硬件条件，使之在现有的基础上得到更好更快发展，成为讲好广西边境地区故事、传播好广西边境地区声音的一大阵地和重要载体，成为服务好广西边境地区壮族群众的重要桥梁和一大平台。

（四）努力增强民族语广播影视的社会影响力

加强广西边境地区壮语方言传播工作，进一步推进民族语广播影视事业发展，关键要在逐步增加节目档次的同时，切实把节目内容搞好，不断增强和提升节目的关注度、吸引力、影响力和收视率、收听率，切实取得较好的社会效益和经济效益。为此，应注重把"三贴近"原则切实贯彻落实到壮语广播影视工作之中。开办什么内容的壮语广播电视节目、开办多少壮语广播电视节目和如何开办壮语广播电视节目，包括译制什么题材的电影电视片和译制多少电影电视片，都要从本地实际出发，认真研究，搞好策划，切实使壮语节目内容贴近壮族群众，反映广西边境地区地域特点、历史人文和风土人情，体现民族特色，聚焦边境地区壮族群众关注的经济、政治、文化、社会和生态等方面的热点问题。要多从壮族群众的视角做壮语节目，突出节目特色，增强节目的可听性和可看性，多译制和播放壮族群众喜爱的壮语电影电视片。如此，加强民族语传播工作才能获得预期的实效，民族语广播影视事业才能实现持续健康发展。

三、启示与意义

这些年来，崇左市开展本地壮语方言传播工作，推进民族语广播影视事业发展的实践与取得的成效、遇到的困难和需要采取的对策措施，对新时代广西边境地区民族语传播保护工作，具有重要的启示与意义。

（一）利用现代技术传播崇左本地壮语方言，这是保护广西边境地区民族语言的重要手段

崇左市这几年来开展民族语传播工作取得的成效说明，借助广播影视传媒技术与设备传播本地壮语方言，与过去口口相传、代代相授的做法相比，影响力更大，更有利于民族语的保护与传承。我们知道，以崇左本地壮语方言为典型代表的广西边境地区壮族语言，并没有相应的文字。如果没有广播影视传媒传播崇左本地壮语方言，广西边境地区幼儿、少年、青年学习使用本地壮语方言将会逐步减少，加上老年人自然减员，那么广西壮族语言的学习、使用环境和条件将进入囧途，边境地区有的壮语方言将会陷入濒临流失的危机境况。毕竟，从这些年来广西实施的兴边富民行动大会战所涵盖的县域来看，除了广西沿边地区的东兴、防城、宁明、凭祥、龙州、大新、靖西、那坡等8个县（市、区）外，还包括天等、德保2个县（后2个县距陆地边境线都在20公里范围内）。据了解，上述10个县（市、区）中，现在还以讲壮话为主的县（市、区）仅有靖西、那坡、天等、德保4个县（市），其他6个县（市、区）的城镇居民，都是以讲白话或普通话居多。尤其是，随着我国大力推广普及普通话，目前崇左市广大农村从幼儿开始就学习普通话，基本上不会讲壮话，可以说，广西边境地区壮语方言的使用状况已处于下降趋势，部分地区已面临传承困境。为保护传承广西边境地区壮族语言，我们应在过去借助广播影视传媒技术与设备传播本地壮语方言的基础上，需要更多地利用"广播＋""电视＋""互联网＋"等现代技术手段，更多更好地传播该地方壮语方言，并建立必要的有声数据库留存那些壮语方言，使之真正成为广西边境地区的"语言化石"。

（二）以"边境好声音"讲"边境好故事"，这是保护广西边境地区壮族语言的重要途径

在新时代，人民群众向往着美好生活，向往听美好故事和美好声音。我们应以人民群众的"向往需求"作为讲"边境好故事"、用"边境好声音"的工作目标。就"边境好故事"来讲，应顺应广西边境地区壮族群众对美好生活的需要、美好故事的需求，围绕壮族边境地区的新情况，着力创作出符合新时代要求的新故事、新作品。要鼓励原创精品，以更好更多的故事反映

广西边境地区壮族人民群众坚持共同团结奋斗、共同繁荣发展的生动实践，致力扩大对外开放合作取得的丰硕成果，弘扬红色精神投身富边兴边稳边固边大业获得的重大成就，坚持"靠山吃山"发展特色优势产业和着力开展脱贫攻坚实现的重大突破，全面建成小康社会等。要根据习近平总书记提出的"写好新世纪海上丝绸之路新篇章"的精神，把握好新时代新故事的主题主线，选好素材，述好情节，真正打造出具有"壮族化"、"边境化"、时代化、科学化、大众化的"边境地区好故事"。就播出"边境好声音"而言，这几年来崇左市级广电媒体播的都是龙州话，县级电台电视台媒体分别用扶绥壮话、大新壮话、天等壮话、宁明壮话、龙州壮话、凭祥壮话进行播音。由于还没有学校和有关机构对崇左各地壮语方言播音、主持、译制等方面的人才进行培养培训，那些聘来的播音员、主持人、"翻译员"都是土生土长、半路出家，部分媒体播出的本地壮语方言，有的只能算是"将就将就""一般一般"，算不上悦耳动听，缺乏磁性，因此把广西"边境声音"打造好具有迫切性和重要性。只有把"边境声音"打造好，才能把"边境故事"传播好。否则，广播、电视、互联网等媒体播出的声音难听、无味、没有特色和感染力，故事啰唆、平淡、不清不楚，广西边境地区壮族群众尤其是青年、少年和儿童不愿意听、不乐意听、不喜欢听、不找着听，或者他们听了以后难以产生情感共鸣，就很难吸引听众或持续吸引听众，就没有取得应有的传播效果。很显然，精心打造"边境好声音"，使之传播"边境好故事"，能够成为保护广西边境地区壮族语言的好载体。

（三）把崇左本地壮语方言作为加强广西边境地区对外宣传和基层宣传工作的重要载体，确保民族语传播保护取得更大实效

广西边境地区要配合国家"写好新世纪海上丝绸之路新篇章"，促进"一带一路"建设，加快经济社会发展，需要发挥崇左本地壮语方言在加强和改进对外宣传与基层宣传工作中的积极作用。一方面，应增加崇左本地壮语方言在宣传思想工作方面的运用功能。也就是说，广西边境地区应积极利用本地壮语方言宣传习近平新时代中国特色社会主义思想，宣传党的理论、路线、方针、政策，把党的声音传到边境村屯的家家户户；新闻舆论、文化建设、文明创建、对外宣传、网络宣传、基层宣传等领域，也应注重利用本地壮语方言向广西边境地区的壮族群众传播，让壮族边民易于理解、消化和吸收。另一方面，应拓展广西边境地区民族语的宣传服务功能，以更多更好的本地壮语方言，向边境地区壮族群众提供脱贫致富等有关信息。广西边境地区集"老、少、边、山"于一身，属于典型的后发展地区，脱贫发展任务繁重。目前，没有外出务工经商的村民，文化水平低，年纪比较大，不少只听懂本地壮语方言。针对这

样的情况与问题，地方广电宣传媒体应注重运用本地壮话向边境地区壮族群众传播农业种养、市场需求、教育就业、社会保障、法律法规、道德风尚、气象变化等方面的知识和信息，使民族语真正成为农户种养致富、营销买卖、脱贫发展的福音。如此，这不仅有利于增大崇左本地壮语方言的传播，而且有助于广西边境地区民族语言的保护、传承与发展。

BLUE
BOOK

广西文化发展报告

广西社会科学院 编

行业发展篇

THE DEVELOPMENT REPORT OF GUANGXI'S CULTURE

2018年
广西蓝皮书
广西文化发展报告
行业发展篇

2017 年广西文化系统发展报告

曹庆华[*]

2017 年，是党的十九大召开之年，是实施"十三五"规划的重要一年，是深入推进供给侧结构性改革的攻坚之年，更是为全面建成小康社会打下坚实基础的关键一年。全区文化战线干部职工按照自治区党委、自治区人民政府的战略部署，高举习近平新时代中国特色社会主义思想的伟大旗帜，认真落实中央和自治区文化工作计划，繁荣文化事业，发展文化产业，全力推进舞台艺术精品创作，弘扬优秀传统文化，提高现代公共文化服务供给能力，完善现代文化市场要素体系，扩大和提高广西文化的影响力和传播力，文化改革发展硕果累累、精彩纷呈，为经济社会发展提供了有力的思想保证、精神动力和智力支持。

一、抓创作、促生产，围绕中心和服务大局作用的能力不断提高

坚持以人民为中心的工作导向，深入学习习近平新时代中国特色社会主义思想，以社会主义核心价值观为引领，弘扬民族精神和时代精神，热情讴歌中国人民建设社会主义现代化强国的伟大实践，引导人们树立正确的历史观、民族观、国家观、文化观，生动展示全国全区人民奋发有为的精神风貌和创造历史的辉煌业绩，为谱写新时代

---

* 曹庆华，广西壮族自治区民族文化艺术研究院党总支书记、副研究员。

广西发展新篇章营造了良好的社会氛围。2017年，全区25个驻场演出3193场、观众250多万人次，全区各级文艺院团持续开展以"唱响八桂中国梦"为主题的艺术精品到基层惠民演出活动4878场、观众360多万人次。先后举办了第九届广西音乐舞蹈比赛、全区基层院团地方戏曲优秀剧目展演、2017全区"深入生活 扎根人民"音乐创作成果展演、2017全区"深入生活 扎根人民"小戏小品创作成果展演，庆祝中国共产党成立96周年暨香港回归20周年交响音乐会、《旗帜飘扬》广西庆祝中国人民解放军建军90周年交响音乐会、"春暖花开"三月三交响音乐会等艺术活动精彩纷呈。推出一批具有广西气派、壮乡风格、时代特征、开放包容的时代文艺精品力作。全区有34个艺术创作、传播交流和人才培养项目获得2017年度国家艺术基金资助，在全国排名第9位。围绕聚焦新时代、唱响新思想、讴歌新征程，新创作推出了壮剧《牵云崖》、粤剧《风雨骑楼》《刘永福·英雄梦》、邕剧《玄奘西行》、风情音舞境《骆越·天传》等八部大型剧目。以黄大年为原型，创作的现代桂剧《赤子丹心》在全区进行了巡演，大力宣传英雄的模范事迹，受到全区各族人民和自治区领导的赞许。舞蹈《风起苗舞》、壮剧《第一书记》、小品《懒汉脱贫》、舞蹈诗《侗》等在全国亮相。现代壮剧《第一书记》参加2017年全国基层院团戏曲会演，在全区演出了200多场。壮剧《冯子材》参加2017年新年戏曲晚会，为党和国家主要领导人及首都观众展示广西民族文化风采。壮剧《冯子材》在第19届上海国际艺术节展演，小品《懒汉脱贫》等作品在中央电视台播出。壮剧《牵云崖》、交响乐《海上丝路》、木偶剧《刘三姐与阿牛哥》分别入选2017年全国戏曲南方会演、2017年中国西部交响音乐周、2017年全国木偶曲艺皮影优秀剧节目展演。京剧《油茶御史》入选参加第八届中国京剧节。原创儿童音乐剧《壮壮快跑》参加第二届中国南充国际木偶艺术周展演，获最佳剧目奖、优秀演奏奖。舞蹈《风起苗舞》参加2017年全国少数民族优秀舞蹈展演，获得全国民族民间舞荷花奖。壮剧《大山妈妈》入选2017年西部及少数民族地区艺术创作提升计划重点原创剧目专家支持项目。话剧《金银花开》被列入文化部2017年剧本扶持计划10个戏剧项目之一。2017年，广西艺术精品赴区外演出100多场，观众70多万人次。自治区文化厅老同志周民震获第三届中国电影编剧终身成就奖。

二、抓惠民、建网络，现代公共文化服务供给能力不断提升

大力加强现代公共文化服务网络设施建设，着力提高实施文化惠民工程的能力，创新公共文化服务机制，公共文化服务实现增速提质，不断满足人民对美好生活的向往需求。按照现代公共文化服务标准化、便捷化、均等化要求，新建了一批文化基础设施。村级公共服务中心建设取得新突破。2017 年内，全区建成 2043 个村级公共服务中心和贫困地区边境县、民族县村综合文化服务中心，全区村级公共服务中心总数为 10322 个，覆盖率达 72%。制定《2017 年广西村级公共服务中心建设指南》，开展全区示范村级公共服务中心评选工作，打造 100 个村级公共服务中心自治区示范点。全区 1409 个公共图书馆、美术馆、文化馆、乡镇综合文化站、城市社区（街道）文化中心实现零门槛开放和免费提供基本服务，全年举办各类文化活动 3 万场次，服务群众 2000 多万人次。投资约 30 亿元的广西文化艺术中心建成并运营。广西壮族自治区图书馆地方民族文献中心、区直文化系统幼儿园改扩建、广西艺术学校民族文化艺术教学综合大楼建成。广西壮族自治区群众艺术馆改扩建项目施工稳步推进，广西民族剧院、广西壮族自治区博物馆改扩建进展顺利。南宁、柳州、贵港、玉林、贺州等市新建和规划了一批文化项目，大力改善城市文化基础设施水平。有 9 个项目获得全国文化信息共享工程 2017 年地方资源建设项目立项，所获资金总量在全国排名第 8 位。防城港市、柳州市柳南区第三批全国公共文化服务体系示范区（项目）创建，通过文化部中期督查。打造"国门文化工程"边境示范工程。重点推进防城港市边境"文化睦邻"示范带、临海"文化惠民"示范带、山区"文化扶贫"示范带、"海湾"文化示范带、中越边境非物质文化遗产惠民富民示范带等 5 个公共文化服务示范带建设。广西北部湾经济区图书馆服务联盟项目成功入选第四批国家公共文化服务体系示范项目，该项目旨在整合北部湾经济区 42 家县（城区）级以上公共图书馆服务资源，实现北部湾经济区公共图书馆服务同城化。举办"5·23 全民艺术普及日"品牌活动，广西成为全国首个确立推广"全民艺术普及日"活动的先行省、自治区、直辖市，形成了以桂东地区"粤剧节"、桂西地区"民歌湖百姓大舞台"、桂北地区"三月三鱼峰歌圩"、桂南地区"魅力北部湾"等为代表的地域特色群众文化品牌。2017 年 6 月 23—25 日，"春雨工程"2017 年全国文化志愿者广西行暨第九届"魅力北部湾"（北海）系列群众文化活动在北海成功举办，开展了"文化扶贫 春雨暖心"——文化志愿者助力脱贫攻坚巡演。广西文化志愿者还到西藏、内蒙古、福建，开展文化志愿活动 4 场。"魅力北部湾"活动被全国文化馆协会评为全国十大优秀群众文化品牌。全面贯彻落实《中华人民共和国公共文化服务保障法》和《中华人民共和国公共图书馆法》。探索开展总分馆建设试点工作，自治区文化厅确定 5 个县（市、城区）为自治区县级文化馆图书馆总分馆制试点县，组织开展了公共图书馆、文化馆总分馆制试点建设，指导设区市、县（城区、市）根据国家基本公共文化服务指导标准和自治区基本公共文化服务实施标准，结合当地实际，制定公布本地的公共文化服务目录并组织实施。全区各级公共图书馆利用节假日举行多种形式的阅读推广活动。开展第六次全区县级以上公共图书馆评估定级工作。加快推进公共数字文化项目建设，扎实做好广西贫困地区公共数字文化服务提档升级、广西公共文化服务云平台、数字图书馆推广工程、数字资源建设等。广西壮族自治区文化厅文化志愿服务中心被文化部评为2017年基层文化志愿服务典型团队，广西壮族自治区文化厅、南宁市群众艺术馆开展的"2017年'春雨工程'——广西文化志愿者走进内蒙古"被文化部评为2017年文化志愿服务示范活动典型案例，广西壮族自治区群众艺术馆举办的"'百姓迎春'文化志愿者系列展演"、广西壮族自治区桂林市群众艺术馆举行的"'文化列车'文化志愿者服务项目"被文化部评为2017年基层文化志愿服务活动典型案例。

三、抓保护、促利用，优秀传统文化得到大力弘扬和发展

构建制度完备、保护科学、管理规范、开发合理、信息化强、惠及全民的文化遗产保护利用体系，实现广西由文化遗产大区向文化遗产强区跨越。

第一，文物保护利用能力不断提高。全面贯彻"保护为主、抢救第一、合理利用、加强管理"的工作方针，切实加大文物保护力度，推进文物合理适度利用，使文物保护成果更多惠及人民群众，使文物保护利用融入经济社会发展。认真学习宣传和贯彻落实习近平总书记对文物工作做出的重要指示、李克强总理对文物工作做出的批示，自治区领导对广西文物工作做出的重要批示，召开了全区文化文物工作会议对加大全区文物保护力度进行了部署，全区文化遗产传承保护力度进一步加大。着重推进海上丝绸之路·北海史迹保护和申遗工作，自治区文化厅成立了广西古代海上丝绸之路研究中心，与北海市政府建立了厅市会商机制。北海市、合浦县调整充实了推进海上丝绸之路·北海史迹申遗机构。积极推进合浦汉墓群四方岭等重点保护区保护和环境整治工程、合浦汉墓群与汉城考古遗址公园体验馆建设等项目。合浦汉墓群与汉城考古遗址公园列入第三批国家考古遗址公园立项名单。加强重点文物保护单位建设，自治区人民政府核定并公布212处第七批自治区文物保护单位和98处自治区级以上文物保护单位保护范围。组织实施湘江战役旧址、柳州旧机场及城防工事旧址等一批具有重大影响和示范意义的革命旧址保护工程。自治区计划每年投入2300万元用于桂北红军长征文物保护建设工作。隆安娅怀洞遗址考古发掘入选中国社会科学院考古学论坛"2017年中国考古新发现"。全面推进博物馆建设力度。桂林博物馆等5家新建改建博物馆投入使用，南宁顶蛳山遗址博物馆等3家博物馆在建，昭平县黄姚镇界塘村等地建立了村史室或生态博物馆。在桂林举办的"5·18国际博物馆日"广西主场城市活动好评如潮。广西民族

博物馆被评为国家一级博物馆，成为广西首家取得 ISO9001：2015 质量管理体系认证的博物馆。广西民族博物馆通过全国文明单位复评。提高文物安全工作意识，文物安全内容首次列入自治区政府对设区市政府的年度绩效考核指标体系，文物消防安全工作内容列入自治区政府对设区市政府消防安全年度考核体系、安全生产年度考核体系。自治区文化厅与自治区公安消防总队签订战略合作框架协议。组织开展了文物安全大排查、法人违法专项整治和文物流通市场专项整顿行动。着力推进行业消防安全标准化管理，不断加强火灾基层防控，人才培训和推动微型消防站建设。崇左市积极推进《左江花山岩画文化景观保护条例》立法工作。广西第一部设区市地方性法《桂林市石刻保护条例》正式实施。

第二，非物质文化遗产保护能力不断提升。坚持保护利用和普及弘扬并重，着眼于抢救性、整体性、生产性保护，全面构建起布局科学、分级清楚、分类明确的非物质文化遗产保护展示体系。加快推进地方性非物质文化遗产法进程，《广西壮族自治区非物质文化遗产保护条例》于 2017 年 1 月 1 日正式实施，广西非物质文化遗产传承保护利用进入法制保护利用体系。广西有 24 人获得文化部第五批国家级传承人公示。经自治区人民政府同意，自治区文化厅公布了 160 名第五批自治区级非物质文化遗产项目代表性传承人名单，自治区级传承人数量达到 555 名。广西民族民间文化活动精彩纷呈。成功举办了"壮族三月三·八桂嘉年华"系列文化活动，全区共组织各类文化活动 430 多场，广西民族民间优秀传统文化在媒体广泛传播，"壮族三月三"文化活动的知名度和美誉度不断提高。全区文化系统按照"精心组织、突出特色、政府主导、群众主体、共享共乐"的要求还组织开展了 430 多场文化活动，活动有民俗文化展示，有专业演出、专业文化活动，又有民间文艺演出，还有专家学者的学术探讨，集赏、乐、教、研于一体，展现了广西民族团结、边疆稳固、社会和谐、人民安居乐业、民族文化绚丽多彩的美景，成为广西较高影响力的文化名片。在百色市成功地启动"文化和自然遗产日"主题文化活动，全区文化系统组织开展了 130 多场宣传展示活动，促进文化遗产保护理念深入人心。大力推动非遗文化进校园，梧州、河池等地坚持校内校外合作共促，传好戏曲传承"接力棒"，组织桂剧、壮剧等广西非物质文化遗产项目到校园巡演，受到了自治区和文化部的肯定。自治区文化厅在文化部国家级文化生态保护实验区建设工作座谈会上作主题交流发言。

第三，古籍保护工作成效明显。2017 年内，完成 45 家收藏单位古籍普查任务，以及 1017 部古籍的普查平台著录、1392 条普查数据著录工作，修复古籍 7000 多叶、书画作品近 70 幅、9 部少数民族文献、古籍 113 册。《中国少数民族古籍总目提要·壮族卷》编纂工作在 2017 年新增《壮族卷》条目 404 条，目前编纂条目 1 万多条。2017 年《广西壮族自治区图书馆古籍普查登记目录》正式由国家图书馆出版社出版。开展广西古籍保护计划十年成果展巡展。广西 19 件珍贵民族古籍首次参加国家博物馆举办的"民族遗珍、书香中国——中国少数民族古籍珍品暨保护成果展"全国巡展。列入《"十三五"全国少数民族古籍重点项目出版规划（2016—2020 年）》的《壮族英雄史诗——莫一大王唱本影印译注》项目已正式启动。自治区先后举办了古籍培训班 3 期，培训 60 余人。先后选派 7 人参加文化部举办的全国古籍修复技术工作管理研修班。壮族古籍整理项目《壮族鸡卜经影印译注》获第四届中国出版政府奖提名奖，这是广西唯一入选的古籍整理图书。

四、抓市场、调结构，推动文化产业快速发展

坚持以项目建设为中心，坚持重点抓项目、抓重点项目，始终坚持以文化内容为核心，大力实施"文化＋""＋文化"等新兴文化业态，最大限度地提升相关产业的文化内涵和文化附加值，提升广西文化产业的整体实力和核心竞争力。2017 年，全区文化产业营业收入、增加值稳步提升，全区规模以上文化及相关产业企业实现营业收入 751.82 亿元，实现增加值 449.11 亿元，占全区生产总值的比重为 2.46％。桂林创意产业园、钦州坭兴陶文化产业园被认定为自治区人民政府公布首批现代服务业集聚区。命名了 20 家自治区级文化产业示范基地、15 个文化创意产品开发示范基地。有 38 个项目获得自治区文化产业发展专项资金补助 2670 万元。入选文化部支持文化金融扶持计划项目 1 个、特色文化产业发展项目 3 个、促进文化创意和设计服务与相关产业融合项目 1 个，获得补助金额 900 万元。评选 25 个项目列为 2017 年度特色文化产业发展重点项目，给予培育扶持。广西动漫企业多元发展，在 2017 中国—东盟博览会动漫游戏展上，广西中视嘉猴与泰国辉煌国际集团签约成交 1000 万元。北海原创全国首部大型 3D 动画片《海上丝路之南珠宝宝》作为迎接国家"一带一路"国际峰会剧目，于 2017 年 5 月 8 日在中央电视台少儿频道开播。广西原创动画电影《勇闯天空岛》获澳新国际电影节"2016 年度最佳动漫奖"和西澳国际电影艺术节"西澳第一部国际动漫电影奖"两座奖杯。鼓励支持文化文物试点单位开展文化创意产品开发工作，全面提高文化创意产品开发水平。支持广西博物馆设立创意空间，打造"文创集市"品牌。命名了南宁市艺术剧院有限责任公司等 15 家单位为首批自治区文化创意产品开发示范基地。组织自治区内文化企业参加第 13 届中国（深圳）国际文化产业博览交易会等 6 个全国文化展会，刘奇葆、胡春华以及雒树刚、陈武等中央和文化部、自治区领导考

察了广西展馆，并给予高度评价。自治区文化厅与自治区有关部门成功举办了2017 中国—东盟博览会文化展和 2017 中国—东盟博览会动漫游戏展，两项展会共举办 130 多场文化交流、贸易活动及会议，吸引了大批国内外文化企业及组团参展，参观人数达 15 万人（次），俄罗斯、西班牙等中东、欧美国家 60 家境外企业与国内各省市参会洽谈。组织推荐广西金壮锦文化艺术有限公司、南宁藤泰蓝贸易有限责任公司申报 2017—2018 年度国家文化出口重点企业，推荐南宁峰值文化传播有限公司的"一带一路"动漫内容输出链式营销发行服务、广西容县美柏工艺品有限公司的广西容州美柏工艺品文化产业园项目申报 2017—2018 年度国家文化出口重点项目。加强与台湾在文化创意机制方面的交流与合作，达成桂台携手在南宁建立文化创意合作中心共同参与"一带一路"建设的意向。向文化部推荐 111 名广西文化类专家申报入库。广西壮族自治区民族文化艺术研究院获 2017 年度文化部文化艺术智库项目 1 个。有 7 个项目获得 2017 年度国家文化创新工程。广西成功申报全国艺术科学规划项目 8 个。坚持管理与服务并重，重塑市场主体，培育市场要素，创新文化产品和文化服务，大力发展新兴文化业态，构建现代文化市场体系，推动文化产业跨越式发展。2017 年内，全区文化市场经营单位超过 1.4 万家，营业收入达到 36.5 亿元、营业利润 9.5 亿元、上缴税金 1.7 亿元。2017 年内，全区开展了文化市场执法检查 251450 人次，检查经营单位 83543 家次，责令改正 1199 家次，受理举报 239 件，立案调查 598 件，移交案件 15 件，办结案件 1030 件，罚款195.8 万元，没收违法财物 19296 件。2017 年内，全区新增 147 家上网服务转型升级场所星级示范店。

五、抓活动、筑平台，广西对外文化交流合作空前活跃

适应新形势，创新新样式，注重传统文化与现代传播方式相结合，研究和把握受众特点，遵循文化交流规律，扩大广西优秀传统文化在国内外的影响力，构建全方位、多层次、宽领域的现代文化交流传播体系。协助做好自治区人民政府与文化部在越南河内共建中国文化中心工作，自治区人民政府与文化部签署了《中华人民共和国文化部与广西壮族自治区人民政府关于在越南合作共建河内中国文化中心的协议》。做好文化部首批文化睦邻示范项目推荐工作和 2018 年海外中国文化中心项目资源库项目征集工作以及文化部 2018 年度内地对港澳文化交流重点项目申报推荐工作。2017 年内，自治区文化厅审批对外文化交流事项 64 批次（其中出访 58 批次，来访 6 批次）的 28 个国家和地区的805 人（其中出访 576 人，来访 229 人）。2017 年内，全区共审批许可涉外、涉港澳台营业性演出活动 4917 场次，驻场演出 4325 场次，演出接纳观众超过

50 万人次，门票收入超过 1 亿元。

第 12 届中国—东盟文化论坛于 2017 年 9 月 10 日至 13 日在南宁成功举办。本届论坛采用"开幕大会＋专业会议＋艺术呈现＋配套活动"的架构，聚焦"中国—东盟传统艺术传承与发展"，开展一系列内容丰富、形式多元、高效务实的会议活动，通过《中国—东盟艺术院校校长圆桌会议南宁倡议》，出版了《中国—东盟传统艺术精粹》，全面展示了中国和东盟国家传统艺术的魅力。来自中国和东盟 10 国嘉宾共 200 余人出席并参加各项活动。中国和东盟国家主流媒体对论坛进行了全方位报道，论坛的影响力进一步扩大。同时在论坛框架内，还举办中国—东盟（南宁）戏剧周、中国—东盟（南宁）戏曲演唱会。2017 年 9 月 5 日至 9 日，中国—东盟（南宁）戏曲演唱会在南宁举行，国内戏曲名家和新生代演员及传承人、东盟国家戏曲名家、广西戏曲票友同台演出，共演出 9 场，经过初评后的参演剧目为 116 个，参演人数 182 人，较上届增加 10％。2017 年 9 月 6 日至 11 日，以"丝路起航 戏海扬帆"为主题的中国—东盟（南宁）戏剧周在南宁举行，戏剧周汇聚了中国和东盟 10 国的 24 个优秀院团、40 多家艺术机构和 700 多名演员，为观众带来 50 场艺术盛宴，有近 5 万市民参与了戏剧盛会。本届戏剧周坚持"演、研、展、赛＋大联欢晚会"的 4＋1 模式，以首次举办中国—东盟艺术院（团）长高峰论坛为契机，围绕发展中国与东盟戏剧常态交流合作，发起建立中国—东盟（南宁）戏剧合作交流机制，有 39 家国内及东盟国家文化机构签署了《中国—东盟戏剧合作交流机制谅解备忘录》。2017 年 2 月 24 日至 3 月 24 日，由广西壮族自治区文化厅、瑞士驻广州总领事馆、广西壮族自治区外事办公室联合主办的"新旧之交的中国"摄影展在广西南宁市展出，共展出已故瑞士著名摄影记者费尔南德·吉贡拍摄的 65 幅老照片。

积极参与文化部海外中国文化中心年度共建工作。2017 年 5 月和 7 月，自治区文化厅和斯里兰卡中国文化中心分别组织中斯两国艺术家到对方国家、地区开展文化采风写生活动，于 9 月在斯里兰卡中国文化中心举办的中国与斯里兰卡画家作品联展。8 月，自治区文化厅组织民乐艺术团参加斯里兰卡中国文化中心新址启用暨"穿越：'青年艺术＋'优秀作品海外巡展"开幕式，还赴斯里兰卡科伦坡视觉与表演艺术大学举办中国经典名曲赏析音乐会和青年艺术家交流座谈会，在斯里兰卡中国文化中心举办慰问斯里兰卡伤残军人的中国经典名曲音乐会。9 月 25 日，在斯里兰卡中国文化中心举办"美丽中国·美丽广西——2017 斯里兰卡·中国'广西文化周'"系列文化交流活动，主要内容为"五彩八桂——广西少数民族服饰文化展"，共展出 47 件（套）极具特色的广西当地民族服饰和精美的刺绣、壮锦工艺品，还配套开展了制绣球、打银器、打油茶等三项富有广西特色的非遗项目展演，同时在斯里兰卡科伦坡举办 4 场大型专场文艺演出。2017 年 1 月 12 日至 17 日，组派广西杂技艺术团一行 21 人赴老挝开展为期 6 天的"欢乐春节"文艺演出活动，在老挝万象市万象中心举行广西杂技专场演出 4 场，还参加老挝中国和平统一促进会春节联欢晚会演出。自治区文化厅组织艺术节目随广西壮族自治区代表团赴越南参加广西与越南边境四省（广宁、凉山、高平、河江）党委书记 2017 年新春会晤联谊活动，演出获得圆满成功。2017 年 6 月 25 日至 7 月 14 日，组派广西南宁民族艺术团一行 20 余人赴以色列、土耳其参加第 32 届国际民间艺术节和第 31 届国际黄金卡拉格兹民间舞蹈比赛，艺术团共参加了 14 场演出、6 场节日游行。2017 年 9 月 16 日至 22 日，组派广西木偶艺术团一行 10 人携具有中国民族风情和广西文化特色的《偶艺新韵》赴克罗地亚萨格勒布市参加第 50 届国际木偶戏剧艺术节（PIF），一举斩获"最佳演出奖""最佳舞台美术奖""最佳集体动画奖"三项大奖，进一步提升了中国木偶艺术、广西木偶文化的国际知名度和影响力。2017 年 12 月 15 日至 20 日，组派广西民族博物馆一行 4 人在贝宁中国文化中心举办"织染绣彩·八桂茶香——广西文化体验工作坊"活动。2017 年 12 月 21 日至 25 日，组派柳州市艺术剧院一行 15 人参加在柬埔寨白马省举办的 2017 第六届"海洋节"开幕演出等活动，开展为期 5 天的交流演出活动。

与港澳台文化交流精彩纷呈。2017 年 1 月 25 日至 2 月 6 日，由马山壮族会鼓、宾阳彩架、南宁市青秀区芭蕉香火龙等 3 个优秀民间艺术团组成的广西艺术团（非物质文化遗产组）一行 60 人赴台开展为期 13 天的"欢乐春节"庙会活动，表演广西非物质文化遗产展示（巡游）36 场次，为近 30 万观众展示了广西传统文化活动。2017 年 2 月 9 日至 16 日，自治区戏剧院彩调歌舞剧《刘三姐》艺术团一行 62 人赴台开展"欢乐春节"经典剧目巡演，在高雄市佛光山和花莲县艺术中心演出 3 场，与宝岛人民共迎新春。2017 年 6 月 8 日至 8 月 13 日，组织广西艺术团一行 74 人赴澳门举办"根与魂"——广西非物质文化遗产展演活动。展演活动包括锦绣八桂展览、手工技艺展示和手工技艺作坊、壮乡情韵文艺会演等内容，全面展示广西少数民族服饰文化、山水风光、地方戏曲、少数民族舞蹈和音乐，以及马尾绣、绣球制作、六堡茶制作、蜡染等民族文化和民族艺术精品。广西艺术团举办壮乡情韵文艺会演专场演出 4 场。锦绣八桂展览在澳展出 67 天，展出 71 件（套）风光组、民族服饰、织锦、刺绣、蜡染等展品，参展观众 2 万多人次。手工技艺展演活动在澳展演 18 天，8 位传承人开展壮族绣球制作、马尾绣制作、苗族蜡染、六堡茶制作等富有广西特色的手工技艺展演活动 80 场，手工技艺工作坊活动 8 场，让澳门观众近距离感受广西非物质文化遗产技艺风采。2017 年 10 月 26 日至 29 日，广西文化艺术展演团一行 74 人奔赴澳门举办广西民族文化艺术展演等相关活动，共为嘉宾和澳门民众奉献三场文艺演出，来自 28 个国家和地区以及内地的 1500 多名嘉宾、近 1000 名澳门居民和游客观看了演出。其间，桂澳双方举办 2017 年桂澳合作联席会议，自治区文化厅领导参加会议并就桂澳文化交流合作进行专题发言。10 月 1 日晚，选派北海市文艺交流中心一行 59 人在香港文化中心大剧院以大型历史舞剧《碧海丝路》作为第十八届"香江明月夜"文化活动闭幕典礼的剧目演出，取得圆满成功。

六、抓制度、促发展，文化发展保障机制迈上新台阶

深入贯彻落实习近平总书记和国务院总理李克强对文物保护的指示和批示，制定和实施《广西壮族自治区人民政府关于进一步加强文物工作的实施意见》，指导修改《广西左江花山岩画文化景观保护条例》，组织编制了《广西壮族自治区革命文物保护经费需求规划报告》《广西长征文化线路保护推进计划方案》，并上报国家文物局。贯彻落实《广西壮族自治区政府办公厅关于印发推进桂北长征文化资源保护与开发利用工作方案的通知》《广西文物保护工程管理办法（试行）》。全面统筹"十三五"时期广西"一带一路"文化交流与合作工作，制定和实施了《广西壮族自治区文化厅贯彻落实〈文化部"一带一路"文化发展行动计划（2016—2020 年）〉工作实施方案》。出台《广西壮族自治区人民政府办公厅关于推进基层综合性文化服务中心建设的实施意见》。深入贯彻人才强国战略和人才兴文战略，不断加强文化艺术人才特别是青年人才队伍建设，为文化建设提供人才支撑。出台了《广西壮族自治区文化厅干部选拔任用和监督管理工作若干规定》《广西壮族自治区文化厅公务员年度考核办法》《广西壮族自治区文化厅直属事业单位领导班子和领导干部年度考核办法》《广西壮族自治区文化厅编外聘用人员管理暂行规定》《编外聘用人员岗位设置方案》《挂职人员岗位设置方案》《广西壮族自治区"三区"人才支持计划文化工作者专项文化志愿者招募办法（试行）》。全区文化系统举办各类文化艺术人才培训班 160 期，参训学员 10382 人次。财政保障水平稳步提高。制定和实施了《广西壮族自治区公共文化发展专项资金暂行管理办法》。2017 年，自治区财政厅下达年初部门预算为 4.93 亿元，增长 13.93%，其中，财政拨款数为 4.11 亿元，比 2016 年增加 8082 万元，同比增长 24.51%，实现年初预算逐年两位数增加。2017 年争取到本级财政追加经费 1.38 亿元，转移支付经费 7.68 亿元。

七、抓作风、讲政治，全面加强党的建设和党风廉政建设

全面从严治党，以党的政治建设为统领，以坚定理想信念宗旨为根基，全

面推进党的政治建设、思想建设、组织建设、作风建设、纪律建设，全面从严治党，切实加强政治建设、组织建设、作风建设，全面加强和规范党内政治生活，严格执行"三会一课"制度，不断提高党内政治生活质量。大力推进思想建设，全面学习宣传贯彻党的十九大精神，自觉践行社会主义核心价值观，自觉用习近平新时代中国特色社会主义思想武装头脑、指导工作、进行实践。充分发挥党支部教育管理党员主体作用，扎实推进"两学一做"学习教育常态化制度化。开展向廖俊波、黄大年、黄永腾等同志学习活动和红色革命传统教育，教育引导广大党员增强"四个意识""四个自信"。组织开展了区直文化系统 2017 年度党风政纪专项检查暨巡察工作，对 4 家直属单位党组织开展了巡察。组织开展扶贫（民生、惠农）资金管理使用和扶贫项目实施情况专项督查，对自治区文化厅对口帮扶的贺州市昭平县黄姚镇新寨村、白山村、阳朔村、凤立村、北莱村和昭平镇马圣村的文化扶贫资金、扶贫项目工作进行专项督查。召开了区直文化系统党的工作暨党风廉政建设工作会议，编印党员干部应知应会知识，举办区直文化系统党务干部业务素质考试，组建广西文化行业社会组织党委。健全了文化厅机关和各直属单位离退休人员党组织的设置。举办全区文化系统党务干部进行提高党性修养的专题业务培训班和区直文化系统基层党组织书记应知应会业务培训班。全系统共发展党员 8 名，办理转正手续7 例，党组织关系转接手续 72 例。走访慰问了新中国成立前入党老党员 16 人次和生活困难党员 45 人次。自治区文化厅直属机关党委表彰了 10 个先进基层党组织、50 名优秀共产党党员和 14 名优秀党务工作者。组织开展全区文化系统"学党史、知党恩、跟党走"主题征文比赛等活动。广西艺术学校荣获第一批自治区文明校园称号。认真开展中央八项规定精神"回头看"，强化责任担当，狠抓巡视问题整改。开展机关基层服务型党组织创建活动。全区文化系统共 51 名纪检干部参加了培训。对 2017 年内新提拔处级干部、交流任职干部共22 人进行了任前集体谈话和廉政谈话，对巡视、巡察期间接到的 4 起群众信访举报线索及时进行调查、核实，对没有查出违纪违法事实但在管理方面存在问题隐患的 6 名单位主要领导或当事人进行了提醒谈话。扎实开展自治区文化厅党组理论学习中心组学习。开展 2017 年度党组织书记抓基层党建工作述职评议考核。区直文化系统群团组织活动丰富多彩。自治区博物馆团支部获得广西五四红旗团支部称号。

八、2018 年广西文化改革发展的重点工作任务

2018 年是贯彻落实党的十九大精神的开局之年，是改革开放 40 周年，是决胜全面建成小康社会、实施"十三五"规划承上启下的关键一年，是自治区

成立60周年，也是"十三五"规划中期评估之年，更是文化与旅游融合之年。我们要以纪念改革开放40周年和庆祝自治区成立60周年为契机，进一步繁荣文化事业，发展文化产业，传承历史文脉，为党和国家的体制改革发展营造良好的社会氛围。

（一）举办一批文化活动

举办庆祝自治区成立60周年主题晚会、交响音乐会、戏剧展演系列文化活动。开展自治区成立60周年舞台艺术精品剧目展演、动漫作品大赛系列专题展览比赛、全民阅读活动、全民艺术普及展演。举办好第4届广西青年舞蹈演员比赛、第20届中国上海国际艺术节广西文化周。开展好文化下乡、戏曲进校园、戏曲进乡村活动，扎实推进戏曲振兴工程。

（二）建设一批文化基础设施

广西图书馆地方民族文献中心建成和开放使用，加快推进自治区群众艺术馆改扩建工程、广西民族剧院新建项目、自治区博物馆改扩建项目建设。建好1200个村级公共服务中心项目，抓好公共文化服务设施向社会免费开放工作。实施文化兴盛工程，自治区将连续3年每年投入2亿多元新建和改扩建一批县级、乡镇文化基础设施，配齐文化器材。

（三）加强优秀传统文化保护利用

加快推进海上丝绸之路·北海史迹保护和申遗工作，全面实施广西特色博物馆建设工程。加强世界文化遗产左江花山岩画文化景观保护管理工作，有序推进灵渠、侗族村寨·三江侗族村寨申遗的基础工作。落实好《广西壮族自治区非物质文化遗产保护条例》，打造"壮族三月三·八桂嘉年华"旅游文化消费品牌，办好文化和自然遗产日系列活动，加快中越边境非物质文化遗产保护惠民富民示范带建设。

（四）加快发展文化产业

加强文化产业集聚区建设，积极创建国家级和自治区级文化产业示范园区。扶持广西动漫游戏产业发展，推动传统文化产业转型升级。开展特色文化小镇创建工作。出台《大型营业性演出活动管理规定》，全力确保全区文化市场持续平安稳定。巩固抓好互联网上网服务场所转型升级工作，推进文化娱乐行业转型升级工作。加强文化市场黑名单管理，推进文化市场诚信体系建设。

（五）加大对外文化交流力度

积极推进文化部与自治区政府共建河内中国文化中心。加强与"一带一路"沿线国家特别是东盟国家的交流合作，办好第13届中国—东盟文化论坛及其配套活动，积极参与文化部"欢乐春节"活动，讲好广西故事、传播广西形象。加强与港澳台的文化交流。

2017年广西文化产业发展报告

刘倩玲 *

一、广西文化产业整体概况

2016年《广西文化发展"十三五"规划》规定了文化产业发展新目标：到2020年，文化新业态增加值占文化产业增加值比重不断增强，文化产业增加值占地区生产总值比重达到4%以上。

2017年，广西文化产业整体有所增长，但与全国相比，依然规模偏小，发展较为缓慢。总的来看，近三年全区文化产业发展态势不太稳定，有升有降。2016年，广西文化产业增加值占地区生产总值2.46%；2017年数据尚未得出。根据2017年上半年文化企业营业收入推测，依照当前形势，如果广西文化产业没有明显突破，要达成该目标依然存在较大压力。

（一）政策规划出台，为产业发展保驾护航

2017年，广西先后出台一系列文化产业政策，进一步完善文化产业政策保障体系，为文化产业发展提供了较好的政策支持。

《广西优秀原创动漫作品评选暂行办法》（桂文发〔2017〕1号）、《广西特色文化产业重点项目评选暂行办

---

* 刘倩玲，广西壮族自治区民族文化艺术研究院广西文化产业研究中心助理研究员。

法》（桂文发〔2017〕2号）印发。

《推动文化企业出精品出人才出名企上台阶上水平实施方案》和《广西文化产业跨越发展行动计划（2017—2020）》的编制、意见征求工作业已完成。

南宁、柳州、河池等市也编制了文化产业发展规划：《南宁市"十三五"文化产业发展规划》《三江侗族自治县特色文化产业发展规划》《巴马长寿养生国际旅游区文化资源保护和利用规划（2015—2025）》。

（二）营业收入整体逐步增长，与全国相比仍有差距

2017年上半年，根据国家统计局一套表平台上规模以上文化及相关产业单位调查，广西规模以上文化及相关产业企业实现营业收入342.18亿元，比上年同期增长9.1%，增速比一季度高0.5个百分点。同期，全国规模以上文化及相关产业企业实现营业收入同比增长11.7%，广西比全国低2.6个百分点。

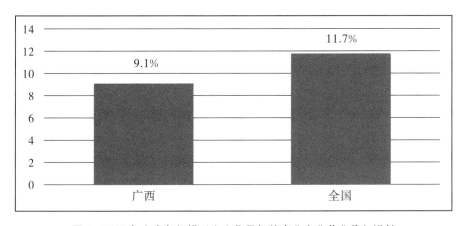

图1 2017年上半年规模以上文化及相关产业企业营业收入增长

《中国西部省市文化产业发展指数（2017）》指出，在西部12个省区市中，广西文化产业发展综合指数位居第六，与排名第一的四川省相差6.1分。与广西相邻、同样具有丰富少数民族文化资源和旅游资源的云南省、贵州省近几年在文化产业方面有较大发展，贵州省在一些行业甚至赶超了广西。

与全国对比来看，广西文化产业总体规模小，增速低，有待进一步加强。此外，广西规模以上文化企业还不够多，文化企业大多小、散、弱，相互之间缺乏粘连，规模化、集约化、专业化水平较低，不易形成合力。目前，对文化资源的发掘、整合、创新还做得不够，优势未能很好发挥。

（三）新兴产业较弱，文化产业结构待提升

2017年，广西文化产业依然保持"传统文化产业比重过大，新兴文化产业比重偏小；生产类产业占比大，服务类产业占比小"的格局。在文化及相关产业10个行业中，传统产业占营业收入总量的80.6%，新兴产业占营业收入总

量的 19.4%。服务类产业占营业收入总量的 19.3%，生产类产业占营业收入总量的 80.7%①。

根据文化及相关产业行业划分的文化及相关产业 10 个行业中，有 8 个行业的营业收入实现增长，其中 6 个行业增长两位数，分别是文化用品的生产增长 27.8%，文化艺术服务增长 27.4%，文化休闲娱乐服务增长 22.7%，工艺美术品的生产增长 15.7%，文化产品生产的辅助生产增长 12%，新闻出版发行服务增长 10.2%，这个发展趋势与国家整体发展趋势基本一致。

有两个行业的营业收入下降，分别是文化专用设备的生产、文化创意和设计服务，这两个行业的营业收入与上年同期相比下降 68.9% 和 4.5%。

表 1　2017 年上半年各行业规模以上文化及相关产业企业营业收入②

	绝对额（亿元）	比上年同期增长（%）
总计	342.18	9.1
新闻出版发行服务	27.78	10.2
广播电影电视服务	3.06	3.1
文化艺术服务	1.62	27.4
文化信息传输服务	15.85	5.8
文化创意和设计服务	10.93	−4.5
文化休闲娱乐服务	4.31	22.7
工艺美术品的生产	49.26	15.7
文化产品生产的辅助生产	60.86	12.0
文化用品的生产	158.14	27.8
文化专用设备的生产	10.38	−68.9

根据文化制造业、批零业和文化服务业来看，2017 年上半年广西文化制造业实现营业收入 253.69 亿元，比上年同期增长 8.9%；文化批零业实现营业收入 42.18 亿元，比上年同期增长 12.5%；文化服务业实现营业收入 46.32 亿元，比上年同期增长 7.6%。

---

① 数据来源：广西壮族自治区文化厅。
② 1. 表中速度均为未扣除价格因素的名义增速。2. 表中部分数据因四舍五入的原因，存在总计与分项合计不等的情况。

表2　2017年上半年规模以上文化及相关产业企业营业收入①

	绝对额（亿元）	比上年同期增长（%）
总计	342.18	9.1
文化制造业	253.69	8.9
文化批零业	42.18	12.5
文化服务业	46.32	7.6

文化制造业中增速超过20%的有8个行业，分别是天然植物纤维编织工艺品制造、珠宝首饰及有关物品制造、园林陈设艺术及其他陶瓷制品制造、玩具制造、电视机音响设备制造、焰火鞭炮产品制造、油墨及类似产品制造、影视录放设备制造；文化批零业中增速超过20%的有1个行业，是文具用品批发；文化服务业中增速超过20%的行业有13个，分别是其他出版业、电影和影视节目制作、其他文化艺术业、文艺创作与表演、艺术表演场馆、博物馆、互联网信息服务、游览景区管理、公园管理、歌舞厅娱乐活动、其他室内娱乐、网吧活动、游园。

可以看出，广西文化产业仍然以传统文化产品生产、批零等产业链的中低端业态为主，而新兴业态较多、科技含量较高的文化服务业则增长缓慢，所占比重依然偏小。文化创意、网络、动漫游戏、现代传媒、广告会展等高附加值、高科技含量的新兴产业，以及文化旅游、文化休闲娱乐、文化经纪等高成长性的新兴文化服务业，还处于较为弱小的状态。

在现有的新兴产业中，科技含量也普遍偏低。同时，由于对历史文化、区域特色文化的研究和整合不够紧密，文化产品的文化内涵品位不高，特色不突出，同质化严重，市场竞争力不强。文化资源难以转化成文化产品，文化资源优势向产业优势、市场优势转化的能力较弱，文化资源开发利用缺乏技术性、融合性、超前性，按照工业化、市场化标准进行产业开发、制造和营销的水平不高。

（四）市场主体壮大，但各地区发展不平衡

2017年，文化产业市场主体不断壮大。全区共有文化企业（不含分支机构，下同）51388家，比上年增长25.65%。各市文化企业数量均有不同程度增长。其中，来宾、贺州和钦州三市增长最为迅速，均超过40%，分别增长46.52%、43.46%和41.73%，而2016年，这三个市的文化企业数量都未过千。南宁文化企业数量增长最少，为21.98%。

从文化企业数量来看，主要集中在南宁、柳州、桂林三市。其中，南宁市

_____

① 数据来源：广西壮族自治区文化厅。

文化企业数量最多,有 30603 个,数量居第二位的桂林市有 7689 个,第三位的柳州市有 5763 个,远高于广西其他城市。

对比各市文化企业数量,南宁市的文化企业数量几乎占了全区总和的一半,其余 13 个城市的文化企业数量远远低于南宁市。贺州市和崇左市最少,均未达 1000 户,两市还需继续努力,迎头赶上。

表3 2017 年全区各市文化企业数量(不含分支)(单位:户)①

	2016 年	2017 年	同比
区本级	189	191	1.06%
南宁市	25089	30603	21.98%
柳州市	4430	5763	30.09%
桂林市	6153	7689	24.96%
梧州市	1717	2266	31.97%
北海市	2464	3090	25.41%
防城港市	980	1250	27.55%
钦州市	1476	2092	41.73%
贵港市	1584	2047	29.23%
玉林市	2419	3181	31.50%
百色市	1660	2076	25.06%
贺州市	642	921	43.46%
河池市	1100	1354	23.09%
来宾市	761	1115	46.52%
崇左市	724	932	28.73%
合计	51388	64570	25.65%

(五)投入有所增加,与外省相比仍然有限

1. 文化产业发展专项资金

2016—2017 两年来,广西通过文化产业发展专项资金,支持特色文化产业发展、文化金融扶持计划、推动影视产业发展、促进文化创意和设计服务相关产业融合、推动对外文化贸易发展、推动传统媒体和新兴媒体融合发展等项目 111 个。

广西每年安排自治区文化产业发展专项资金 5000 万元。2017 年,加上往年一些项目未用完的 900 万元,实际资金为 5900 万元。同年,四川省本级文化产业发展专项资金为 2 亿元,云南省 1.6 亿元,福建省 1.3 亿元,贵州省

---

① 数据来源:广西壮族自治区工商局。

6500 万元。重庆市级文产资金已取消，改为增加市文投集团注资运作。相比邻近省份，广西文化产业投入总量还是偏低。

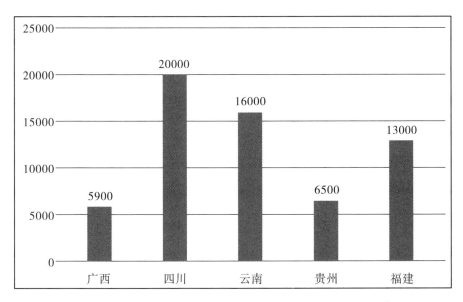

图 2　2017 年几省文化产业发展专项资金对比（单位：万元）①

2. 文化产业投资

"十二五"期间，广西文化艺术类累计完成固定资产投资 274 亿元，仅占同期全区固定资产投资总额的 0.44%。

2016 年，文化艺术类完成固定资产投资 78.8 亿元，全区固定资产投资 17652.95 亿元，文化艺术类仅占 0.45%。文化艺术类固定资产投资比上年增长 12.8%，同比增长 3.2%，但低于全区 9.6 个百分点，规模仅为卫生行业的二分之一、教育行业的六分之一。2017 年，短板领域投资加快，文化体育和娱乐业投资比上年增长 38.3%，快于全部投资 25.5 个百分点②。

广西有实力、上规模的文投公司不多。具有一定规模的文投公司有广西文化产业投资集团有限公司等，但总体数量还是偏少，选择性不大。民间资本的产业进入壁垒比较高，使得社会上的闲散资金难以向文化产业靠拢，而外资在文化的市场准入方面也受到限制。政府的扶持资金和一些财税政策很大程度上仍然是一种事业型投入方式，推动文化产业发展的市场化投资方式偏少，有时候投入和产出不平衡。

对比邻省，贵州省"十三五"规划纲要，明确了 4 个类别 46 个重点文化

---

① 数据来源：各省文化厅网站、广西壮族自治区党委宣传部。
② 数据来源：广西壮族自治区统计局。

产业项目，规划投资 1187.9 亿元。截至 2017 年 6 月，已落实土地 2.11 万亩，完成投资 242.1 亿元，建成投入使用或部分投入使用的 17 个，正在建设的 20 个，尚未开工的 9 个。

（六）企业培育显成效，区属重点企业利润下滑

2017 年，共有 18 个项目获得中央文化产业发展专项资金扶持 4595 万元，73 个项目获得自治区文化产业发展专项资金扶持 5900 万元。还设立了广西皇氏产业投资发展基金，扶持骨干文化企业项目和《广西文化产业跨越发展行动计划（2017—2020）》中的重点项目。

2017 年评选公布了第七批自治区文化产业示范基地，自治区文化产业示范基地达到 131 家，国家文化产业示范基地 8 家。全区有上市企业 A 股 2 家（桂林东方时代网络股份有限公司、广西广电网络股份有限公司）、新三板 5 家、新四板 1 家、广西北部湾股权交易所挂牌企业 4 家，共计 12 家上市企业。

区属国有文化企业盈利水平进一步下滑。2017 年 1—11 月，广西出版传媒集团、广西文化产业集团、广西广电网络公司 3 家资产超过 50 亿元的自治区重点文化企业，资产总额共 153.65 亿元，同比增长 11.20%；营业收入总额 52.28 亿元，同比增长 2.87%；利润总额 5.99 亿元，同比下降 6.99%；应交税费总额 1.05 亿元，同比下降 3.01%。其中，广西广电网络公司营业收入 20.0636 亿元，同比下降 9.64%；利润总额 1.9756 亿元，同比下降 41.41%。广西文化产业集团营业收入 1.0124 亿元，同比增长 1.59%；利润总额亏损 25 万元，同比下降 116%。

（七）文化集聚发展，持续带动明显

1. 文化产业园区打造文化企业群落

截至 2017 年，全区共有文化产业园区、集聚类基地 9 家：南宁高新技术产业开发区软件园、南宁广告产业园、柳州市石尚 1966 艺术文化创意产业园、柳州 23°文化创意产业园、桂林创意产业园、北海文化产业园、广西三诺智慧产业园、海上丝路工艺美术创意产业城、钦州坭兴陶文化创意产业园。其中，国家工商总局命名的广告产业试点园区 1 家，自治区文化厅命名的文化产业示范园区 4 家。这些园区的集聚效应，带动了广西文化产业的持续发展。

2017 年，自治区级文化产业示范基地桂林国家高新区创意产业园入选国家级文化产业示范园区预备名单。桂林创意产业园、钦州坭兴陶文化产业园纳入自治区政府公布的第一批自治区现代服务业集聚区名录。

桂林高新区创意产业园占地面积 117 亩，已建成 12.5 万平方米。2016 年下半年，园区入驻企业 137 家，其中文化创意类企业 101 家，这些企业中不乏来自北京、上海、深圳、广州等地的企业。园区从业人数达 2300 余人，其中

硕士、博士 40 余人，留学人员 20 余人，大学以上学历占 95％以上。

至 2017 年，北海高新技术产业园聚集了文化类企业 78 家，其中包括世界五百强企业甲骨文股份有限公司 Oracle Corporation（NYSE：ORCL）、全国最大的分布云网络平台综合服务提供商和运营商江苏广和慧云科技股份有限公司。还有 6 家挂牌企业，引领园区高水平发展。北海高新技术产业园强化了园区服务功能，打造"创业一条街"——智能化众创空间，引入并培育一批初创项目，为"创客"提供实现创意和交流的社区平台。

柳州市 23°文化创意产业园，主打创意设计和电子商务产业，前期拓客1802 家，签约商户 31 家，意向签约商家 63 家。该园区在创意设计、业态展示及电子商务服务等聚集地的基础上，利用园区产业链集合和创意设计、电商服务力量，发展形成以影视、音乐、酒吧、会所酒店及网店等休闲商业模式输出、创意设计和互联网服务的基地，逐渐成为带动柳州市文化经济的重要产业集群。

广西三诺智慧产业园基于"智慧生活创想家"的品牌定位，以"智慧家庭、智慧工作、智慧出行"三维立体构建了"硬件＋软件、云端＋终端"完整的智慧生活生态产业链，产品横跨影音娱乐、信息科技和智慧家庭三大领域，现已是全球最大的多媒体音响产品提供商和领先的智慧生活产品整体解决方案提供商。园区重点建设广西及中国西部地区极具影响力和示范性的智慧生活创想体验基地，实现数字娱乐体验的技术与商业服务集聚的最大化。

2. 城市文化综合体拉动文化消费

当代城市的快速发展，催生了以文化消费为核心的城市文化综合体。近年来，广西几个主要城市建立了不同类别和规模的城市文化综合体，在拉动文化消费上贡献越来越大，并逐渐成为一个城市文化精神的载体。其中比较具代表性的有以下几个：

北海老街珠海路是一条有一百多年历史的老街，沿街全是保存完好、样式精美的骑楼式建筑。经过修缮，改造成文化休闲街区，将厚重的文化积淀转化为经济活力，重新焕发光彩，并成为北海的地标式建筑之一，迎来送往大批本地市民和外地游客。

桂林正阳东巷历史文化街区是对靖江王府周边 0.5 平方公里范围内的房屋按照东巷风貌实施统一改造后，形成的王府历史文化休闲旅游特色街区。功能定位为集"历史文化体验、时尚文化旅游、休闲购物"于一体的文化旅游商业街区，为旅游城市桂林再添一项文化消费项目。

南宁万达茂将文化、旅游、商业等形态重新整合，解决了气候对旅游项目的影响。建成的桂文化室内主题乐园，把游乐设施与广西文化、山水元素结合。南宁万达茂开业后带来的人气、消费力和商机，为五象新区乃至整个南宁的发展注入新的生机。该项目正在加快打造"两滩三里"文旅商街，未来将拉动更多文化消费。

柳州华侨城"卡乐星球 欢乐世界"主题乐园，共34个游乐项目，15个室内高科技项目、18个室外大型机械项目和一个两层主题鬼屋。2017年5月一开业就迎来大批游客，成为柳州市文化消费新去处。

（八）特色文化产业丰富，引领发展新方向

文化产业越来越重视特色的打造，以求差异化发展，各种特色文化项目刚崭露头角就表现不凡，引领广西新一轮的文化产业发展方向。

广西民族地区特色文化产业迅速发展，种类越来越多，成为打造县域品牌的重要着眼点，扩大了文化消费市场，带动周边经济发展，也给贫困地区的精准扶贫工作带来很大促进作用。

广西积极组织评审特色小镇。2017年，广西共有10个特色小镇入选国家级特色小镇名单，它们是河池市宜州刘三姐镇、贵港市港南区桥圩镇、贵港市桂平市木乐镇、南宁市横县校椅镇、北海市银海区侨港镇、桂林市兴安县溶江镇、崇左市江州区新和镇、贺州市昭平县黄姚镇、梧州市苍梧县六堡镇、钦州市灵山县陆屋镇。2016年有4个小镇入选，分别是柳州市鹿寨县中渡镇、桂林市恭城瑶族自治县莲花镇、北海市铁山港区南康镇、贺州市八步区贺街镇。

（九）文化创意设计加强，激发新活力

2017年，自治区文化厅评选了15家自治区文化创意产品示范单位，充分发挥企业品牌的示范作用。自治区博物馆、民族博物馆获得25万元扶持开发创意产品。自治区博物馆设立创意空间，打造"文创集市"品牌。

文化创意企业单位积极参加中国—东盟博览会文化展、第十三届中国（深圳）国际文化产业博览交易会、中国（义乌）国际文化产品交易会、北京国际文化产业博览会等，打造拥有自主知识产权、在全国有一定影响的文化创意产品品牌。

2017年4月，"品味广西·首届文创市集"在广西博物馆民族文物苑举行，市集上的创意美物大部分是广西大学生的文创优秀作品。截至2017年10月，文创市集已经举办了三届，广西区内文博单位、高校大学生、创意工作室和工艺美术大师等，借助文创市集的平台，围绕中国传统节庆文化创意设计民族特色、地域特色、文化特色和时代特色的文化产品，进行现场展示与销售，演绎中国文化的无穷魅力。

2017年12月，首届广西大学生校园文化产品创意设计大赛启动，并于

2018 年 1 月 1 日举行颁奖活动。

（十）对外合作扩大，文化走出去取得进展

广西金壮锦文化艺术有限公司、南宁藤泰蓝贸易有限责任公司申报 2017—2018 年度国家文化出口重点企业。南宁峰值文化传播有限公司的"一带一路"动漫内容输出链式营销发行服务、广西容县美柏工艺品有限公司的广西容州美柏工艺品文化产业园项目申报 2017—2018 年度国家文化出口重点项目，并成功列入文化部、商务部公布的名录。

广西与东盟国家经贸和人文交流更加密切，渠道更加畅通，形式更加丰富。广西的文化产业在面向东盟走出去的过程中，形成了中国—东盟博览会、南博网、广西文化舟、新闻媒体联合采访活动以及版权贸易等多平台、多渠道的交流模式，并出现了合作主体多样化、表现形式多样化等特点。

在广电影视领域，广西人民广播电台与缅甸国家广播电视台合办《中国电视剧》栏目，开创了中国媒体与"一带一路"沿线国家合作传播的新模式。广西电视台译制的影视作品《西藏天空》《超级工程》《魔幻仙踪》《北京青年》《小虎还乡》《三国演义》，销往越南、泰国、柬埔寨等国家，受到了当地民众的欢迎。广西电视台国际频道夺得了丝绸之路影视桥工程，近年来广西共输出了 10 多部广播影视版权，交易对象达 20 多个国家。在"丝路书香"工程中，广西与 20 多个国家及地区达成合作出版，版权贸易图书共 576 种，其中输出 164 种。

在动漫游戏领域，南宁市峰值文化传播有限公司打造中国—东盟市场的文娱中转站，建立了与东南亚 37 家华语渠道的合作机制，并且与广西广播电台建立东南亚国家小语种译配的战略合作。桂林市坤鹤文化传播有限公司拟推出 100 集《可可小爱进东盟》动画，将现有剧集进行内容整合，译制成东盟各国官方语言推向东盟国家。广西南宁市昇泰安电子商务发展有限公司针对海外市场投入研发了一款大型的手机游戏《怪咖联盟》，并在 2016 年长期保持海外 MMORPG 类游戏前三名。

此外，与港澳的文化合作也取得新进展。与香港康乐署、澳门文化局达成战略合作初步意向。加强与台湾在文化创意机制方面的交流与合作，达成桂台携手在南宁建立文化创意合作中心共同参与"一带一路"建设的意向。与香港溢达公司达成在桂林建设民族织锦产品展示中心初步意向。

二、广西主要文化产业行业现状

2017 年，新闻出版广电业、演艺业、广告服务业、动漫游戏业和文化旅游业五个主要文化产业行业，发展情况有喜有忧。

（一）新闻出版广电业：整体增速放缓，IPTV 增长迅速

受新媒体冲击和阅读方式的改变，纸质出版物特别是报刊出版出现下降态势，民营数字出版企业迅速崛起。广西英腾教育股份有限公司成为国内最大的医学数字化题库提供商和国内最大的医学在线教育企业。

广播电视电影和影视录音制作业 2017 年 1—5 月份经营收入为 121099.23 万元，同比下降 5.59%，西部省份排名第 5 位，西部增速排名第 8 位，在生产总值相近的省份中排名第 8 位，全国增速排名第 20 位。相比 2016 年增长 5.60%，全国增速排名第 9 位，2017 年增速明显放缓。

IPTV 增长则十分迅速。截至 2017 年 9 月 10 日，IPTV 节目总量约 200TB，总用户数已达 2226258 户，其中高清用户数 1791107 户，占总用户数 80.45%，标清用户数 435151 户，占总用户数 19.54%。相比 2016 年 9 月的 1112418 户，增加了 1113840 户，增长率达 100.13%。

2017 年，全区新增城市数字影院 35 家，城市数字影院总数 211 家，城市数字影院银幕突破了 1000 块大关，达到了 1001 块，影院座位数 133882 个。全区电影院线票房增幅有所回落，截至 2017 年 10 月 9 日，全区数字电影票房 8.05 亿元、放映场次 136.39 万场、观影人次 2535 万人次，同比分别增长 16%、23%、14%。

（二）演艺业：市场化及精品化程度提高

群众的文化娱乐支出比重和文化消费时间不断增加，对演艺产品的选择逐渐向高层次的精品转移。近年来，为满足群众需求，广西演艺业涌现了一批精品。2017 年，文艺院团新创推出现代壮剧《赤子丹心》、壮剧《牵云崖》、粤剧《风雨骑楼》、邕剧《玄奘西行》等 8 部大型剧目，修改提升现代壮剧《第一书记》等 12 部大型剧目，新创 500 多个歌曲、舞蹈、杂技、曲艺、小品、小戏等小型剧节目。共有 34 个项目获得 2017 年度国家艺术基金资助，在全国排名第 9 位。

2017 年，全区共开展驻场演出 3193 场，比 2016 年增长 102%，观众 250 多万人次，比 2016 年增长 157%。演出有"南国之声"周末音乐会、民族戏苑周末剧场、民歌湖周周演、桂林有戏、刘三姐大舞台周周演、《碧海丝路》周周演、临贺文化剧场、桂林市《梦幻漓江》《象山传奇》，三江侗族自治县《坐妹·三江》，巴马瑶族自治县《梦巴马》等 25 个。不少驻场演出与旅游紧密结合，成为丰富文化旅游产品的重要手段。

一批优秀的省外、境外演艺产品被引进。如舞剧《朱鹮》、小说改编剧《盗墓笔记》、昆剧青春版《牡丹亭》、舞剧《红高粱》、加拿大炫光马戏《大都会》、俄国芭蕾舞剧《天鹅湖》、《马克西姆 2016 中国巡回演奏会·南宁站》、

美国奥斯汀原创芭蕾等。

（三）广告服务业：处于逐步转型期

从全国范围看，广西广告服务业发展现状在全国处于中等偏下水平，在西部 12 省、市、自治区处于中上水平，在 5 个少数民族自治区处于领先水平。综合来看，广西广告服务业正处于逐步转型期。

近年，受国家广告政策、多媒体冲击等因素影响，全区广告收入同比下滑明显。2016 年，全区广告经营额同比减少 22%。2017 年，情况有所好转，全区广告经营单位 42780 户，同比增加 46.2%；广告从业人员 91560 人，同比增加 2.3%；广告经营额为 19.567 亿元，与去年同期基本持平，同比减少约 0.2%。

非公经济广告经营单位构成广告市场的主体。个体、私营企业创办的广告公司占全市广告经营主体的一半多。从总量看是不少，但规模小、广告经营额不高、专业化程度弱，市场竞争力不强。

修订的《中华人民共和国广告法》颁布实施以来，相关部门广告法规宣传力度和监管力度不断加强，广告市场秩序好转。广告案件数量略有下降，且惩罚力度更重，罚没金额大幅增加。

南宁广告产业园集聚式发展效果明显，支撑了广告服务业的发展。截至 2017 年 12 月 31 日，园区共引进企业 411 家，其中广告及广告关联企业 302 家，较 2016 年增长了 18.44%。实现广告经营额为 6.455 亿元，较 2016 年增长了 49.42%，占 2017 年全区广告经营额的 33.1%，年纳税额为 2706.53 万元，年增长率为 114.8%。

（四）文化旅游业：逐年增长并渐成特色

2011 年至 2017 年，广西旅游人数和旅游总消费额都保持逐年增长。2017 全年入境过夜游客 512.44 万人次，比上年增长 6.2%；国际旅游外汇消费 23.96 亿美元，比上年增长 10.7%。

近年来，广西文化与旅游融合发展态势良好，并逐渐形成了特色。

崇左市依托花山岩画申遗成功的契机，投资 60000 万元建设花山文化拓展带，建设内容包括世界岩画博物馆、花山部落、土司饭店、洞廊歌圩等。项目总投资 65368.9 万元的花山音画夜游和大型实景演出已完成征地 674 亩，各项工作正在推进当中。

南宁市积极推进大明山骆越文化旅游项目、中国—东盟民俗风情观光旅游景区等一批民族文化旅游项目建设。百色市打造全国有影响力的百色起义纪念公园红色旅游景区，开发了乐业火卖村、右江区平圩民族村等民族乡村旅游区。马山弄拉民族文化传媒有限责任公司推出文化旅游专线，带动约 4 万游客到马山、都安等县观光旅游。此外，三江突出侗族风情，融水凸显苗族特色，金秀主打瑶族韵味，宜州唱响三姐歌声，东兴推出边关风光，逐步形成了各具特色的文化旅游新局面。

（五）动漫游戏业：发展势头良好

截至 2017 年，广西通过国家认定的动漫企业共有 9 家，自治区级动漫骨干企业 28 家，动漫人才培养基地 16 个。2017 年 10 月，广西动漫协会成立，为进一步发挥行业组织在行业指导、事业发展、自律规范、专业评估等方面的作用奠定了坚实的组织基础。广西动漫协会会员单位共有 33 家动漫企业。

《可可小爱》已在包括央视在内的 1000 多个电视频道播出，网络点击突破 400 亿，同时覆盖全国所有直辖市、省会城市户外 10 万块 LED 屏幕。《百越历险记之壮锦密码》等 8 个作品被评为 2017 年度广西首届优秀原创动漫作品，6 部优秀动漫作品被推荐参加中国文化艺术政府奖第三届动漫奖评奖。四个动漫游戏类项目申请"一带一路"国际合作项目扶持，广西成为在此领域文化部给予西部地区参与该项目的唯一省份。

桂林力港网络科技公司产值相比实现了百倍增长，企业累积纳税已突破 1 亿元，被评为"中国动漫游戏行业优秀企业"，该公司的手机游戏《武林盟主手机版》还荣获"中国动漫游戏行业最受期待金手指奖"殊荣，是西南地区唯一获此奖项的动漫企业。2017 年泛娱乐产业领袖峰会上，南宁峰值文化传播有限公司荣获"2017 年宝鼎风云汇先进动漫传播（研发）企业"称号。南宁九金娃娃动漫有限公司《一种体感游戏互动方法及系统》获得国家知识产权局颁发的专利。南宁良牙文化传播公司主办的"月邪动漫盛典"2017 年的两场活动，入场人流量 12 万人次，同比增加 1 万人次。

2017 年，广西电子竞技业飞速发展。年初，广西广电新媒体有限公司首推 IPTV 大屏电子竞技内容直播，公司联合举办的 NESO 广西代表队选拔赛，累计观看用户达到 530062 户。3 月，广西首个电子竞技专业"电子竞技运动与管理"在广西理工职业技术学院开设。6 月，广西电竞协会正式挂牌成立。9 月，中国—东盟（广西）电子竞技产业园正式开园，总建筑面积约为 2 万平方米。

2017 中国—东盟博览会动漫游戏展、2017"一带一路"（南宁）动漫游戏产业合作发展论坛成功举办，意大利 Chili、法国 Eurodata TV Worldwide、马来西亚 Astro、印度尼西亚 MNC Animation、中国动漫集团、腾讯视频等国内外知名行业机构和嘉宾参展参会。广西中视嘉猴与泰国辉煌国际集团签约成交 1000 万元，动漫游戏企业合作意向成交额 5.1 万美元，腾讯企鹅影视、南宁峰值和接力出版社正式签署三方战略合作协议。

三、广西文化产业发展趋势

2018—2020 年，是全面建成小康社会的决胜阶段，也是文化产业提质升级、跨越发展的关键阶段。2018 年，广西文化产业在承受不小压力的情况下，也将迎来一些可喜发展。

（一）政府日益重视，为文化产业提供更多保障

党的十八届五中全会再次提出"到 2020 年，文化产业成为国民经济支柱性产业"，要求完善文化产业体系，推动文化产业结构优化升级，发展骨干文化企业和创意文化产业，培育新型文化业态，扩大和引导文化消费。

鉴于广西文化产业发展较为缓慢的现状，自治区领导就文化产业做出批示、指示。自治区文化厅编制了《广西文化产业跨越发展行动计划（2017—2020）》，为文化产业发展确立了行动目标和具体任务。

各级政府的高度重视，为文化产业发展塑造了良好环境，提供了更多坚实有力的保障。可以预见，2018 年广西文化产业将迎来一波新的发展浪潮。

（二）经济转型升级，为文化产业创造重要契机

认识新常态，适应新常态，引领新常态，是当前和今后一个时期我国经济发展的大逻辑。广西三次产业结构已从 2010 年的 18：47：35 调整优化为 2015 年的 15：46：39。全区服务业虽然还比较弱小，但比重正在上升，全力向"三二一"产业结构追赶。广西文化产业的增长速度超过了国民经济中多数行业，演艺、娱乐、文化旅游、艺术品、工艺美术、文化会展等产业门类不断壮大，动漫、游戏、创意设计、网络文化、数字文化等新兴业态方兴未艾，文化创意和设计服务与相关产业的融合日益深化，产业链不断延长，分工不断细化。文化产业成为受到各类资本青睐的投资领域，文化产业的投资来源日益广泛。

（三）城镇化和文化消费增长，为文化产业提供强大动力

城市是文化生产和文化消费的中心，城市数量的增多和市民人口的增长为文化产业发展提供了强大动力。从世界经验看，文化产业的高速发展期往往正是城市化加速推进期。2017 年末，广西城镇常住人口 2404 万人，比上年末增加 78 万人；乡村常住人口 2481 万人，比上年末减少 31 万人；城镇人口比重为 49.21%，比上年末提高 1.13 个百分点①。大量农民转变为市民，这意味着大量人口生活方式将出现转变，2018 年，人们对文化产品的需求将更为旺盛。

2017 年全年全区居民人均可支配收入 19905 元，比上年名义增长 8.7%，扣除价格因素实际增长 7.0%。全年全区居民消费价格（CPI）比上年上涨

---

① 数据来源：广西壮族自治区统计局。

1.6%，其中，城市上涨 1.9%，农村上涨 1.1%。从分类看，教育文化和娱乐上涨 2.1%。随着中等收入阶层扩大，大众消费逐步由传统的衣食等基本生活消费转向发展型、享受型消费，2018 年文化新兴消费潜力将持续释放。

（四）新兴业态崛起，动漫文创等行业持续向好

当前，传统文化产业发展放缓甚至出现式微，动漫游戏、文化创意、智能应用等新兴业态崛起已经是不可阻挡的趋势。

2017 年，由于财政较为紧张，取消了广西动漫产业发展引导资金，2018 年，自治区文化厅重新争取到 500 万元动漫产业发展引导资金。自治区文化厅、广西东盟博览事务局、自治区新闻出版广电局将联合举办 2018 中国—东盟博览会动漫游戏展，动漫游戏产业的国际合作，有望成为"一带一路"贸易的新亮点。2018 年，广西动漫产业将积极布局，动漫游戏企业差异化、互补式发展，完善产业链的各个环节。

2018 年，文化创意将继续发力。不仅是几个博物馆，还有越来越多文化企业都在往文化创意领域拓展，文化创意设计将更为红火。如南宁的金壮锦公司，不断开发新的壮族特色文创产品；再如百色的高凤服饰，原来以制作民族服饰为主，2018 年也计划开展文创产品的研发制作。

2018 年，广西广电网络将重点打造智慧社区、智慧乡村、智慧旅游三大生态，紧紧围绕"大数据资源、多领域融合、智能化应用、贴心式服务"四大要素，努力实现"全网整合、全网高清、全网互动、全网宽带、全网智慧融合"的"五全"升级目标。

（五）产业融合加剧，特色文化产业愈加兴盛

文化产业与其他产业的融合将不断加剧。不少行业越来越重视创意与设计，很多传统产业正在寻求与高新科技的结合，文化与旅游的融合更是各地打造特色文化产业的重要手段。

以桂林漓江石和壮锦为主要元素的喀斯特女包，将在设计上更下功夫，计划尝试融合更多民族的风格；南宁古岳文化艺术村将民族文化与新农村建设结合，打造特色文化旅游村落，项目受到政府及各方重视，2018 年将继续完善，并积极推动民族服饰的创新设计；花山岩画的旅游开发正在持续推进；三江侗乡鸟巢文化开发有限公司加强侗族文化的打造，将在原有建筑的基础上，开工建设侗族文化旅游街区；中渡等特色小镇也紧抓当地文化特色，差异化发展，打造独具个性的文化旅游目的地。

四、加快广西文化产业发展的建议

当前，广西文化产业发展缓慢的原因主要有几点：一是文化产业投入不足，二是政策缺乏针对性和本土特点，三是文化产业园区扶持力度不够，四是骨干文化企业辐射示范带动能力不足，五是文化企业融资难度大。

针对以上问题，结合广西文化产业的实际情况，有如下发展建议：

（一）加强组织统筹，设立文化产业协调机构

文化产业是一个综合性的复杂系统，涉及宣传、文化、新闻出版广电、国资、财税、发改、旅游等 16 个职能部门，工作深度交叉，协调难度大。建议成立由自治区领导挂帅的自治区文化产业发展工作协调机构，加强对广西文化产业工作的组织统筹，协调自治区统计部门、工商部门等建立共享机制。进一步完善和细化文化产业联合调查统计制度，搭建文化产业统计监测平台，推进文化产业专项调查、重点行业监测、分析等工作，为行业发展和部门决策服务。

（二）立足广西实际，制定本土文化产业政策

继续落实国家和自治区已出台的文化产业相关政策和法规，建议出台一系列综合配套政策措施，保障政策法规的落实。针对广西文化产业发展的特点，制定更有针对性、更符合广西本土情况、有明确指导意义和可行性的系列文化产业政策，鼓励各市县制定地方文化产业发展政策，营造良好的文化产业发展环境。

（三）加大财政投入，逐步扩大专项资金规模

对于基础薄弱、融资难度大、资金来源渠道狭窄的中小型文化企业，文化产业发展专项资金有效解决了扩大生产、物资采购、创意开发、项目建设的燃眉之急。在专项资金的推动下，文化产业发展取得了较好的社会效益和经济效益。但与部分省份相比，仍然金额小，见效慢，文化企业活力没有得到充分激发。建议逐步扩大自治区本级文化产业发展专项资金规模，恢复并固定自治区动漫产业发展引导资金，设立特色文化产业发展引导资金。

（四）重视知识产权，落实无形资产评估措施

知识产权在融资条件中所占的地位越来越重要。要加强知识产权价值评估、交易体系、风险管控等方面的政策法规建设，建议出台《文化企业无形资产评估指导意见》的相应配套政策和措施，将之落到实处细处。鼓励文化企业开发具有自主商标的原创性文化产品，打造具有核心竞争力的文化品牌。宣传引导企业注册商标，在文化产品生产时就要有意识地进行知识产权登记，或者更进一步申请专利，为文化企业融资增加有利条件。

（五）保障融资渠道，设立文化产业发展基金

规范引导相关的保险、担保等金融服务中介机构建设，为文化企业融资提供风险担保，鼓励各级政府为文化企业融资担保。设立广西文化产业发展基

金，拿出产业基金的一部分来为企业背书，引导更多金融资本、社会资本进入文化产业，将财政资金的输血功能转化为造血功能，为文化产业持续提供资金支持。建立风险评估和风险控制机制，降低投资风险，保障投资失败时能及时止损。利用互联网金融模式开辟新型融资渠道，创新文化消费金融产品，发挥金融创新对文化消费的刺激作用。

（六）集聚式发展，大力支持文化产业园区

加大对文化创意产业园区的财政支持、金融扶持、税收优惠、土地管理优惠、人才开发和公共服务平台建设力度，用更多优惠政策吸引优质文化企业、文化人才、先进技术集聚文化产业园区，进一步提高文化产业园区的规模化、集约化、专业化程度。鼓励产业重组，鼓励企业间差异发展、联合协作，打造龙头企业、王牌产品，带动文化产业园区内企业的有效粘连。加快推进广西文化产业城建设，促进南宁拖拉机厂旧厂房建设为文化产业园，依托广西广电网络有限公司优势，发展各类上下游及相关文化企业，打造空间、资源高度集聚的文化产业集群。

同时，也要警惕利用文化产业园区建设行"圈地"之实的行为。还要充分调研，谨慎投资，防止不符合当地实际的工程烂尾。

（七）以项目引领，加强骨干企业带动作用

部分骨干文化企业虽然业绩突出，但企业联动、产城融合、辐射带动、连锁示范、创新创意、企业聚集等方面能力不足。有的文化企业不清楚广西本地的文化企业情况，舍近求远找外省企业合作，各项成本较高。个别文化企业还存在体制不顺、机制不活、融资方式单一等问题。

实施大型项目引领战略，重点扶持入选"广西文化产业发展重点项目库"的项目。以项目促合作，以项目带发展，充分发挥骨干企业的带动作用，降低企业成本，达到多方共赢。建议在自治区文化产业发展工作协调机构领导下，成立行业协会，定期举办文化产业论坛或企业交流会，为文化企业之间尤其是骨干企业与一般企业之间，搭建沟通桥梁，加强经验交流，寻求合作机会。

（八）促进产业融合，推动文化产业提质升级

进一步促进文化产业与相关产业融合，重点推进"文化＋旅游""文化＋科技"等领域。实际上，当今文化产业的趋势不仅仅是两个产业的融合，而往往是三个及以上更多产业互融互渗，形成综合性的"大文化产业"。

融合中，要遵循文化和其他产业发展规律，在保护文化原真性的基础上，开发利用各方资源，不断拓展深度，努力实现文化和各个产业优势互补、一体发展。文化与科技部门加强对接，让文化创意产业的科技需求得到满足，同时实现科技成果的应用转化。扶持文化科技中介等行业组织，使一些共性技术在

文化企业间共享，提升文化产业的科技含量，推动文化产业提质升级。

（九）发展特色产业，引导建设特色文化小镇

建议制定广西特色文化产业发展规划、服务平台和文化产业园区发展政策，全面规划，合理布局。鼓励国内外知名文化企业利用广西特色文化资源发展特色文化产业，示范带动中小文化企业聚集，促进产城融合、创新创意发展。2017年7月，自治区人民政府办公厅出台的《关于培育广西特色小镇的实施意见》提出，以特色小镇为载体，培育特色产业，做强特色优势企业，建成百个经济（生态）强镇，激活2000亿元以上固定资产投资，同时培育形成产业链、投资链、创新链、人才链、服务链等融合发展的生态链。

引导督促各县（区、市）积极发展区域特色文化产业，分级培育、动态管理，建设特色文化小镇。开展广西特色文化产业发展先进县（区）评选工作，对示范性和带动性强的特色文化产业项目给予重点扶持，打造知名特色文化品牌。将特色文化产业与精准扶贫相结合，深入发掘当地特色文化资源，提炼特色文化符号。依托自身优势，以特色文化旅游、民族民间工艺品为主，带动当地经济发展，让更多农民"在家门口就业"，实现就地就近城镇化。

（十）培育新兴产业，积极推动文化创意设计

着力发展一批拥有核心技术、创新成果和自主知识产权的创新型文化企业，引进一批国内外知名的行业引领性文化企业。促进产品和服务创新，催生新兴业态，开拓文化产业的发展空间，增强文化对经济社会发展的支撑力。鼓励文化企业参加国内外文化博览会，积极对外宣传展示，学习交流先进经验。

加大对动漫游戏业、创意设计业、网络文化业等文化产业的扶持力度，让主题突出、特色鲜明的数字文化产业品牌形成示范带动。举办广西原创动漫大赛，吸引、鼓励更多优秀人才与作品。充分发挥广西动漫产业发展引导资金的作用，实施原创动漫精品培育工程，扶持具有桂风壮韵的动漫精品创作、生产和传播。评估、遴选出优秀原创漫画、原创动画、原创游戏、动漫舞台剧等进行重点扶持。推动网络游戏、手机游戏、电子竞技、虚拟现实体验的发展，支持具有自主知识产权的游戏技术和游戏运营平台、原创游戏的研发和推广。

继续举办广西文化创意产品设计大赛，让创意进入市场，让企业找准商机，让艺术走进生活。之前的大赛涌现出不少优秀创意，但最后都仅停留在概念设计上，没有形成产品、商品，之后的大赛要注意加强赛后创意成果的转化工作，充分调动文化文物单位积极性，发挥各类市场主体作用，发展创意文化产业，全面提高文化创意产品开发水平。重点培育认定文化创意产品开发示范基地，打造一定数量拥有自主知识产权、在全国有一定影响的文化创意产品品牌。

（十一）扩大国际合作，做好"一带一路"有效衔接

目前，广西的对外文化交流大多数是非商业性质的政府行为。建议通过商业渠道，扩大广西文化产品和服务出口，多引进境外优秀文化产品。引导和帮助文化企业走出去，为企业提供相关扶持、补贴，及时提供有效的优质信息，帮助企业寻求到合适的资源。在中国—东盟博览会、中国—东盟文化产业论坛、泛北部湾经济合作论坛等平台之间，建立内部协调机制，实现信息与资源共享。

发挥广西独有的地理区位和文化优势，重点扩大与东盟国家的文化贸易，做好"一带一路"的有效衔接。有重点地规划能够在不同文化土壤下生存的文化产业项目。还要重视民间文化交流，加强广西各区市与东盟友好城市间的文化互动，实现双方更高层次和更深领域的文化交流和项目合作。

2017年广西图书出版业发展报告

利来友 *

2017年，广西图书出版业在习近平新时代中国特色社会主义思想指引下，牢固树立"四个意识"，坚持正确出版导向，弘扬主旋律，传播正能量，较好地服务于党和国家工作大局，为新时代文化发展繁荣做出了积极贡献。

一、2017年广西图书出版业发展概况

2017年，广西出版秉承社会效益第一的原则，出版了一大批社会效益凸显、经济效益突出的好书，一大批图书获奖、获各种专项资金扶持、入选各种推荐书目和榜单，受到广大读者的喜爱，图书的两个效益实现了有机统一。

（一）主题出版高唱新时代主旋律，服务党和国家工作大局

2017年，中央宣传部和国家新闻出版广电总局部署了十个方面的主题出版工作重点：深入学习宣传贯彻党的十八届六中全会精神、为党的十九大胜利召开营造良好文化氛围、深入推进理想信念教育、大力推进文艺出版繁荣发展、着力推动自然科学和哲学社会科学繁荣发展、传承弘扬中华优秀传统文化、进一步加强未成年人思想道德建设、繁荣发展少数民族语言文字出版、推动中国出版走出去、继续做好重大纪念活动出版工作。广西出版按照上级

---

* 利来友，时任广西壮族自治区新闻出版广电局出版管理处处长。

机关部署，积极策划主题出版选题，出版了近 20 种主题出版物，其中，广西人民出版社的《中国道路的文化基因》、广西科学技术出版社的《院士之路》等 2 种选题入选国家新闻出版广电总局迎接党的十九大重点出版物。按照中央宣传部和国家新闻出版广电总局有关要求，自治区新闻出版广电局认真抓好《十九大报告》单行本、《中国共产党章程》、《中国共产党第十九次全国代表大会文件汇编》和《十九大报告辅导读本》等党的十九大文件及辅导读物在广西的出版发行工作，充分满足了全区干部群众深入学习党的十九大精神的需要。主题出版工作较好地服务于党和国家的工作大局。

（二）精品出版成果丰硕，广西好书影响力不断提升

2017 年，广西 8 家图书出版社共出版新书近 4000 种，其中不乏好书，在各种重点出版物推荐目录和优秀出版物榜单上，桂版图书均榜上有名。

接力出版社出版的《乌龟一家去看海》《小饼干和围裙妈妈》等 2 种广西好书入选国家新闻出版广电总局 2017 年向全国青少年推荐百种优秀出版物目录；广西人民出版社出版的《家风十章》、广西师范大学出版社出版的《白先勇细说红楼梦》、广西科学技术出版社出版的《一带一路画敦煌涂色系列》和接力出版社出版的《萤火虫女孩》等 4 种广西好书入选国家新闻出版广电总局评选的 2017 "大众喜爱的 50 种图书"；广西民族出版社出版的《壮族鸡卜经影印译注》、接力出版社出版的《我爱大自然》等 2 种出版物荣获第四届中国出版政府奖；漓江出版社出版的《文爱艺爱情诗集》《是我：一个书法主义者的无言之诗》，广西师范大学出版社出版的《错了》荣获 2017 年度 "中国最美的书"称号，广西师范大学出版社出版的《虫子书》荣膺 2017 "世界最美的书"银奖；广西教育出版社出版的《中国地学史》、广西民族出版社出版的《邕州老戏——邕剧》、接力出版社出版的《一个姐姐和两个弟弟》以及广西金海湾电子音像出版社出版的《稻之道》等 4 种出版物荣获第六届中华优秀出版物奖；广西科学技术出版社出版的《去野外：探索大自然之旅》获国家图书馆第十二届文津图书奖。

在《中国新闻出版广电报》优秀畅销书排行榜、百道网畅销书榜、开卷畅销书排行榜、当当网好书榜、王府井新华书店畅销书排行榜、深圳书城畅销书排行榜等国内主要书榜上，广西师范大学出版社出版的《白先勇细说红楼梦》和《回望》、漓江出版社出版的《这个世界承认每一份努力》、广西美术出版社出版的《艺术的故事》、接力出版社出版的《家有恐龙习惯养成图画书》和《怪物大师系列》等广西好书屡屡上榜。

为了全面宣传推介 2017 广西好书，自治区党委宣传部和自治区新闻出版广电局联合评选出 "2017 广西好书" 26 种，并在《广西日报》《中国新闻出版

广电报》等纸媒和有关网络媒体公布了评选结果，还联合发文向全区各级机关单位推荐阅读此 26 种广西好书，此外，还与广西电视台合作录制并播出了电视专题节目《遇见广西好书主题分享会》，取得了良好的宣传效果。

（三）精品策划能力不断提升，一批项目获专项资金扶持、入选重点规划

2017 年，广西有《地球上的红飘带——长征史诗画卷研究》等 7 个出版项目获得国家出版基金项目资助 702 万元，《习近平总书记系列重要讲话读本》（壮文版）、《壮医内科学》等 11 个项目获国家民族文字出版专项资金资助 180 万元，《丝路邮记——方寸世界中的海上丝绸之路》等 52 个项目获广西精品出版扶持资金资助 300 万元，中国青少年富媒体阅读与出版大数据体系建设项目获国家文化产业发展专项资金 500 万元扶持，党员小书包、花山复合出版平台、广西农家书架复合出版工程、海外并购与全球一体化创新经营等出版项目获得 2017 年自治区文化产业发展专项资金 650 万元扶持。在"十三五"国家重点出版规划增补项目评选中，广西有《中国历代乐论》等 6 个项目增补入选，加上首批入选的 17 种，广西入选"十三五"国家重点出版规划项目达到 23 种。一大批精品出版项目获得各类专项资金资助、入选国家重点出版规划，提升了广西出版能力，提高了广西出版的整体质量。

表 1　2017 年广西入选"十三五"国家重点出版规划增补项目一览表

项目名称	著作责任者	出版单位
党员干部必学的国法党规（壮文）	覃德民、黄威宁	广西民族出版社
中国历代乐论	洛秦、温显贵等	漓江出版社
壮族科学技术史	万辅彬、蒙元耀	广西科学技术出版社
生物学大辞典（第 2 版）	许智宏、马庆生、陈宜瑜	广西科学技术出版社
大科学家给孩子的科学启蒙	苗德岁、李晓鹏	接力出版社
广西少数民族音乐——原始仪式音乐	徐寒梅	广西金海湾电子音像出版社

（四）力推出版走出去，国际传播能力不断提升

响应国家"文化走出去"号召和"一带一路"倡议，广西出版系统走出去已从单一的版权输出发展为全方位走出去，包括兼并海外出版机构、在海外设立出版分支机构、与海外出版机构合作出版等。

一是继续保持版权输出良好优势。2017 年，全区 8 家图书出版社利用北京国际图书博览会、台湾广西图书展、法兰克福国际图书博览会等平台共向国外和中国香港、中国台湾地区输出版权 200 余种，与境外出版机构合作出版 10

余种，版权输出与引进数量基本持平，创历年来最好成绩。

二是加大对台工作力度，继续举办台湾广西图书展系列活动。组织广西各图书出版单位在台湾成功举办第八届广西图书展，共展销桂版图书 30 万码洋，与多家台湾出版机构签订版权贸易和合作出版项目，还向台湾花莲县、澎湖县、金门县有关学校图书馆、乡镇图书馆赠送了价值约 20 万元的优秀桂版图书。通过出版交流，增进台湾民众对祖国大陆的了解，增强其对中华文化的认同感。

三是出版走出去再获新突破，海外传播能力进一步提升。2017 年，广西出版传媒集团有限公司在越南建成并启用广西首个海外阅读体验空间——彤·阅读体验中心，为中国与东盟的文化交流与合作开辟了新渠道，得到中央宣传部、国务院新闻办和自治区党委的高度肯定。广西师范大学出版社在 2017 年法兰克福国际图书博览会发起艺术设计国际传播共享平台"艺术之桥"，向世界推出"艺术之桥 2017 年度艺术家"、广西师范大学出版社出版的世界最美的书《虫子书》的作者朱赢椿，惊艳书展，受到广泛关注。书展期间，广西师范大学出版社集团党委书记、董事长张艺兵接受了美国《出版商周刊》的专访，向世界讲述了广西出版故事，传播了广西出版的声音。在 2017 年意大利博洛尼亚国际儿童图书展览会上，接力出版社埃及分社首批 47 种阿拉伯语版图书亮相，引起海内外媒体的高度关注。

二、广西图书出版的困境与不足

近年来，广西出版业在习近平新时代中国特色社会主义思想指引下，紧紧围绕中心，服务大局，积极改革创新，开拓进取，获得快速发展，但与发达省市相比，我们的差距还比较明显，我们有一些优秀产品、有一些品牌，有一定的竞争力，但我们的整体实力还较弱、规模还较小，正面临诸多困境，需要突破。

（一）民营出版机构不多，出版创意力量不足，介入出版的资本不活跃

从全国来看，参与出版的民营机构呈上升趋势，特别是随着国家文化发展的政策调整和战略布局的推进，越来越多具有出版创意的人才和机构进入出版行业，社会资本参与出版经营活动日趋活跃。据统计，2017 年，全国民营文化企业超过 13 万家，而广西民营文化企业数量相对较少，有影响力的民营文化企业更少，民营资本和民营企业直接参与出版策划的更少，对广西出版业发展的推动作用较弱。

（二）传统出版与新兴出版融合发展滞后，数字出版比重偏低

据中国新闻出版研究院发布的《2016—2017 中国数字出版产业年度报告》，

2016 年，全国数字出版产业总收入 5720.85 亿元（2017 年数字尚未公布），同比增长 29.9%，继续保持高速增长。同期，广西数字出版产业产值仅 5 亿多元，其中民营的桂林力港网络科技股份有限公司产值 4 亿多元，其余各传统出版单位的数字出版产值约 1 亿元。与全国相比较，广西的数字出版占全国的比重微乎其微，传统出版的数字化转型任务艰巨，与新兴出版融合发展相对滞后，数字出版产业还缺乏有效的商业盈利模式。

（三）政策支持力度不够，工作机制有待进一步完善

自治区党委、政府在政策层面对广西出版单位的支持还有待加强。例如，广西 8 家出版社尚未列入自治区本级预算单位出版产品定点采购的供应商名录，无法直接参与政府出版项目招投标，图书出版产品的采购招投标还是按照一般印刷品采购，由印刷企业参与投标，印刷企业中标后再找出版企业出版。这不仅增加了出版招标产品的成本，也存在较大的意识形态风险和隐患。另外，在教材教辅出版领域，由于广西没有组织开发本版新课标教材，长期处于被动局面，影响到出版业加快发展。

（四）人才结构不合理，高端专业人才培养有待加强

整体上看，全区各出版单位从业人员在学历、职称等方面都有较好的条件和基础，从业人员队伍的整体素养较高，但人才结构不尽合理，人才出现断层，出现青黄不接现象，一方面，有经验、有资历的优秀编辑由于年龄原因正退出一线岗位，在岗的越来越少，另一方面，随着出版业加快发展的需要，各出版单位近年来新进了很多年轻的从业人员，新进从业人员的成长还需要时间、需要历练，需要老员工的传帮带，而不少出版单位有复终审资质的人明显不足，严重影响到图书的正常生产，也给出版安全带来隐患。此外，出版高端人才缺乏，真正能在全国出版系统产生重大影响，带领出版单位突围发展的领军人物更少，严重制约了出版业的快速发展和可持续发展。

三、促进广西图书出版业发展的对策和建议

（一）牢固树立"四个意识"，坚持正确导向，确保健康发展

出版业具有很强的意识形态属性，关系国家文化安全，必须坚持社会效益第一的原则，必须坚持党管出版不动摇，坚持政治家办出版社。出版工作者必须牢固树立政治意识、大局意识、核心意识、看齐意识，切实提高政治站位，认真学习贯彻党的理论和路线方针政策，认真学习贯彻党中央的重大决策部署，自觉在思想上政治上行动上同以习近平同志为核心的党中央保持高度一致，提高政治敏锐性，增强政治鉴别力，做到守土有责、守土负责、守土尽责。这些是出版业生存发展的根基。近年来，随着出版业的快速发展，有很多

年轻人进入出版行业，新入行的年轻编辑有不少人政治意识淡薄，使出版业面临很大的意识形态风险，建议相关管理部门创新教育培训方式，通过开展多种形式多样的培训、研讨、研学，不断提高年轻从业人员的把关意识和把关能力，从而确保广西出版平稳健康发展。

（二）引导民营资本进入出版产业，激发出版业活力

针对广西民营资本进入文化产业不足问题，建议出台有关优惠政策，鼓励民营资本介入图书选题策划、出版中下游的印刷发行环节和数字出版领域，实现民营资本与传统出版单位资源的嫁接，盘活存量，优势互补，以激发广西出版业活力。

（三）强力推进融合发展，争取数字出版"弯道超车"

全面贯彻落实中共中央办公厅、国务院办公厅《关于推动传统媒体和新兴媒体融合发展的指导意见》，根据国家新闻出版广电总局、财政部《关于推动传统出版和新兴出版融合发展的指导意见》的工作要求，在整体推进的基础上，着力打造融合发展龙头出版企业。以广西数字出版转型示范单位为依托，为有数字转型发展基础、有融合发展成果的出版单位破解融资难题，支持其对关键技术的研发，积极利用资本市场的优势和作用，聚集数字出版优势资源，不断扩大企业规模和市场份额，打造区域性乃至全国性的强势龙头企业。

（四）加大政策支持力度，为出版业发展奠定基础

一是加大对本土教材教辅产品的支持力度。建议在政策允许的范围内全力支持广西出版单位获得教材原创出版社授权和优质助学读物上推荐公告目录等工作，助推广西出版业"强本固基"，从而激发和保障广西出版单位调配更多的财力和资源做好主题出版和公益出版，推动双效统一、协调发展。二是将出版单位列入自治区本级预算单位出版产品定点采购的供应商名录，这样既可确保出版产品的意识形态安全，也可减少出版产品生产的中间环节，缩减成本。三是切实加强对广西重点出版项目和重大文化产业项目的支持力度，特别是对一些融合发展的立体出版项目的扶持，推进图书出版业转型升级。

（五）加强人才队伍建设，营造有利于出版人才脱颖而出的良好环境

一是建议管理部门多与国内名校名企合作，加强对出版领军人才的短期培训，以开阔其视野，培养其战略思维。二是深入推进出版创意高端人才培养和选拔工程，加大对出版行业高层次人才在享受政治待遇、获得专家荣誉等方面的政策倾斜，适当降低企业领军人才、专业人才和复合型骨干人才职称等条件的限制。三是加强紧缺出版人才队伍建设。针对当前出版单位少数民族语言文

字编辑人才队伍出现青黄不接的断层现象，建议有关部门联合中央民族语文翻译局、自治区民语委、壮校等开展民族语文人才合作培养机制，通过定向培养等方式为民文出版单位培养民族文字编辑出版人才，以充实民族文字出版人才队伍。为适应融合出版飞速发展的需要，还应加强对出版新业态紧缺人才的引进、培养工作，为广西出版转型升级和融合发展提供人才支撑。

2018年
广西蓝皮书
广西文化发展报告
行业发展篇

2017 年广西文艺评论家协会发展报告

楚玮娜 *

广西文艺评论家协会成立于 1995 年 12 月 6 日，原名为广西文艺理论家协会。2017 年 9 月，为了统一全国省级文艺评论机构名称，根据中国文艺评论家协会建议，经广西文联党组同意、经广西文艺理论家协会第五次代表大会通过，广西文艺理论家协会更名为广西文艺评论家协会。协会更名后，原机构性质和隶属关系不变，代表大会届次继续按历史沿革顺延排序。

广西文艺评论家协会的机构设置为：全区代表大会—理事会—主席团—秘书长。

协会现任主席为容本镇，副主席为唐春烨（常务，女）、王建平、黄伟林、李仰智、黄晓娟（女）、冯艳冰（女）、肖晶（女）、张柱林、罗勋、谢仁敏，秘书长为楚玮娜（女）。

全区 14 个市，共有 11 个市成立了市级文艺理论家协会，为广西文艺评论家协会团体会员，分别为南宁市文艺理论家协会、桂林市文艺理论家协会、防城港市文艺理论家协会、钦州市文艺理论家协会、贵港市文艺理论家协会、玉林市文艺理论家协会、百色市文艺理论家协会、河池市文艺理论家协会、来宾市文艺理论家协会、崇左市文艺理论家协会、贺州市文艺评论家协会。

---

* 楚玮娜，广西文艺评论家协会秘书长。

广西文艺评论家协会现有个人会员 460 人。其中，中国文艺评论家协会理事 5 人，会员 32 人。

近一年来，在广西文联党组的领导下，广西文艺评论家协会认真学习贯彻习近平总书记系列重要讲话精神和新理念新思想新战略，贯彻落实党的文艺方针政策，坚持"二为"方向和"双百"方针，坚持以人民为中心的工作导向，以高度的政治责任感和良好的职业精神，履职尽责，开拓创新，积极推动文艺理论评论工作取得新进展、新成效和新成果，为广西文艺事业繁荣发展和民族文化强区建设做出了积极贡献。

2017 年，广西文艺评论家协会在广西文联党组的领导下，在主席团及各位理事的共同努力下，在会员的大力支持下，深入学习贯彻落实党的十九大精神，积极主动服务大局、服务群众、服务文艺评论工作者，以高度的责任感、良好的精神风貌和扎实的工作作风，推动广西文艺理论评论事业不断向前发展。

一、砥砺前行，胜利召开第五次会员代表大会

2017 年 9 月 26 日—28 日，广西文联第十次代表大会在南宁召开。其间，广西文艺理论家协会于 9 月 27 日召开了第五次代表大会。大会在广西文联党组的领导下，在中国文艺评论家协会的指导下，取得了圆满成功。

在会议期间，参会代表们学习了自治区党委书记、自治区人大常委会主任彭清华和中国文联党组书记、副主席李屹，中国作家协会党组书记、副主席钱小芊，广西义联党组书记、主席洪波同志的重要讲话。分别审议并通过了题为《扎根人民　砥砺前行　谱写文艺评论工作新篇章》的广西理协第四届理事会工作报告、《关于广西文艺理论家协会更名为广西文艺评论家协会的决议》、《广西文艺评论家协会章程（修改草案）》等重要文件，选举产生了协会第五届理事会理事和主席团成员。

与会代表高度评价了容本镇同志在代表大会上所作的工作报告，认为该报告系统反映和总结了五年来协会的相关工作，主题鲜明，内容丰富，与时俱进，开拓创新。既回望历程、展望前程、描绘蓝图，也确定方向路径，成绩鼓舞人心，未来发展值得期待。同时，代表们也表示，第五次理代会是一次胜利的大会，振奋人心的大会，代表们将在大会精神的引领下，努力工作，为评论事业贡献自己的力量。

协会新一届主席容本镇表示，将带领协会充分学习领会贯彻落实习近平总书记系列重要讲话精神，认真贯彻落实会议提出的要求和发展目标，继往开来、奋发有为，扎根人民、团结协作，高举中国特色社会主义伟大旗帜，不断

开创广西文艺理论评论事业新局面，为实现"两个一百年"奋斗目标、实现中华民族伟大复兴而努力奋斗。

二、落实培训规划，加强会员培训

广西文艺评论家协会为加强对当前文艺创作的正确导向，更好地培养文艺评论人才，大力开展职业道德教育培训和专业培训活动。

（一）承办全国文艺评论家协会2017年度工作会暨第四期中国文艺评论家协会会员培训

近两年，按照中国文联的统一部署，全国文艺家协会会员培训正在如火如荼地进行，会员培训旨在加强对文艺工作者的思想引领、政治引领、价值引领，全面提升文艺工作者的思想政治素质和道德素养。经过广西文联和广西文艺评论家协会的积极争取，由中国文艺评论家协会、中国文联文艺评论中心主办，广西文联、广西文艺评论家协会承办的全国文艺评论家协会2017年度工作会暨第四期中国文艺评论家协会会员培训于2017年3月27日—3月31日在广西南宁举行。

来自西南、华南等10个省、自治区、直辖市的中国文艺评论家协会会员，25个省级文艺评论家协会主席、秘书长以及获得先进集体和先进个人代表等220余人参加了此次活动。广西文艺评论家协会获得2016年度中国文艺评论家协会工作先进集体。

在年度工作会上，各省级文艺评论家协会主席、秘书长相互交流了本地重点评论工作的开展情况，对如何贯彻习近平总书记系列重要讲话精神，加强文艺评论工作提出了有益的意见和建议。广西文艺评论家协会主席容本镇在工作会上做了重点发言。

这项活动的举办，对于广西文艺理论评论界在全国的地位和影响力有明显的提升，同时也拓宽了广西与全国文艺理论评论界的交流渠道。各省文艺评论家协会领导来到广西，带来了各省的文艺理论现状和各自对文艺理论评论工作发展的思考。在学习与交流中，广西文艺理论评论人采他山之石，学习到了许多宝贵的经验和有效的方法，也与大家建立了深厚的友谊。

（二）举办广西文艺理论评论高级研修班

2017年3月底，广西文艺评论家协会举办广西文艺理论评论高级研修班。高研班与第四期中国文艺评论家协会会员培训同期举行，中国文联党组成员、副主席，中国文艺评论家协会副主席郭运德，中国文艺评论家协会主席、中央文史研究馆馆员仲呈祥，中国文联原党组成员、副主席，中国文艺评论家协会副主席夏潮，中共中央党校教授、博士生导师李建华等为学员授课。授课专家就学习贯彻习近平总书记在全国文艺工作座谈会和中国文联十大、中国作协九大开幕式上的重要讲话精神，努力筑就中华民族伟大复兴时代的文艺高峰，加强和改进新形势下文艺评论工作，传承发展中华优秀传统文化与"创造性转化创新性发展"系统思想与领导创新能力，深入践行《中国文艺评论工作者自律公约》等内容做了精彩的授课。研修班在南宁举办，极大地拓宽了广西文艺理论评论界的视野和思维领域，专家们的授课和中国文联领导的讲话以一定的视域高度和理论深度，为广西文艺理论评论界关照外界和审视自我提供了更广阔的视野和更多样的方式。

三、创新工作机制，建立广西文艺评论基地

为深入贯彻习近平总书记系列重要讲话精神，贯彻落实中央、自治区关于繁荣发展社会主义文艺的相关文件精神，增强文艺评论的导向性、理论性、现实性和针对性，广西文联决定在全区建立广西文艺评论基地。广西师范大学、广西民族大学、广西师范学院、河池学院、广西艺术学院、广西社会科学院等6单位首批入选。2017年5月23日，首个广西文艺评论基地在广西社会科学院揭牌，标志广西文艺评论基地群建设进入实质运行阶段。随后，广西师范大学、河池学院、广西艺术学院、广西民族大学、广西师范学院陆续举行了揭牌仪式，并组织召开了理论评论研讨会。自治区党委宣传部、广西文联、评论基地依托单位领导等也十分重视评论基地设立工作，出席了揭牌仪式。

评论基地的设立，是创新工作思路，推动广西文学艺术各门类评论整体发展的一项重大举措。首批广西文艺评论基地创建具有强烈的示范和标杆意义，对探索建立文艺评价体系，营造文艺评论良好生态具有十分重要的影响。全区性的广西文艺评论基地的布局打造，发挥优势、突出特色，加强和改进文艺评论坚实的学术支撑、信息支撑和人才支撑。

各广西文艺评论基地根据所在单位特点及优势，坚持导向、弘扬主流，及时关注国内外、区内外文艺发展动态及成果，围绕文艺评论重点、热点话题，集聚文艺评论科研力量，对重大理论和实践问题展开集中攻关，形成对广西文艺评论工作具有指导性和支撑性的科研成果，发挥引导文艺创作、坚持正确方向、探索文艺规律、推介优秀作品、提高鉴赏水平、批评不良倾向等方面的重要作用，同时，发挥"文艺智库"功能，加强对中国与东盟国家文学艺术作品的推介与研究，促进对外文化交流，集中推出有价值、有分量、有影响的研究成果，打造文艺评论品牌，推动文艺评论创新发展，努力营造良好的文艺舆论氛围和健康的文艺生态，建设自治区级文艺评论学术平台。

四、出作品，出人才

（一）加大对本土作家作品的推介评论力度

广西文艺评论家协会十分重视对本土作家、作品的关注和评论。容本镇主席多次主持广西作家、艺术家作品研讨会，并撰写评论文章，《踏遍青山　行吟八桂——论石才夫的诗歌创作》获得了广西文学 2017 年度优秀评论奖。广西文艺评论家协会与《广西文学》联合开设了"批评·极美广西"一栏，对广西 2014—2015 年度四十九部优秀文学原创作品进行逐一评介，2017 年发表评论作品 10 篇。《广西日报》发表了《诗如流水——读〈广西诗歌双年展〉随感》《独特的乡土少儿世界——青年作家王勇英的南方写作》等一系列关注广西文学艺术创作及广西批评的评论文章。广西文艺评论家协会会员的评论文章《现实主义回归中的进军与突围》发表在《文艺报》并被《中国社会科学网》转载，《广西少数民族诗歌的"对话"性及其焦虑》发表在《民族文学》并被人大复印资料《文学研究文摘》转摘，《壮族身份认同中的民族寻根与文化守护——韦麒麟诗歌研究之一》被人大复印资料《现当代文学研究》转载。

（二）举办广西文艺评论 2017 年度推优活动

根据《中国文联、中国文艺评论家协会关于举办第二届"啄木鸟"杯中国文艺评论年度推优活动的通知》精神，广西文艺评论家协会于 2017 年 6 月举办广西文艺评论 2017 年度推优活动。广西文艺评论家协会按照广西文联领导的指示，广泛组织协会会员和文艺理论评论工作者报送作品参与，组织评审小组于 7 月初在南宁举行了推优评选工作。经过评委们严谨、公平、公正的评选，评出广西文艺评论 2017 年度优秀文章类作品 10 篇，优秀论著类作品 3 部，组织工作奖 3 名；并推荐了一批作品参加第二届中国文艺评论年度推优活动。

本年度推优活动的评选，主要依据当代性、地方性及评论性的宗旨，注重学术专著（论文）的在场感、新锐性及与当代文艺创作实践的磋商性对话。强调广西性（立足当代广西文艺创作的实际）、中国性（在中国当代文艺创作格局中的地位与贡献）与世界性（运用国际学术前沿的新视角、新方法进入和评论文艺创作）三者并重。获奖作品中，评论广西当代文艺创作的作品占 54%（其中专论当代少数民族文艺创作的作品占 38%），评论中国当代文艺创作现状及趋向的作品占 46%。评选讲求"接地气"的"评"和"论"，一些只论不评的纯理论飞行的"论述"和不能运用文化研究的新理论、新方法来评论文艺创作的"老旧"之评，均遭淘汰。

推优活动的评选，还遵从质量第一、多方并举的原则。不分作者是否生活在广西，也不按文学、美术、音乐、戏曲、电影等题材门类来分配名额，而首推学术质量高的论文（论著）。获奖作品中，文学类的评论占 46%，美术类的评论占 23%，音乐类的评论占 15%，电影动漫类的评论占 8%，综合性文艺评论占 8%。

一年一度广西文艺评论年度推优活动对推出真正优秀的年度评论作品，引导文艺评论的新风向，建设风清气正的文艺批评风气起到了积极的推动作用。

（三）编辑出版

为迎接广西十次文代会、五次理代会胜利召开，广西文艺评论家协会组织编辑出版了《广西文艺理论家协会二十年（1995—2015）》和《2012—2017年度广西文艺评论文选》。广西社科院文艺评论基地编辑出版了《广西社会科学院评论丛书》一套 7 本，并举办丛书首发式，向自治区党委宣传部、广西社科联、广西文化厅、广西新闻出版广电局、区直机关工委党校等赠书。

《广西文艺理论家协会二十年（1995—2015）》所收录的文稿，基本都是原汁原味的原始文献资料，旨在保留历史原初而真实的面貌，为读者一览协会二十年的峥嵘历程。《2012—2017年度广西文艺评论文选》是对五年来广西文艺评论总体风貌的回顾，广西文艺评论家协会一直努力推动和引导评论家们加强对各艺术门类的研究与评论，让文艺评论涵盖更多的艺术领域，更好地发挥文艺评论的作用。

（四）举办系列研讨活动

广西文艺评论家协会举办或参与举办了广西文艺评论现状与发展研讨会、广西文艺评论新格局研讨会、大型纪录片《丝路寻踪》主题研讨会、新时代文学创作座谈会暨黄少崇散文创作研讨会、《英雄人梦》首演座谈会、电视连续剧《红岸绝恋》剧本研讨会、《广西诗歌地理》新书发布会暨自媒体视域下的广西诗歌讨论会等。《文艺报》、光明网和光明日报公众微信号均对《广西诗歌地理》新书发布会暨自媒体视域下的广西诗歌讨论会开展了报道。广西文艺评论家协会会员在广西民族大学开展《美丽南方——广西影视创作》讲座。

（五）加强会员发展工作

2017年，经主席团会议审议通过，全年共发展广西文艺评论家协会会员三批共 37 人，推荐 3 人加入中国文艺评论家协会。

（六）推荐参加中国评协培训

推荐广西师范大学陆丽娟教授参加第三届全国文艺评论骨干专题研讨班。推荐陈远良、陆丽娟、滕志朋参加中国文艺评论家协会第六期会员培训。

五、强化驻会工作，不断增强运行保障能力

协会驻会工作人员认真贯彻落实民主集中制，严格执行广西文联党组决议，全年共召开主席团会议六次。严肃财经纪律，严格财务报销。积极参加机关党委组织的党建活动、七一诗歌朗诵活动。驻会工作人员精神饱满，积极上进，工作状态良好，形成运行有序的良好工作局面。

六、2018 年发展重点

展望 2018 年，在广西文联党组领导下，广西文艺评论家协会将高举旗帜，明确方向，砥砺前行，奋力谱写文艺理论评论工作新篇章。

（一）打磨好批评"利器"，肩负起批评职责

习近平总书记在文艺工作座谈会上的讲话中指出："要以马克思主义文艺理论为指导，继承创新中国古代文艺批评理论优秀遗产，批判借鉴现代西方文艺理论，打磨好批评这把'利器'，把好文艺批评的方向盘，运用历史的、人民的、艺术的、美学的观点评判和鉴赏作品，在艺术质量和水平上敢于实事求是，对各种不良文艺作品、现象、思潮敢于表明态度，在大是大非问题上敢于表明立场，倡导说真话、讲道理，营造开展文艺批评的良好氛围。"习近平总书记的重要讲话，为文艺理论评论工作指明了方向，明确了要求。广西文艺评论家协会要切实肩负起文艺批评家的职责和使命，勇于担当，主动作为。要坚持正确的历史观、民族观、国家观、文化观，不断增强中国特色社会主义道路自信、理论自信、制度自信、文化自信。要旗帜鲜明反对历史虚无主义，坚决抵制否定中华文明、破坏民族团结、歪曲党史国史、诋毁国家形象、丑化英雄人物和人民群众的作品和言行。要彰显信仰之美、理想之美、崇高之美、民族团结之美、家国情怀之美。在开展文艺研讨和批评的实践中，要学习和发扬鲁迅先生所倡导的"剜烂苹果"精神，"把烂的剜掉，把好的留下来吃"，做到褒优贬劣，激浊扬清，弘扬主旋律，传播正能量。

（二）围绕中心，服务大局

2018 年是改革开放 40 周年，也是广西壮族自治区成立 60 周年，在 60 年不平凡的发展进程中，广西各个艺术门类都留下了丰厚的成果和深深的足迹，广西文艺评论家协会将围绕自治区成立 60 周年，开展各种研讨活动，对各文艺门类的精品力作和文艺名家进行梳理和研讨，深入总结广西文艺的发展状况及所取得的成就。

（三）加强评论基地建设，推动评论基地差异性发展

已批准设立的 6 个广西文艺评论基地，要认真研究制定发展战略规划和年度工作计划，立足实际，整合资源，认清优势，明确定位，做到突出重点、凝练特色、错位发展。注重开展文艺研讨活动，加强理论研究与批评，努力推出创新性成果，把广西文艺评论基地建设成为推动文艺理论批评创新发展的重要

平台，成为推动广西文艺事业繁荣发展的重要力量。

（四）关注网络文艺发展，加强网络文艺批评

伴随着网络技术飞速进步而蓬勃发展的网络文艺，作者队伍庞大，作品数量浩瀚，艺术形式自由灵活，传播渠道快速便捷。面对充满生机与活力、发展潜力巨大的文艺新业态，文艺批评要热情关注，及时跟进，褒优贬劣，积极引导，以强大的理论勇气、活跃的思维能力和敏锐的批评触角，为网络文学、网络音乐、网络剧、微电影、网络演出、网络动漫等新兴文艺类型健康有序发展发出理性而有力量的声音。尤其鼓励和支持年轻批评家把更多的时间、精力投入到网络文艺的研究与批评之中，进而确立自己的主攻方向，形成自己的批评特色，构建自己的学术高地。

（五）加强青年评论人才培养，不断壮大文艺评论力量

充分发挥组织、协调、联络、服务职能，加强青年评论人才培养。通过安排参加研讨会、参与课题研究、外出考察交流、举办研修班、组织推优等方式和途径，为青年评论人才提供学习交流的机会和施展才华的舞台，促进青年评论人才成长，优化评论队伍结构，不断壮大文艺评论力量。

广西文艺评论工作者将在习近平新时代中国特色社会主义思想的指引下，坚定文化自信，坚持服务人民，勇于创新创造，坚守艺术理想，共同推动广西文艺评论和文艺事业蓬勃发展。

广西文化发展报告

广西社会科学院 编

专题分析篇

THE DEVELOPMENT REPORT OF GUANGXI'S CULTURE

2018年广西蓝皮书

广西文化发展报告

专题分析篇

筑就新时代广西舞台艺术高峰研究

邱玉红[*]

2016年11月30日，习近平总书记在中国文联十大、中国作协九大开幕式上发表了重要讲话，从中华民族伟大复兴战略高度，对文艺工作者提出了四点希望，寄语广大文艺工作者，牢记使命、牢记职责，不忘初心、继续前进，同党和人民一道，努力筑就中华民族伟大复兴时代的文艺高峰。

舞台艺术是文艺事业的重要组成部分，是人民群众喜闻乐见的艺术门类，是离人民群众最近的文艺样式。广西素有"歌海"之称，舞台艺术悠久绵长，底蕴深厚，璀璨多姿。以彩调剧《刘三姐》、山水实景演出《印象刘三姐》为代表的优秀舞台艺术作品享誉世界。面对已经到来的新时代中国特色社会主义壮丽图景，推动新时代广西舞台艺术事业繁荣兴盛，筑就新时代广西舞台艺术高峰，对于满足人民美好生活需要，增强人民精神力量，决胜全面建成小康社会，谱写新时代广西发展新篇章，具有不可替代的重要作用。

一、作品与特点

党的十八大以来，在习近平新时代中国特色社会主义思想的指引和激励下，广西舞台艺术工作者坚持以人民为

---

* 邱玉红，广西壮族自治区文化厅艺术处处长、副研究员。

中心的创作导向，聚焦中国梦时代主题，唱响新时代主旋律，努力创作桂风壮韵艺术精品。这些作品反映时代呼声、展现人民奋斗、振奋民族精神、陶冶高尚情操，为人民昭示更美好前景，为民族描绘更光明未来。

（一）讴歌脱贫攻坚

现代壮剧《第一书记》根据自治区党委选派 3000 名优秀机关干部进驻 3000 个贫困村担任第一书记的真实事件进行创作，生动塑造了勇于担当、热情执着、无私奉献的"第一书记"形象。《第一书记》参加了 2017 年全国基层院团戏曲会演，并已在全区 14 个市演出了 200 多场，在广大群众中引起了强烈的共鸣。反映植根乡村、精准扶贫的话剧《金银花开》入选文化部 2017 年度剧本扶持工程"征集新创剧目"戏剧类项目，全国共有 10 部剧本大纲入选。来源于扶贫工作、讴歌扶贫干部的小品《懒汉脱贫》登上了中央电视台三套《我爱满堂彩》栏目，节目一经播出，在互联网上广为传播，并被部分省区邀请参加演出。展示荔浦县广大村民为建设社会主义新型农村不懈努力奋斗精神的壮族末伦《堵寨门》入选参加全国曲艺、木偶剧、皮影戏优秀剧（节）目展演。歌曲《第一书记来山乡》入选 2017 年"美丽广西"优秀原创歌曲。

（二）歌颂时代楷模

响应习近平总书记向黄大年同志学习的号召，组织创作了歌颂时代楷模黄大年的现代壮剧《赤子丹心》，自治区四家班子领导、区直机关党员干部一同观看了首演并给予高度评价，在全区各地巡回演出引起了较大社会反响。2017年，现代壮剧《大山妈妈》入选文化部西部及少数民族地区艺术提升计划专家重点支持项目。现代壮剧《大山妈妈》以麦琼方收养、教育贫困失学的山里娃为故事主线，讲述一位草根慈善家、教育家扶贫助困，收养山区特困少儿的感人故事。一个个生动朴实的小故事将一个平凡而伟大的妈妈演绎得淋漓尽致。现代桂剧《校长爸爸》根据 2015"感动中国"年度人物广西都安瑶族自治县高中校长莫振高的事迹创作，让不少观众动容。

（三）礼赞民族英雄

拥有家国情怀的作品，最能感召中华儿女团结奋斗。2017 年 11 月 5 日至 6 日，壮剧《冯子材》作为第十九届上海国际艺术节唯一参演的少数民族地方戏，在上海戏剧学院实验剧院演出 2 场。壮剧《冯子材》对中华民族的英雄冯子材，心怀崇敬，浓墨重彩记录英雄、塑造英雄，让英雄在戏剧舞台上得到传扬，召唤和鼓舞现代人不断奋斗前进。壮剧《冯子材》作为国家艺术基金 2015 年度资助项目，入选第十五届文华大奖终评，并参加第十一届中国艺术节演出，荣登中宣部、文化部主办的 2017 新年戏曲晚会。2017 年是刘永福诞辰 180 周年。刘永福不屈不挠抗击侵略者的事迹，受到各族人民的无比景仰。大型原创历史粤剧《刘永福·英雄梦》再现了英雄刘永福一生最悲壮的时期——援越抗法回国后、甲午战争爆发时临危受命、跨海赴台、联合台湾军民共同抗日的英雄事迹，他关心体贴下属，优待士兵，安抚遗孤，团结台湾各路抗日力量协同作战，一致对外抗日的动人故事，所彰显的爱国情、夫妻情、战友情，情浓于水，感人至深。历史粤剧《关冕钧·铁路梦》描述清末民国初期，清代首任铁路大臣关冕钧带领有志之士冲破重重难关，设计建造了中国首条自己的铁路的伟大壮举，讴歌了詹天佑、李石开等民族有志之士。

（四）弘扬海丝文化

交响乐组曲《海上丝路》用音乐的语言抒发建设 21 世纪海上丝绸之路，实现中华民族伟大复兴的豪迈情怀，入选参加了第四届中国西部交响音乐周。舞剧《碧海丝路》赴香港参加第十八届"香江明月夜"系列文化交流活动取得成功，这艘由北海发出的"文化之舟"，开启了继前往马来西亚、斯里兰卡、韩国、瑞士、德国、比利时之后的第五度丝路之旅，又一次面向世界宣传广西，全面展示广西海洋文化和"海上丝绸之路"文化。歌曲《海知道》、舞蹈《海的女儿》等作品表达广西人民谱写海上丝路新篇章的壮志豪情。

（五）唱响民族团结

2016 年，壮族岩画音乐舞蹈诗《花山》参加了第五届全国少数民族文艺会演获剧目银奖。壮族岩画音乐舞蹈诗《花山》是穿行在时间旷野里的灵魂之舞，是激荡在美丽南方的精神之歌，是古老壮族勤劳、勇敢、奋斗的民族精神，是一部把原始的、真实的、神秘与神奇融为力量的史诗故事。新编传奇壮剧《牵云崖》讲述的是骆越壮乡远古时期的一个传奇故事，凄美而又真切。壮剧《牵云崖》姐妹俩由广西戏剧院壮剧团演员哈丹一人饰演，其细致入微的形象刻画，将心高气傲的姐姐俏来和秀外慧中的妹妹达莲姐妹俩的爱恨情愁表现得淋漓尽致。壮剧《牵云崖》结构紧凑，人物刻画细致、丰满，剧情跌宕起伏，鲜明刻画了心高气傲的姐姐和秀外慧中的妹妹相异的人物个性，淋漓尽致地将姐妹间的爱恨情仇呈现给观众，通过现实的教育，展现感人至深的自我救赎和良知复归的人性转变。壮剧《牵云崖》参加 2017 全国地方戏曲南方会演，入选 2018 年度国家舞台艺术精品创作扶持工程项目。20 年来，民族音乐剧《白莲》一演再演，精益求精，2017 年升级改版。民族音画《八桂大歌》诞生10 多年来，不断打磨，至 2017 年底在国内外整剧演出 4000 多场。舞蹈诗《侗》献演"一带一路"国际合作高峰论坛；到新加坡演出，新加坡总统等政要出席观看。魔幻杂技剧《百鸟衣》是艺术创新的结晶，戏剧与杂技艺术完美结合，用杂技的方式来演绎壮乡的爱情故事，把广西壮族的文化符号融入剧情当中，经典杂技与传奇故事天衣无缝地融合，虚实结合、美轮美奂的神奇景象构筑了一个奇幻炫目却又无比真实的艺术世界，形成独特的艺术风格与个性，将广西壮族的风情之美、人情之美、人性之美呈现在舞台上。《百鸟衣》不仅获得 2015 年国家艺术基金大型舞台艺术创作资助，剧中核心节目《蹬鼓》还获得了第十五届中国吴桥国际杂技艺术节银狮奖、偶像 2016 俄罗斯国际马戏艺术节银奖、第十二届武汉国际杂技艺术节黄鹤金奖。2017 年初，杂技剧《百鸟衣》在中越边境城市东兴市开始驻场演出，打造边境特色文化旅游产业品牌项目。《百鸟衣》还受到了新加坡、意大利、德国、匈牙利、奥地利等国家的热情邀请，将走向国外演出。群舞《风起苗舞》参加第二届全国少数民族优秀舞蹈展演，并入围第十一届中国舞蹈"荷花奖"民族民间舞终评。木偶歌舞剧《刘三姐与阿牛哥》入选参加全国曲艺、木偶剧、皮影戏优秀剧（节）目展演，获第六届中国木偶皮影中青年技艺传承展演"优秀指导教师""优秀技艺传承""最佳技艺传承"。

（六）抒写百姓情怀

浓得化不开的乡愁，一缕缕地从那碗桂林米粉里飘出来，弥漫在长长的岁月里……这就是广西话剧《花桥荣记》讲述的，由一碗桂林米粉串起的海峡两岸故乡情。2017 年 12 月 1 日、2 日，话剧《花桥荣记》进京参加全国话剧优秀新剧目展演季演出，在北京天桥艺术中心大剧场为首都观众奉献了两场精彩的表演。大型现代粤剧《风雨骑楼》为纪念梧州建城 2200 周年而专门组织创作，展现岭南文化、水上文化和骑楼商业文化，讲述梧州故事，表达梧州城市精神和品质。与传统粤剧不同，《风雨骑楼》在保留传统粤剧风貌的基础上，对戏剧结构和艺术手法进行了创新，采用更加适合年轻观众口味的呈现方式，在台词、音乐、舞蹈、场景等方面更注重体现现代性。儿童剧《壮壮快跑》舞台简约，全国首创现场摇滚乐队，中西融合木偶技艺，表现梦想之歌、亲情之美、友情之真。《壮壮快跑》荣获 2016 年度国家艺术基金大型舞台艺术作品资助项目，2017 年 6 月被列入广西第十四届精神文明建设"五个一工程"作品，并在第二届南充国际木偶艺术周上，儿童音乐剧《壮壮快跑》再次荣获"最佳剧目奖"和"优秀演奏奖"；2017 年荣获"第八届广西文艺创作铜鼓奖"、"广西优秀原创动漫作品"、"2017 年度广西优秀剧（节）目"、2018 年度国家舞台艺术精品创作扶持工程项目等奖项。歌曲《广西尼的呀》《美丽南方》《广西》《瑶山情》《走亲戚》等作品描画了美丽广西风采，表达了广西人民对家乡的无比热爱，对美好生活的憧憬和追求。

二、问题与原因

艺术创作有数量缺质量，有高原缺高峰的问题依然突出，留得下、传得开的作品不多。文艺评奖改革后，文化部文华大奖、中宣部"五个一工程"奖广西榜上无名；中央电视台春节联欢晚会，在历年有中央主要领导出席的"新年戏曲晚会"，广西参演节目不多。

（一）杰出艺术人才不多

筑就文艺高峰，人才是基础，队伍是关键。广西作为西部地区、边疆地区、少数民族地区，当前艺术创作中存在的有"高原"缺"高峰"现象，一个重要因素是人才"短板"，缺"高人"、缺能人、缺传人。编剧、导演、编导和音乐等高、精、尖人才，领军人才十分缺乏，本土主创人员年龄结构老化，中青年编创人员数量少、能力弱，总体专业水平不够高。文艺院团人员结构不合理，演员队伍青黄不接，普遍存在人才断层问题，全区市级文艺院团、县级文艺院团中，能够原创、自创具有一定质量作品的院团并不多见。戏剧文艺团体普遍缺乏挑大梁的角，唱、念、做、打俱佳的演员尤为稀缺，不少剧团难以演出整本的传统剧目，全区在职的获"梅花奖"演员只有 2 个。戏曲的发展离不开戏曲人才的培养。目前，开办戏曲班的有广西艺术学校、桂林市艺术学校、合浦县中等职业技术学校这三所，办学层次不高，师资力量不全，生源不稳定。

（二）艺术阵地不强

国有文艺院团是舞台艺术事业发展的主力军。文艺院团体制改革后，一些地方文艺院团被撤销、合并、划转、转企，文艺创作队伍减弱。目前，大部分市已没有专业文艺院团，县级文艺院团只剩下 8 个。大部分文艺院团合并、划转到群众艺术馆、文化馆、非物质文化遗产保护中心、艺术研究院所，舞台艺术创作、演出人员往往还要承担一些本单位的事务工作，创作、演出成了业余活动。一些地方文艺院团转制为文化企业，面临生存压力，往往为经济指标奔忙。有些年富力强的创作人才、演出人才流入教育部门和其他部门。

（三）引导支持力度不足

艺术创作本身需要发挥想象力，但引导创作必须有组织、有计划，具有前瞻性。一个大型舞台艺术作品创作不是拍拍脑袋就能上舞台的，从确定主题、方向、写好台本、排演再到推广，没有三年搞不成、搞不好。一段时间里，艺术创作存在随意性，一些艺术单位缺乏精益求精的工匠精神，急功近利，不经充分论证，选题随意，匆忙上马，有了剧本、争取到资金就排演。几个月创排一部大戏，也不注重对作品的打磨，艺术质量自然难以保证。作为文化主管部门，自治区文化厅每年只有几百万元的创作经费，难以对全区的戏剧、音乐、舞蹈、杂技、小品、曲艺等各门类艺术创作进行全面有效的扶持和引导。

（四）体制机制不活

艺术作品评价机制还不完善，还没有将专家评价、市场评价、群众评价很好结合起来。文艺院团体制机制改革有待深化，收入分配机制没有完善。受限于事业单位绩效工资总量，多创作艺术精品、多演出艺术精品，不一定多收入。建立"深入生活、扎根人民"主题实践活动长效机制，是精品创作的必由之路。目前深入生活热了起来，但"深不下去、扎不住根"的问题依然突出，蜻蜓点水、走马观花的现象没有得到彻底解决。一方面是因为组织工作不充分，相关制度不健全，配套条件不具备，保障、激励等长效机制没跟上；另一方面是由于各地各单位缺少对创作的规划，艺术家下去了也没有明确的目的，存在盲目性。

三、对策与建议

伟大的时代，呼唤伟大的作品。面对已经到来的新时代中国特色社会主义壮丽图景，广大文艺工作者应该感国运之变化、立时代之潮头、发时代之先声，创作出更好更多接地气、留得下、传得开的优秀作品，为新时代中国特色社会主义的伟大事业、为建设富强民主文明和谐美丽社会主义现代化强国鼓与呼，在史诗般的新时代写出新时代的史诗，谱写新时代中国特色社会主义文艺更加辉煌壮丽的广西新篇章。

（一）在艺术创作主旨方面，坚持"四个讴歌"

"社会主义文艺是人民的文艺""一切优秀文艺工作者的艺术生命都源于人民，一切优秀文艺创作都为了人民""人民需要艺术，艺术更需要人民"。人民的需要就是文艺存在的根本价值所在。坚持为人民服务、为社会主义服务，是我国文艺的根本方向，是党对文艺战线提出的一项基本要求，也是决定我国文艺事业前途命运的关键。

今天，中国特色社会主义进入了新时代。当代广西的壮丽画卷正在新时代中徐徐展开，不断激荡着人们的心灵。生逢伟大的新时代，应引导文艺工作者自觉运用艺术的手段向人类精神世界最深处开掘，用中国人独特的思想、情感、审美把握和反映这个伟大时代，坚持着力推出一批"讴歌党、讴歌祖国、讴歌人民、讴歌英雄的精品力作"，凝聚起同心共筑中国梦的强大精神力量。紧紧围绕人民追梦、圆梦的生动实践，聚焦人民的奋斗故事、身边感动，聚焦各行各业涌现的时代楷模、道德模范，展现人民追求幸福生活的美好理想，展现昂扬向上、奋发有为的时代风貌。

实施广西舞台艺术精品创作扶持工程，设立舞台艺术精品创作专项经费，发布"广西舞台艺术重点创作剧目名录"，并从中遴选"广西舞台艺术精品创作扶持工程重点扶持剧目"。坚持统筹协调、上下联动，努力形成策划一批、创作一批、演出一批的优秀作品创作生产机制。围绕广西各族人民同心共筑中国梦、谱写新时代广西发展新篇章的积极行动，围绕改革开放 40 周年、自治区成立 60 周年来的巨大发展成就，围绕广西的自然生态之美和民族文化特色，创作传世佳作，打造新时代伟大史诗。

（二）在艺术创作追求方面，坚持高标准的"三精原则"

精品之所以"精"，就在于其思想精深、艺术精湛、制作精良。"充实之谓美，充实而有光辉之谓大。"古往今来，文艺巨制无不是厚积薄发的结晶，文艺魅力无不是内在充实的显现。凡是传世之作、千古名篇，必然是笃定恒心、倾注心血的作品。那些叫得响、传得开、留得住的文艺精品，都是远离浮躁、不求功利得来的，都是呕心沥血铸就的。

坚持"思想精深、艺术精湛、制作精良"的标准，坚持"精益求精搞创作"，在主题提炼、内容表达、形式呈现等环节多下功夫。提高组织统筹水平，根据艺术创作生产的新情况新变化，精心设计施工，积极探索科学有效的工作机制。提高创作指导水平，牢牢把握创作方向，遵循艺术创作规律，尊重创作者的劳动。提高规划论证水平，建立健全重大题材、重点作品创作规划策划论证机制。在广西戏剧展演、广西音乐舞蹈比赛等艺术比赛展演中，开展"一剧一评"。加强艺术评论，出版图书《广西舞台艺术评论》。

（三）在艺术创作方法方面，坚持"两个深扎"

一切轰动当时、传之后世的文艺作品，反映的都是时代要求和人民心声。我国久传不息的名篇佳作都充满着对人民命运的悲悯、对人民悲欢的关切，以精湛的艺术彰显了深厚的人民情怀。文艺创作方法有一百条、一千条，但最根本、最关键、最牢靠的办法是扎根人民。创作出传世之作，必须深入生活、扎根人民，在丰富多彩的生活中汲取营养，用博大的胸怀去拥抱时代、深邃的目光去观察现实、真诚的感情去体验生活、艺术的灵感捕捉人间之美，才能够创作出伟大的作品。

组织引导广大艺术工作者深入基层一线，聚焦各族人民为实现中华民族伟大复兴中国梦努力奋斗的火热实践，聚焦各行各业涌现出来的英模人物，真正了解生产生活实际和先进人物典型事迹，从平凡中发现伟大，从质朴中发现崇高，推出一批有筋骨、有道德、有温度的优秀作品。建立"深入生活、扎根人民"长效机制，用足用好创作基地，评选表彰广西"深入生活、扎根人民"先进典型，让"深入生活、扎根人民"常态化，在经济政策、业绩考核、职称评定、表彰奖励等方面提供保障，为艺术工作者蹲点生活、挂职锻炼、采风创作提供必要的工作条件。举办全区基层院团地方戏曲优秀剧目展演、全区"深入生活　扎根人民"小戏小品创作成果展演、全区"深入生活　扎根人民"音乐创作成果展演，集中展示"深入生活、扎根人民"的创作成果。

（四）在艺术创作力量方面，坚持持之以恒建设好"一支队伍"

提升文艺原创力，推动文艺创新，关键靠人才。文艺事业要实现繁荣发展，就必须培养人才、发现人才、珍惜人才、凝聚人才。以培育一大批高水平创作人才、造就一大批名家大师来保证精品力作不断问世，用丰硕的创作成果彰显新时代社会主义文艺的繁荣兴盛。十年树木百年树人，培养高水平创作人才，造就名家大师，是一个伟大工程，需要坚持不懈长期努力。

坚持问题导向，不断深化国有文艺院团改革，扶持国有文艺院团发展，进一步创新体制机制，健全政策保障体系，提高文艺院团发展活力。实施艺术和技术岗位职务序列改革，建立相配套的薪酬体系。制定标准将演出收入用于演职人员激励，纳入收入分配管理。提高国有文艺院团高级职称比例，主要用于鼓励青年艺术人才。突出表彰宣传戏剧艺术优秀人才。戏曲院校是戏曲人才培养与输送的"后备军"。广西艺术学校是广西3所戏曲人才培养学校之一。建议支持广西艺术学校戏曲专业建设发展，将广西艺术学校升格为广西戏曲学院。

在培养优秀创作人才过程中，要做到政治上充分信任、思想上主动引导、工作上创造条件、生活上关心照顾，多为文艺工作者办实事、做好事、解难事，营造有利于出人才、出精品的良好环境。特别是对待生存在新文艺群体内的创作者和独立创作者，更要关怀支持，为他们提供必要的学习、生活和创作条件，鼓励他们创作高水平文艺作品。打破体制的限制，不管是体制内还是体制外，有好的作品一样支持。通过加大资金扶持来培养我们本土的艺术人才，促进艺术创作真正实现百花齐放、百家争鸣。面向国内外引进优秀艺术创作人才，建立优秀艺术创作人才引进绿色通道。把艺术战线的力量发动起来，把人民群众中蕴藏的创作能量激发出来，推动舞台艺术百花齐放。

2018年

广西蓝皮书

广西文化发展报告

专题分析篇

广西广电事业发展现状问题及对策分析

李　雁　莫筱华[*]

2016 年是"十三五"开局之年，也是广播影视技术与新一代信息技术融合发展的一年，广电传统媒体与新媒体的加速融合给传统广播电视事业发展带来新的机遇和要求，广电融合发展精彩纷呈也任重道远。在自治区党委、自治区人民政府正确领导下，广西广播电视业以改革创新为动力，牢牢把握正确的舆论导向，大力弘扬社会主义核心价值观。全区广播电视从业人员逐步增加，广播电视人口覆盖率、电视用户总数、广播电视收入平稳增长，效益逐步提高，在广播电视宣传、广播电视事业建设、广播电视产业等方面都取得较好成绩。广西广播电视事业良好的发展态势，将推动广西文化产业的发展。

一、广播电视事业发展态势良好

（一）广播电视人口覆盖率和电视用户总数增加

截至 2016 年底，全区广播综合人口覆盖率为 96.9%，比上年提高 0.16 个百分点，电视综合人口覆盖率为 98.4%，比上年提高 0.09 个百分点；全区有线广播电视实际用户数 690.42 万户，比上年增长 3.05%，数字电视用户总数

---

* 李雁，广西壮族自治区统计局社科处调研员；莫筱华，广西壮族自治区新闻出版广电局规划财务处副处长。

510.47 万户，比上年增长 6.3％，有线广播电视入户率 43.82％，广播电视人口覆盖率和电视用户总数增加。

（二）广播电视收入平稳增长，三网融合收入增速较快

2016 年新媒体新业务得到健康发展，网络广播电视等新媒体新业务发展成为新的收入增长点。截至 2016 年底，全区广播电视总收入为 64.13 亿元，比上年增长 0.5％。全区广播影视实际创收收入 53.34 亿元，现在，互联网已经成为现代信息社会的核心基础架构，成为各行各业信息化的基础设施，包括云计算、物联网、大数据、智慧城市等新兴的技术应用与创新业务都需要互联网的支撑，全区广播影视经营创收收入中，网络收入 27.78 亿元，比上年增长 14.09％，三网融合业务收入 2.78 亿元，比上年增长 19.32％，广告和网络收入占全区广播影视经营创收收入的 67.2％。

（三）广播电视从业专业技术人员增速高于从业人员增速

2016 年底，全区广播电视共有行政机构 91 个，省级 1 个，地市级 14 个、县级 76 个；广播电视报社 9 个，省级 1 个，地市 8 个，电影公司 42 个。全区广播电视从业人员 1.77 万人，比上年增长 4.22％，其中专业技术人员 1.07 万人，比上年增长 5％，占从业人员的 60.54％，广播电视从业专业技术人员增速高于从业人员增速。

（四）少数民族语言类节目覆盖率达到 94.28％

繁荣和发展少数民族广播影视艺术事业，推进国家级少数民族文化事业载体建设，尊重、使用和发展少数民族语言文字，推进少数民族语言文字的规范化、标准化和信息化工作，是义化大发展大繁荣的需要，进一步加强广西少数民族语言广播电影电视节目的译制、制作能力，提高边境地区少数民族语言广播电视覆盖率也是广西广播电视制作的一个重要任务。近年，广西人民广播电台、广西电视台的壮语节目均在卫星频率和卫视频道播出，覆盖方式通过无线、有线、卫星传输。截至 2016 年底，广西少数民族语言广播覆盖率 94.28％，少数民族语言电视覆盖率 95.76％。

（五）广播电视宣传力度增加，播出时间增加

广西广播电视宣传力度不断加大，在播出时间、节目类型、节目制作上都有进一步的提高。各种节目类型广播电视节目播出时间均有不同程度增加，2016 年全年公共广播节目播出时间 40.12 万小时，比上年增加 2.43 万小时，增长 6.44％。2016 年全区新闻资讯类广播节目播出时间 9.98 万小时，综艺益智类广播节目播出时间 10.23 万小时，广播剧类广播节目播出时间 1.1 万小时，广告类广播节目播出时间 2.88 万小时，其他类节目播出时间 10.07 万小时。

全年对国内公共电视节目播出 59.58 万小时，比上年增长 3.3％。2016 年全区新闻资讯类电视节目播出时间 10.67 万小时，专题服务类节目播出时间 7.2 万小时，影视剧类电视节目播出时间 23.43 万小时，综合益智类电视节目播出时间 3.2 万小时。

（六）广播电视事业建设稳步发展

广西广播电视事业建设稳步发展，2016 年广播综合人口覆盖率 96.9％，比上年增加 0.16 个百分点，电视综合人口覆盖率 98.4％，比上年增加 0.09 个百分点，从覆盖节目和覆盖方式上都有进展。

二、发展中存在的问题

（一）三网融合收入增幅虽快但市场占有率较低

2016 年三网融合业务收入增速较快，达到 19.32％，但是广电部门的宽带业务市场占有率较小，电信网、广播电视网及互联网原有的并列关系有所改变，电信和移动等更多控制互联网核心资源，而广电网络在互联网和电信网方面起步晚，技术及业务都不及电信和移动成熟，不能形成有效的竞争，"三网融合"政策双向进入和有效竞争的基础目标并未实现。

（二）广告收入降幅较大，新增收业务亟待拓展

全区各行业广告收入同比持续下降，2016 年全区广告经营额 19.5 亿元，同比减少 22％（工商局数据），广电部门的广告收入也是下降趋势，2017 年 1—11 月全区广播电视实际创收收入中累计广告收入 63568.22 万元，同比下降 3.62％，其中主要是电视广告收入同比持续下滑。在新增业务中网络收入同比由增长转为有所下降，主要是受到其他网络收入同比下滑影响所致，广播电视网络互联网收入增幅比上年回落，广播电视网络互联网收入虽然持续增长，但因广播电视网络互联网起步晚，相比其他电信运营商来说，广电的宽带业务市场占有率非常微小不能形成有效的竞争，因此当前存在广告收入降幅较大，新增收业务亟待拓展的问题。

（三）创作满足人民群众需求的作品力度有待提升

党的十九大报告指出，我国社会主要矛盾已经转化为人民日益增长的美好生活需要和不平衡不充分的发展之间的矛盾。当前广电事业发展也需要解决创作更多人民日益增长的美好生活需要的文化艺术作品，广电人员整体素质、业务水平、服务理念等与人民群众的要求都有一定的差距，需要不断加强学习，加大创作力度，更新观念，创新思路，同时搞好有线广播电视传输覆盖网的管理，搞好综合治理等社会系统工程，在加强宣传教育、组织管理、制度建设等方面做更多的工作。创作和传输好满足人民群众需要的广播电视作品。

三、进一步推动广西广播影视业发展的对策建议

（一）深入推动媒体融合取得新突破

党的十八大以来，习近平总书记从巩固宣传思想文化阵地、壮大主流思想舆论的高度，对媒体融合发展亲自部署、亲自推动，要求媒体融合尽快从相"加"阶段迈向相"融"阶段，从"你中有我、我中有你"向"你就是我、我就是你"转变。2016年广西三网融合收入增速较快，未来要继续突破融合发展的关键节点，加快流程再造，着力打造三网融合媒体服务，建立智慧化传播的新型主流媒体；打通制作生产环节，推进制作流程一体化、资源共享便捷化，实现内容产品融媒化；构建支撑业务运营、媒体服务的集成播控平台，推进内容的碎片化集成的传播分发媒体，满足个性需求应用，实现创新运行管理，一体化配置资源，取得融合一体化的实质飞跃。

（二）依托"十三五"规划强化顶层设计，提升竞争力

国家新闻出版广电总局下发通知（新广发〔2017〕150号），向各省、自治区、直辖市新闻出版广电局正式印发《新闻出版广播影视"十三五"发展规划》（公开版），要求各相关单位结合实际，认真贯彻落实。自治区新闻出版广电部门在强化顶层设计，重点推进产业集约化、产品精品化、对外传播影响力扩大化的基础上，一是全力推进重大改革事项，促进产业发展集约化和管理现代化；二是精心组织策划引导，推动广西新闻出版广播影视精品创作；三是自觉担当、勇于创新，提升对外交流合作和国际传播能力。广西与多个国家和地区达成合作出版、版权贸易图书300多种，实现中国少儿动画片首次在柬埔寨播出等，都体现出顶层设计的强化提升了行业竞争力。

（三）加大少数民族影视制作，努力创作更多好作品

2016年，广西共制作译制少数民族广播节目时间2423小时，比上年增加464小时，增长23.69%，全年制作译制少数民族电视节目时间1308小时，比上年下降12%。在当前弘扬广西精神的新时期，少数民族语言广播影视节目译制是广播电视事业的重要组成部分，加强少数民族语言广播影视节目译制是贯彻党的民族政策的重要内容，也是民族团结，促进和谐统一发展的必然要求。要壮大发展少数民族广播影视事业需要扶持少数民族语言广播、电影、电视节目的译制、制作和播映，扶持少数民族语言文字出版物的翻译、出版的工作力度，努力提高少数民族节目制作时间。多制作一些少数民族广播影视节目，进一步加大资金投入和加强影视译制队伍建设，实施精品战略，促进译制节目繁荣，同时要进一步加强对影视节目少数民族语言译制的管理。实现面向群众，认真贯彻落实"贴近实际、贴近生活、贴近群众"的要求，并重点打造"四大

惠民"工程满足各年龄层次的需要。

（四）提升科技支撑作用，促进广播影视业发展

随着时代的进步和社会的发展，人民群众对精神文化和信息资讯的需求越来越多，有线电视已经到了模拟向数字升级换代的阶段。特别是夯实融合发展上需要技术支撑，需要加快广播电视智慧化发展，推进自治区级地市级广播电视台高清制播能力建设，提升科技支撑作用，推进有线无线卫星传输网络互联互通和智能协同覆盖，构建宽带、融合、安全、泛在的新一代广电信息化基础设施和现代传播体系。当前有线电视数字化是适应科技发展、实现广播影视跨越式发展的必然选择，是巩固和加强宣传思想阵地、满足人民群众日益增长的精神文化生活需求的重要举措，推进广西有线电视数字化十分必要。为了使有线数字电视在短期内形成规模，在家家户户得到普及，让普通大众承担得起、享受得起数字电视，需要进行数字化整体转换，发挥现有资源最大效益，满足亿万有线电视用户的需求。

广西广播电视公益广告发展的必要性及现状对策研究

薛山明　梁炎堃[*]

2018年
广西蓝皮书
广西文化发展报告
专题分析篇

近年来，广西广播电视公益广告制作和播出工作卓有成效，制作表现手法多样，主题紧扣中国梦、讲文明树新风、社会主义核心价值观，内容表达入情入理，紧贴广西特色，播出力度不断加大，社会影响力和传播力明显，观众反应热烈，在全区社会主义精神文明建设中起到了积极作用，但也不可避免存在一些制约事业发展的突出问题。本文拟通过剖析广西广播电视公益广告事业发展必要性、现状及存在问题，展望其前景并提出提高广西广播电视公益广告制播、管理水平的对策、建议。

一、公益广告的定义及基本内容

（一）公益广告的定义

公益广告是政府或部门、社会公益团体、企事业单位组织或个人通过各种传播媒介，采用艺术性的表现手法，为社会广大公众制作发布的不以盈利为直接目的，而以传播公益观念、服务社会公共利益为目的的一种非商业性广告。

---

* 薛山明，时任广西壮族自治区新闻出版广电局传媒机构管理处处长；梁炎堃，时任广西壮族自治区新闻出版广电局传媒机构管理处主任科员。

（二）公益广告的主题

公益广告的主题主要包括以下三方面：

1. 社会主义核心价值观主题（24字）

富强、民主、文明、和谐、自由、平等、公正、法治、爱国、敬业、诚信、友善。

2. "讲文明树新风"主题

（1）弘扬中华优秀传统文化。中华文化孕育了中华民族宝贵精神品格，培育了中国人民的崇高价值追求。深入挖掘和阐发中华优秀传统文化讲仁爱、重民本、守诚信、崇正义、尚和合、求大同的时代价值，引导人们自觉践行中华美德，传承中华文化。

（2）倡导助人为乐、团结友善的价值追求。弘扬雷锋精神，引导人们积极投身学雷锋志愿服务，推动学雷锋志愿服务制度化常态化。

（3）加强诚信教育。倡导诚实守信社会风尚，引导人们讲诚实、重信用、守承诺，树立守信光荣、失信可耻的价值观念。

（4）培育勤劳节俭观念。倡导继承发扬中华民族吃苦耐劳、戒奢克俭的优良传统，倡导节粮、节水、节电、节约钱物，鞭挞好逸恶劳、铺张浪费、豪华奢靡之风。

（5）传承孝道和敬老风尚。弘扬中华孝道，宣传好家风、好家训，引导人们养成孝敬父母长辈、敬老助老的良好品质。

（6）倡导文明旅游。引导人们摒弃旅游中的陋习，践行文明礼仪，遵守道德规范，树立"文明古国、礼仪之邦"的良好形象。

（7）宣传保护生态环境。引导人们尊重自然、支持和参与环保活动，建设美丽中国。

（8）树立社会主义法制观念。普及法律知识，增强全社会学法守法用法意识。

3. 中国梦主题

围绕宣传中国特色社会主义和中华民族伟大复兴的中国梦，培育社会主义核心价值观。

（三）公益广告传播的基本内容

公益广告传播的基本内容包括社会广泛关注的社会生活的方方面面，其写作题材与内容之广可以说是无所不包，凡涉及社会公共利益、公共道德观念、公众关心的各类社会化话题，都可成为公益广告写作和传播的内容。公益广告宣传的内容大致包括如下几类：

1. 社教类

社会教化常常是公益广告宣传的一个最重要的内容，包括见义勇为、自由平等、反对战争、反对贪污、反对邪教、反对暴力、节约用水、安全用电、公共礼节、自立自强、尊师重教、尊重知识、关心弱势群体、睦邻友好、团结互助、诚实守信、爱岗敬业、孝敬老人、爱护儿童、男女平等等等，大凡这些包括社会公德、家庭美德、职业道德、个人修养等社会教化内容的宣传都受到广大受众的欢迎与重视。

2. 公共服务

公共服务内容的宣传正好体现了公益广告公益性的特点，其内容常常体现为生活常识、交通安全、用电安全、防火防盗、行业文明、打击犯罪、抵制毒品、关注就业、援助教育、知识产权、反对假冒伪劣产品、绿色消费、爱护公共财产与设施、营养健康、医保政策、捐献器官、义务献血、预防艾滋等。

3. 生态保护

生态保护是公益广告不可或缺的部分，常见的内容包括：保护水质、爱惜土地、防止水土流失、植树绿化、森林保护、禁止滥砍滥伐、防止森林火灾、保护鸟类、保护稀有动物、预防雾霾、保护资源、节约资源、城市环保、防止噪音、绿色出行、低碳生活等。

4. 慈善救助

慈善救助体现公益广告扶贫济困、服务公共利益的性质。在公益广告的创作中，对弱者的同情与关注经常占据重要分量。具体内容表现为：扶贫助残、关怀残障、关注灾区、支援灾区、捐衣捐物、捐献骨髓、希望工程、牛奶工程、免费午餐、失学救助等。

5. 政府政治

政府政治的内容体现了国家民族的利益，包括：反映政府形象的，如军事实力、国防军备、祖国统一、倡导和平、对外政策等；号召国民积极行动的法纳税、人口普查、参军拥军、计划生育、遵纪守法、打击犯罪、下岗再就业等；宣传民族文化的，如关于历史遗迹、文物保护、民族传统、民族风俗、破除迷信、革命传统教育、节日庆祝等①。

二、广播电视公益广告的重要作用及发展必要性

（一）广播电视公益广告的重要作用

从公益广告的定义和主题、内容可以看出，公益广告的基本作用就是传播公益观念，为社会公共利益服务，促进人与自然、人与社会的和谐发展。从字面上也可看出，"公益"实际上也就是"公众受益"的意思。公益广告的传播

---

① 钟应春、彭小球：《公益广告传播的基本内容及其作用》。

对一般社会受众、广告主、专业广告人、广告媒体，对社会进步、经济发展、广告市场等都会产生不可或缺的积极作用。

而广播电视公益广告则在传播公益观念的过程中，通过其独特的生动的形象，优美的画面，丰富的音响，优美激荡的音乐，感人至深的语言，润物无声的表达，潜移默化地弘扬社会公德、家庭美德和个人品德，有效传递了社会主义核心价值观和正能量，使全社会产生强烈心理共鸣和精神激荡，使公益广告显示独有的魅力，为促进社会主义精神文明建设和公民素质提升发挥了独特的积极作用，受到全社会的普遍欢迎和国家的重视。

（二）国家法律、法规及部门规章对广播电视公益广告工作的要求

鉴于公益广告、特别是广播电视公益广告在社会主义精神文明建设和公民素质提升中发挥的独特的、不可或缺的重要作用，国家法律、法规及部门规章对广播电视公益广告工作有着明确的要求：

第一，《中华人民共和国广告法》（2018年修订）第七十四条规定："国家鼓励、支持开展公益广告宣传活动，传播社会主义核心价值观，倡导文明风尚。大众传播媒介有义务发布公益广告。广播电台、电视台、报刊出版单位应当按照规定的版面、时段、时长发布公益广告。公益广告的管理办法，由国务院市场监督管理部门会同有关部门制定。"

第二，《广播电视管理条例》第四十二条规定："广播电台、电视台播放广告，不得超过国务院广播电视行政部门规定的时间。广播电台、电视台应当播放公益性广告。"

第三，《广播电视广告播出管理办法》第六条："广播影视行政部门鼓励广播电视公益广告制作和播出，对成绩显著的组织、个人予以表彰。"

第十六条："播出机构每套节目每日公益广告播出时长不得少于商业广告时长的3%。其中，广播电台在11:00至13:00之间、电视台在19:00至21:00之间，公益广告播出数量不得少于4条（次）。"

第三十二条："因公共利益需要等特殊情况，省、自治区、直辖市以上人民政府广播影视行政部门可以要求播出机构在指定时段播出特定的公益广告，或者作出暂停播出商业广告的决定。"

第四，国家工商行政管理总局、国家互联网信息办公室、工业和信息化部、住房城乡建设部、交通运输部、国家新闻出版广电总局等部门发布的《公益广告促进和管理暂行办法》指出："国家鼓励、支持开展公益广告活动，鼓励、支持、引导单位和个人以提供资金、技术、劳动力、智力成果、媒介资源等方式参与公益广告宣传。"并详细规定各类广告发布媒介均有义务刊播公益广告及刊播的形式、时长等。

第五，自 2013 年起，中宣部、中央文明办、国家网信办、工业和信息化部、工商总局、新闻出版广电总局每年均部署开展"讲文明树新风"公益广告宣传活动，要求各级各类媒体媒介按照"八大选题"在重要版面、黄金时段和显著位置持续刊播公益广告，形成传播先进文化、传扬新风正气的强大声势。

（三）中央领导高度重视广播电视公益广告工作

党的十八大以来，广播电视公益广告宣传呈现快速发展的良好态势，数量迅猛增长，质量大幅提升，涌现出了一大批主旋律响亮、正能量强劲的优秀作品，广播电视公益广告的作用和影响日益扩大，得到了中央领导的肯定和社会各界的认可。以习近平同志为核心的党中央，非常重视公益广告输出正能量的作用，指示相关部门开展各类公益广告创作、展播活动，加大公益广告推广力度。

（四）国家新闻出版广电总局高度重视广播电视公益广告工作

2013 年以来，国家新闻出版广电总局认真贯彻中央有关精神，将公益广告纳入广播电视总体宣传来部署和落实，制定出台繁荣发展公益广告的措施，努力推进全国广播电视公益广告工作：一是每年均筹措 1000 万元以上经费设立广播电视公益广告专项资金扶持项目，制定《广播电视公益广告扶持项目评审办法（试行）》，提升各地广播电视公益广告数量和质量，促进广播电视公益广告健康持续发展。二是联合禁毒、税务、环保、安全生产、知识产权、老龄等部门自上而下联合开展公益广告创作展播活动，对优秀作品、优秀传播机构给予资金扶持，为各地各机构参与公益广告宣传活动提供了更多的政策支持和资金保障。

（五）各省广电行政部门高度重视广播电视公益广告工作

总局设立广播电视公益广告专项资金扶持项目产生了巨大的推动作用，带动了地方各级管理部门和播出机构的长效机制建设。北京、河北、广东、江苏、福建、四川、重庆、黑龙江、吉林、河南、云南、宁夏等省（自治区、直辖市）广电行政部门向当地财政申请专项资金用于公益广告创作生产和购买。

江苏省局向社会公开采购主题公益广告电视作品，统一纳入"全省广播电视公益广告优秀作品库"，无偿供给全省广电媒体和影院等单位免费播出；安徽省局发挥省级专项扶持资金的引导作用，通报表彰全省优秀扶持项目[①]；吉林省委宣传部、工商局、新闻出版广电局印发《关于进一步推进全省广播影视公益广告创新发展的通知》，把公益广告制播作为推进广告经营转型升级的有力措施并谋划与影视节目制作机构、高等院校联合成立省级公益广告重点制作工作室；广东省局创新促进公益广告供给侧改革，搭建供需对接平台聚合分散

---

① 国家新闻出版广电总局传媒机构管理司《传媒管理工作参考》2018 年第 1 期。

的财政资金和社会力量锻造出一批优秀作品；福建省局与省工商部门联合印发《关于加快推进广播电视广告供给侧改革 建设绿色广电媒体的意见》，由工商部门牵头设立"福建省公益广告发展基金"，广电部门设立广播电视公益广告扶持资金并重点推进公益广告精准扶贫①。

三、广西广播电视公益广告发展现状

广西广播电视公益广告工作在自治区党委宣传部和自治区新闻出版广电局的领导、引导、扶持下取得了长足的进步，成效显著，但也还存在重视不够、缺乏有效运作机制及发展不平衡等问题。

自 2013 年以来，自治区新闻出版广电局深入贯彻落实中央精神和总局部署，坚持规范管理和科学引导，组织、指导全区广播电视播出机构持续加大公益广告制播投入力度，不断提高制播数量和质量，不断扩大宣传影响，优化工作机制，积极动员社会力量参与，受到社会各界欢迎和好评。

（一）创作生产和播出取得新成效

近年来，自治区新闻出版广电局组织各级广电行政部门和播出机构围绕中国梦、"讲文明树新风"、社会主义核心价值观及宣传党的十九大精神等主题，积极开展公益广告展播活动，广播电视公益广告制作和播出数量大幅提升。据不完全统计，全区各级广播电视播出机构 2013 年制作公益广告 8500 余条，播出超过 80 万条（次）；2014 年制作公益广告 6000 余条，播出超过 110 万条（次）；2015 年制作公益广告 5800 余条，播出 150 万余条（次）；2016 年制作公益广告 7100 余条，播出 81 万条（次）；2017 年制作公益广告 8700 余条，播出 257 万条（次）②。

由于组织工作的出色，自治区新闻出版广电局及一些播出机构得到了总局的充分肯定。其中，原自治区广电局荣获"2013 年度全国广播电视公益广告管理工作示范单位"，广西人民广播电台荣获全国"2013 年度全国广播电视公益广告制作播出示范单位"，自治区新闻出版广电局荣获全国"2013—2014 年度广播电视公益广告制作播出优秀组织单位"，自治区新闻出版广电局荣获 2017 年全国税收公益广告作品征集活动优秀组织单位。

（二）长效机制建设取得新进展

建立健全长效机制是广播电视公益广告持续发展的重要保障。

一是筹措经费。自 2013 年以来，自治区新闻出版广电局每年均在本级经费

---

① 国家新闻出版广电总局传媒机构管理司《传媒管理工作参考》2018 年第 2 期。
② 数据来源：广西壮族自治区新闻出版广电局统计数据。

中筹措 80 万元～100 万元用于优秀作品的创作、生产和对优秀传播机构的扶持。

二是建立并完善"广西广播电视优秀公益广告作品库"。从 2013 年起，在局官网开辟公益广告作品库专页，每季度评选一次优秀作品入库供各级播出机构选播，进一步拓宽了各级播出机构的公益广告节目源，搭建了精品公益广告展示平台。

三是坚持突出区局本级精品公益广告创作生产的示范带头作用，紧紧围绕社会主义核心价值观、人民群众关注点、党委政府中心工作、广西民族特色、民族团结等由区局组织创作了《民族团结》《传递大爱幸福中国》等系列公益广告，在全社会播出后反响强烈。

四是坚持"以赛代练"。每年均组织全区广播电视公益广告优秀作品评选。组织开展多种类型的公益广告创作大赛、评比，在充分利用社会资源征集优秀作品的同时对各级广播电视播出机构下达硬性指标。

五是发挥总局广播电视公益广告扶持项目的导向作用，做好选优推荐，在广播电视公益广告领域唱响"广西品牌"。2013 年至今，广西每年均有一批广播电视公益广告项目和播出机构获得国家新闻出版广电总局专项资金奖励扶持，分别为 2013—2014 年获得 54 万元，2014—2015 年获得 31 万元，2015—2016 年获得 40 万元，2016—2017 年获得 22 万元[①]。

总局及区局的公益广告系列发展政策及扶持措施也带动了区内各级广电管理部门和播出机构的长效机制建设。许多地方也纷纷向当地财政提出设立专项资金申请或者从广告创收中划拨资金用于公益广告创作生产。一些经费并不宽裕的县级广播电视播出机构也设立了数万元的公益广告资金用于扶持优秀作品。例如：

广西电视台加大公益广告播出力度，打造区内一流公益广告传播机构，部分地面频道公益广告播出时长已占广告总时长的三成多；安排专门力量创作生产公益广告，积极承接自治区纪委、宣传部、新闻出版广电局、妇联等部门公益宣传项目，打造出了《清风自在》《无人菜市》《迎接党的十九大公益广告系列》等精品佳作。广西电台坚持创建"绿色频率"全面停播医药广告，强化本台公益广告创作生产能力，公信力和影响力显著提升，取得了良好的社会效益并间接提升了经济效益。

南宁电视台、柳州广播电视台、桂林电视台、北海电视台、桂林电台、梧州电台等地市级播出机构在健全管理制度和激励机制上狠下功夫，对公益广告的创意制作、播出编排、主持人代言、新媒体传播和活动推广等进行全面统

---

① 数据来源：广西壮族自治区新闻出版广电局统计数据。

筹、规范，并建立考核、评比等激励机制。这些制度的建立，确保了公益广告运作的基本经费，也一定程度上激发了创作人员的积极性，使得本台包括公益广告制作在内的节目制作能力有所提升，公益广告作品在历年的各类比赛、评比中均有所斩获。龙胜、平乐、兴安、恭城、合浦、宜州等县级播出机构也从有限的经费中划拨专门资金用于公益广告创作传播，并结合当地实际取得了良好的效果。

（三）传播能力建设取得新成绩

在媒体融合的新形势下，各地不断加强传播能力建设，进一步扩大了广播电视公益广告的传播覆盖渠道，构建立体传播体系。既有传统的频率频道、数字电视、移动电视、报纸、刊物等渠道，也有户外大屏幕、楼宇电视、高速路牌、施工围挡等其他经营性渠道，还包括互联网、手机、"两微一端"等新媒体平台。通过全方位、多渠道的立体传播，营造出"公益宣传常相伴"的浓烈宣传氛围。仅广西电视台近年来通过移动电视频道等终端播出公益广告，覆盖南宁市2000多辆公交车、2条地铁线，日收视人群超过180万人次。一些院线也在电影正式开播前播放公益广告。在不断提高本地广播电视公益广告影响力的同时，广西也在逐步开展广播电视公益广告国际传播能力建设。广西电台依托北部湾之声外宣广播频率和北部湾在线网络新媒体，发挥东南亚小语种人才资源优势，在与东南亚对象国的节目交换、合办频率频道、合办广播电视节目、合办《中国剧场》栏目、合办《荷花》杂志中加大中外多语种公益广告的创作和推广，积极探索借助东盟国家主流媒体推送公益宣传，采用多种形式传播中华文化，提高我国尤其是广西在东南亚地区的影响力。

（四）引导社会力量参与有了新突破

通过政府引导，让更多的社会力量参与到公益广告工作中来，公益广告的人力、财力更加雄厚，社会氛围更加浓烈，传播力量更加强大，加之更新颖的宣传形式和通俗的语言表达，让公益广告更有社会渲染力和号召力。通过近年来的引导，广西社会力量参与公益广告的比例逐步增大，影响力也越来越强。

以桂林坤鹤文化传播有限公司、广西阔迩登文化传媒有限公司为代表的民营社会力量以其独特的动漫卡通形象"可可小爱""南珠宝宝"对社会主义核心价值观公益广告进行了全新的演绎，取得了前所未有的传播效果，并获得了包括中宣部、总局、共青团中央、全国妇联、央视等部门在内的高度关注。

由自治区新闻出版广电局与南宁市建昶工程监理咨询有限公司共同制作的电视公益广告《工匠精神》是自治区新闻出版广电局精心打造的民族团结系列公益广告的延续，播出后获得广泛好评。该片完全由民营力量出资冠名，开创了全区新闻出版广电系统官民合作拍摄公益广告的先河，对推动广西更多社会力量关注、参与公益广告创作宣传具有积极意义。

四、广西广播电视公益广告发展前景分析

（一）助力中心工作，提高国民素质

广西 2018 年政府工作报告提出全面深化改革，加快实现"两个建成"；繁荣发展文化体育事业，培育和践行社会主义核心价值观，深入开展文明城市和文明县区创建活动，提高公民素质和社会文明程度等目标。这就要求我们把提高全区人民的整体素质、推崇符合新常态的道德规范提到重要日程上来。广播电视公益广告以其对社会现实生活的深切关注，以短小精悍、喜闻乐见的形式针对时弊和不良风气进行善意的引导规劝，匡正过失，调节人际关系，影响社会舆论，维护社会道德和正常秩序，促进社会健康有序运转；也为经济的发展提供良好的人文环境，有利于促进人民生活质量、人口素质、社会文明的提高，为社会公众创造一个和谐的生活环境，为加快实现"两个建成"的目标凝神聚力。例如，南宁市在全国文明城市创建工作中推出"礼让斑马线"活动，通过公益广告加大宣传力度，形成了良好的社会风气，成功助推"创城四连冠"并多次获得央广、央视、人民网等中央主流媒体报道。

（二）助推广播电视广告产业结构调整

全国已有多地在研究探索"公益＋"的广播电视广告经营的新模式，将公益广告制作为推进广播电视广告模式创新发展的新手段，其核心是发掘公益广告的经济效益，加大公益广告的供给量及在广告收入中所占的比例，逐步摆脱对医药广告的过度依赖，吸引更多名优企业、著名商标企业等优质广告主投放广告，营造良好的品牌宣传氛围，确保广播电视广告产业持续科学健康发展。在广播电视公益广告与广西特色优势的结合，区内社会企事业等机构参与程度，后期市场、产品开发等形成产业链方面，广西广播电视公益广告事业仍大有潜力可挖。当前较为科学的广播电视广告经营模式为"三三制"，即在全台总体收入中，商业广告收入、公益广告收入、产业发展（活动营销）收入各占三分之一。

（三）繁荣创作，培养人才队伍

公益广告创作生产的过程不仅是节目创作生产的过程，也是锻炼人才队伍的过程。目前，国家、广西各级相关部门均加大了广播电视公益广告作品展播、评比、收集、推送、扶持、收录的力度，为广播电视公益广告参与各方建立了较好的展示、交流平台。不断推进广播电视公益广告事业发展，不仅能繁荣节目创作，储备节目数量和积累文化底蕴，还可以不断提高从业人员的创作水平。

五、当前制约广西广播电视公益广告发展的"五大不足"

（一）重视不够

一方面，地方广电管理部门及其播出机构对公益广告传播公益观念、服务社会公共利益、引领社会风尚、传播精神文明、输出正能量的重要作用认识不够，且受"公益广告不赚钱，白占时间没好处"狭隘思想左右，在工作安排、节目编排中未能积极主动组织实施或是被动接受，"坐、等、靠"思想严重。另外，广西广播影视公益广告主要由党委政府部门指令、广播电视播出机构制播，带有很浓的任务色彩，因此有的机构在执行过程中，处于散漫而自发的状态，广播电视播出机构在公益广告的制播中也不够自觉，表现得随意、分散。

另一方面，企业仍旧片面重视商业广告的投入，认为公益广告仅是装点门面。区内企业普遍没有认识到企业是社会整体的一个组成部分，任何一个企业都不可能把自己从社会经济、政治、文化的各种背景中剥离开来而单独运作，没有意识到社会环境是企业生存的重要外部条件，因而缺乏对社会问题的关注热情，缺乏对企业应该担负的社会责任的认知，缺乏回馈社会的爱心，习惯性认为发展公益事业是政府的责任，跟企业无关，极少涉足公益广告。

（二）独立制作能力不足

区内广播电视播出机构是全区广播电视公益广告制播工作的主力军，也是推动全区公益广告事业发展的最重要的力量，其公益广告制作能力的高低直接决定了广西广播电视公益广告发展的高度。据调研了解，目前广西仅有省级两台（广西电台、广西电视台）、部分较大地级市（南宁市、柳州市、桂林市、玉林市等）、部分沿海城市（钦州市、北海市）、极少数人口较多的县级播出机构真正具备了独立制作公益广告的能力，以上播出机构也是区内外公益广告比赛、评比的常客。而更多的是缺乏独立制作能力的县级播出机构，甚至缺乏与社会机构合作的能力，在历次公益广告展播活动中均以播出上级部门批量下发的公益广告为主，没有播出过自主创作的作品。

（三）资金投入不足

调研显示，当前对公益广告的投入，无论是广电部门、播出机构、社会团体还是企业，基本没有专项经费，一般为需要制作、播出的时候临时列支，投入总量也非常小。一部优秀广播电视公益广告作品的策划创意、制作播出、版权保护、后期产品开发等环节均要资金支持，而目前作为广西广播电视公益广告制播主力军的各级广播电视播出机构日常经费仅够勉强维持机构运转，加上商业广告收益减少直接影响公益广告制播投入，更无力解决本级的公益广告专项经费。资金的缺乏导致公益广告无法进行高水平、全方位的创意策划，也无法使用现代化高科技制作手段，尤其是大部分县级广播电视播出机构由于缺乏资金而直接导致其不具备独立制作公益广告的能力。从当前广播电视广告产业发展趋势来看，公益广告发展经费完全靠播出机构自身解决是不可能的。

（四）策划创意能力不足

综合来看，广西广播电视公益广告诠释主题的水准还比较低，策划创意不足，基本停留在喊口号、贴标签和刻板说教的一般宣传层次，缺乏震撼心灵、引起共鸣的优秀作品，对受众的行为影响有限。从创作题材来看，普遍存在着城市题材多、农村题材少；法规性宣传多、道德规范题材少；共性题材多，本地特色题材少等问题。

（五）发展环境不足

1. 内部环境

当前广西绝大部分广播电视播出机构、影视节目制作经营机构没有专职的公益广告制作团队，公益广告的制作多由商业广告制作经营团队兼职完成。越来越严峻的商业广告经营形势，也使得更多的播出机构不敢"公益"，在投入，节目编排方面不断挤压公益广告，陷入公益广告"越做越少，越做越差"的恶性循环。

2. 外部环境

从广西广播影视公益广告的管理层面来看，尽管国家工商总局等六部门《公益广告促进和管理暂行办法》已颁布施行，但可操作性不强，各部门仍各自为政，公益广告最关键的"谁来组织、谁来出资、谁来制作、谁来发布、谁来监管"等问题在各级得不到实际解决，各级除自治区新闻出版广电局在本级每年拿出少量资金和极少数单位争得总局的少量扶持外，基本没有资金扶持和政策支持，各播出单位基本靠自治区党委宣传部每月的"讲文明树新风"任务推动，公益广告工作在全区形成不了整体推进和自觉制播之势，缺乏协调统一的管理运作机制。

六、提升广西广播电视公益广告制播管理水平的对策建议

（一）提高政治站位，强化责任担当

首先，要提高政治站位，把落实中央决策部署作为首要政治原则，作为媒体从业者应当具备较强的政治敏锐性和社会责任感。针对公益广告工作的重要性，中央高度重视，中央领导同志多次作出重要指示批示，中宣部、总局也将公益广告作为一项极为重要的宣传任务来抓落实，先后实施一系列政策措施和工作举措。在此种背景下，公益广告工作就成为一项必须完成好的政治任务。

做好广播电视公益广告，也就成了广电媒体践行媒体社会责任担当的必然要求。

其次，做好广播电视公益广告工作也是国家法定要求。《公益广告促进和管理暂行办法》（国家工商行政管理总局、国家互联网信息办公室、工业和信息化部、住房城乡建设部、交通运输部、国家新闻出版广电总局令第84号）、《广播电视广告播出管理办法》（原国家广电总局令第61号）对公益广告播出的时长、时段、数量都做了明确要求，同时也明确了相关惩戒规定。

（二）由党委政府主导加大资金的投入

和商业广告相比，广播电视公益广告运作复杂、收益少，产业的"造血"能力也更弱，更需要充足、稳定的资金支持。

一是政府部门要继续加大资金投入，建立广播电视公益广告专项资金，统筹规划，专款专用。充足、稳定的资金是广播电视公益广告发展的重要保障。笔者在多年的工作中深切感受到，本应该成为公益广告制作播出主力军的广播电视播出机构其公益广告的创作能力正在日渐萎缩。主要表现在作品征集日渐困难，各播出机构积极主动性不够；作品质量不高，一些评比活动甚至出现推评困难的局面。为缓解这些困难局面，自治区新闻出版广电部门多方积极筹措资金用于扶持各地广播电视播出机构公益广告项目，但由于经费不足，对推动广西广播电视公益广告整体制播能力的提升仍十分有限。为此，迫切希望能自上而下推动广播电视公益广告专项资金的设立或将广播电视公益广告专项资金纳入文化事业建设费中。

二是将广播电视公益广告宣传纳入政府向社会力量购买公共文化服务范畴。随着《中华人民共和国公共文化服务保障法》《广西壮族自治区人民政府办公厅转发文化厅等部门关于做好政府向社会力量购买公共文化服务实施意见的通知》相继出台，提高政府向社会力量购买广播影视公益广告服务的利用率可以有效减轻广播电视播出机构的负担，充分调动广播电视播出机构、其他企事业单位、高等院校、社会组织甚至个人参与广播影视公益广告传播活动的积极性，进一步增强相关作品的推广传播力度，丰富推广手段并借助政府的公信力提升传播效果，提升广西广播电视公益广告服务社会经济发展的能力。

（三）调动社会力量积极参与公益广告制作

国家新闻出版广电总局在历次广播电视公益广告制作、展播、评比活动中均要求鼓励播出机构与各行业政府主管部门、事业单位、高等院校、社会企业、影视制作机构、广告公司等加强合作，吸引社会专业力量共同策划制作公益广告。

需要特别指出的是，从法理（《公益广告促进和管理暂行办法》中有相关条文）及操作实践来看，企业署名公益广告是调动社会力量参与公益广告的一种比较有效的形式。虽然企业署名公益广告会带有一定的商业性质，但这无疑是现阶段能快速提高广西广播电视公益广告制播水平和社会参与度的有效手段。现阶段，受经济发展水平和公益意识淡薄的制约，要求广西企业纯粹以社会公益为己任是不现实的，参与赞助公益广告的企业也还是要求取得相应的市场回报。企业署名公益广告的形式则具有形式简单、社会认同度高、回报高的特点，企业也较为容易接受。在制作机构公益广告制作经费匮乏的情况下，通过这种方式，吸引企业进行投资，可以解决公益广告制作费用不足的问题，并达到锻炼人才队伍的目的。因此，各制作机构在开展公益广告创作时，要积极"走出去、请进来"，引导社会企业等机构认识公益广告是企业回馈社会和塑造企业形象的重要手段，策动其主动投入到公益广告制作中来。

（四）建立和优化广播电视公益广告管理机制和激励机制

广西广播电视公益广告发展的长远之计仍在于建立完善管理制度，即解决好"谁来组织、谁来出资、谁来制作、谁来发布、谁来监管"等关键问题。建立政府主导、组织、监管，媒体、企业等社会机构、公众参与的市场化运作机制，成立专门机构承担统筹管理公益广告日常运作的专门职责，解决公益广告长期资金投入问题，协调公益广告参与各方关系，建立公益广告长效管理机制。

吸引更多优质媒体和社会资源、优秀人员参与到公益广告传播中，科学有效的激励机制必不可少。要细化《中华人民共和国广告法》《公益广告促进和管理暂行办法》《广播电视广告播出管理规定》中关于鼓励、支持公益广告活动的相关条文，结合实际，充分尊重个人劳动成果和知识产权，通过刊播补贴、减免税费、精神与物质奖励等方式激励积极参与公益广告传播活动的每一个人每一个机构。

（五）加强创意，强化有广西特色的精品创作，提升影响力

广播电视公益广告作品坚持主旋律通常是枯燥的、单调的，内容处理上容易说教、生硬、远离生活；播出后观众反馈不好，不受市场认可。这就要求我们在内容创意上更贴近大众生活，形式灵动活泼，吸引人主动地观看，还能乐在其中，接受内涵。而广播电视公益广告在坚持传递正能量的基础上加强创意，充分挖掘广西独特的广播电视公益广告创意资源，往往能取得良好的效果。民族团结进步模范区、旅游大省区、沿边沿海面向东盟的区位优势是广西三张独有的"名片"，也是广西广播电视公益广告工作值得充分挖掘并借此树立品牌，提升广西影响力的创意之源。如桂林坤鹤文化传播有限公司打造的动漫公益广告品牌《可可小爱》系列，巧妙地将国家扶持动漫产业、扶持公益广告两项政策及桂林当地旅游资源结合起来，获得了良好的社会反响。

（六）形成体系，产生影响力

作品想有影响力，就要成体系。

一是内容要成体系。相比剧集而言，单部公益广告除非在创意上有其独到之处，否则难以让观众过目不忘；而系列化剧集公益广告能迅速将宣传的效应最大化。

例如，案例一：《可可小爱》系列公益广告剧现在已经完成超过 200 集，既有连播，也有短片，是全国规模最大，覆盖题材最全面的公益广告剧，也是广西首部登上央视的原创动漫作品；全国共有包括央视在内超过 1000 个电视频道播出，并在乐视、搜狐、腾讯等网络平台上热播。

案例二：自治区新闻出版广电局组织制作拍摄的民族团结系列公益广告（4 部）、"传递大爱，幸福中国"系列公益广告（2 部）目前已在全区各级广播电视播出机构及部分网络媒体播出，极大地丰富了广西广播电视公益广告播出内容，社会反响热烈。其中，民族团结系列公益广告第三部《语言是沟通的桥梁》还获得了国家新闻出版广电总局公益广告专项资金奖励扶持。

二是传播渠道要成体系。全媒体时代，优秀的广播电视公益广告作品要扩大其影响力，除在广播电视的黄金时段播出外，还要充分利用城市公交车、火车、轮船、长途汽车、地铁、飞机等公共交通工具，在知名网站显著位置，在城市社区、广场的楼宇电视、户外 LED 电子屏、电梯分众屏幕、户外广告牌，协调文明单位、窗口单位的电子屏播出，并通过手机媒体刊播、推广，总之一句话，可以完整播放音视频的终端都应该投放，努力营造多渠道立体化的宣传体系。

三是衍生产品开发要成体系。要积极把公益广告往商品延伸，加强文化创意，将其融入群众日常生活之中。广播电视公益广告的衍生产品简单地说是指利用剧中的原创人物形象（动漫形式效果尤为明显），经过专业设计师的精心设计，所开发制造出的一系列可供售卖的服务或产品。一部优秀片子背后所带来的并非只是这些普通的日常生活衍生品而已。相反，片子背后涉及了许多的行业，甚至涵盖了全方位的综合系列化，因此最终所获得的效益和行业的经验也是多元化的。如音像制品、电影、书籍小说、各种游戏、玩具、动漫形象模型、服饰、各类时尚用品、饮料、保健品、袜业、鞋业、文具等都能开发衍生产品，更能以形象授权方式衍生到更广泛的领域，比如主题餐饮、漫画咖啡馆、主题公园、互动社区应用等旅游产业及服务行业等等。开发出来的衍生产品不能与市场相脱节，产品的实用效果必须与消费群体的喜好相错位，进而不断满足群众的衡量标准，取得长远推广及预期效益，并在实践中不断积累经验，形成一个正规而又科学的产业链，最终走上可持续多元化的发展之路。

影视作品走出去国际化专业化不够的调研报告

王建平　任旭彬[*]

一、调研过程

课题组对广西电影集团、南宁峰值文化传播公司、广西电视台、自治区党委宣传部对外宣传处、广西新闻出版广电局对外合作处等相关部门和企业进行实地调研，通过开座谈会或单独采访等方式，了解广西影视作品走出去国际化专业化的实际情况，然后对获得的 21 份资料及笔记进行分析，撰写出本研究报告。

二、调研前提

在广西，影视作品走出去开始于 20 世纪 80 年代，并在 90 年代后逐步形成以走进东盟国家为主，欧美国家为辅的格局。2014—2015 年，广西电影集团与法国合拍电影《夜莺》、与新加坡合拍电影《再见，在也不见》在国际播映反响较好。2017 年，广西电视台在影视作品译配、合拍、播放平台建设，以及举办电视展播周等方面呈现出活跃的态势，得到中宣部的好评。其中，在越南、柬埔寨、泰国等国播映了 5 部译配片，完成 4 部印尼语影视作品译

* 王建平，广西社会科学院文化研究所副所长、研究员；任旭彬，广西社会科学院文化研究所副研究员。

配；与越南、老挝合拍纪录片《光阴的故事——中越情谊》和《光阴的故事》（老挝篇）在越南和老挝播放后引起观众热烈反响，得到习近平总书记在老挝发表署名文章的好评；与泰国合拍纪录片《家在青山绿水间》，与越南合拍综艺晚会《"梦中的河流"——2017 中越友谊晚会》、纪录片《中越友谊家庭纪实》均已播出；与东盟主流媒体合作，共同开设《中国电视剧》《中国剧场》《中国动漫》《多彩中国》等栏目，并在越南、泰国、柬埔寨、缅甸、老挝等国设立译制站，共同译配中国影视作品；与新西兰、澳大利亚和西班牙的电视台及有关媒体合作，成功举办"中国广西电视（新西兰）展播周""中国广西电视（澳大利亚）展播周""'中国广西还看今朝'广西形象推介会暨中国广西电视（西班牙）展播周"。民营的广西榜样传媒集团有限公司与柬埔寨内政部合作，在金边创办电视台并开播；南宁峰值文化传播公司在中国动画片分销欧美国家上也取得可喜突破。中国影视作品在东盟国家受到观众欢迎。这些成绩是本课题调研的基本前提。

三、影视作品走出去国际化专业化不够的表现

目前，我国影视作品走出去了，积累了经验，打下了基础，取得了一些成绩，但以广西的实践为例，在国际化专业化上还存在不够的遗憾。

（一）国际化不够的表现

1. 不够多量

一是作品数量不多，在东盟国家主流媒体播映的译配片和合拍片比较少，受到观众欢迎的影视作品主要是古装电视剧，但多为盗版之作。二是传播渠道不多。目前，中国影视作品走出去的主渠道是官方的对外宣传，播放平台主要是电视台，民间渠道不多，走市场也不多，进入外国影院则更少。另外，由于语言障碍问题，通过互联网观看中国影视作品的外国观众也不多。这样，中国影视作品在东盟还没有达到"多而化"的程度。

2. 不够全面

一是种类不全。强调宣传与联谊的纪录片和综艺节目比较多，讲述情节的故事片比较少。二是覆盖不全，就广西而言，面向东盟较多，走向欧美较少，还没有国际化到世界各地；而在东盟播映也不全面，较多地集中在越南、老挝、泰国、柬埔寨、缅甸、印度尼西亚等国家，没有做到"全而化"。

3. 不够深入

这些作品在对象国播出的时间不长，也不连贯，所举办的电视展播周或影视活动，多为临时行为，分布零散，以至于每次活动热热闹闹，结束后便无声无息，虽然遍地开花，但浮在表面，没有进到对象国主流社会，没有做到"深

而化"。

4. 不够准确

有的作品在题材选择等方面没有准确针对对象国的国情和观众，甚至有悖于对象国的文化传统，因此传播效果不够好。有的作品译配不准，影响艺术质量。这些情况没有做到"准而化"。

(二) 专业化不够的表现

1. 摄制不专

国际影视摄制有一套完整的流水线，通过专业化的分工，使创作和生产形成一条环环相扣的链条，编剧、导演、演员、摄像等各工种各司其职，分工合作，每个环节均是专业化运作，整部作品均为程式化生产。而中国影视界没有针对国际需求，按照流水线进行生产；没有定位清楚，按照故事类型化、叙事模式化、镜头奇异化创作；不是编剧中心制，而是导演中心制，因而不合国际影视摄制专业化的要求。

2. 译配不专

主要表现在一部分流传到东盟国家的影视剧被当地人用旁白直译台词，解说效果极差；一部分作品，由我国译配出去，但在情韵和意味上存在不到位的现象。这直接影响到中国影视作品走出去的步伐和扎根的深度。

3. 销售不专

一是与国际市场对接不专业。国内影视销售人员出国不多或出国不便，对国际影视市场行情不了解，没有销售渠道，不会将影视生产与对外营销进行产业链接，无法展开专业的对外销售业务。二是对国际版权贸易不熟悉。这些人员大多不懂国际影视版权贸易的分销制、置换制、代理制、播出制、播出权，以及销售平台的进入等规则、方法和路径，难以进行影视版权交易。

四、影视作品走出去国际化专业化不够的原因

(一) 认识偏误

国际把影视当作商品，并按照商业属性，根据市场需求和经济规则，通过类型化，进行影视创作、生产和营销，重视影视的娱乐功能，兼顾寓教功能和审美功能。国内把影视当作作品或宣传品，突出其公益性，注重其寓教功能和审美功能，忽视娱乐功能。这样的认识偏误，造成我们重官方对外宣传，轻民间产业输出，以至于外宣作品多为现实题材和免费送出，对象国想要的影视剧多为古代题材，但因为版权和译配等原因又得不到。

(二) 没有规划

广西对影视作品走出去没有长远规划，政策引导和扶持难以落实，制度保

障和推进不到位，所以布局不全面、行动不统一；活动与创作多为临时之举，不是系统而持续的作为；甚至专门人员出国都受到体制制约，很不方便，直接影响到业务的展开。

（三）有失开发

因为重外宣，轻产业，所以中国对于国际影视市场培育与开发还做得不够。我们不像美国和韩国那样，先给对象国免费播放影视商品，企业积极跟进，参与市场培育和开发，待条件成熟，便逐渐转化为市场运作影视商品的生产与销售。另外，我们即使有开发外国市场的想法，但也会因为对象国市场太小，投入太多而放弃。

（四）资金不足

广西的外宣单位和企业都普遍感到影视作品走出去国际化专业化受制于资金不足。无论是国有还是民营影视企业获得政府资金资助的不多，面向社会融资又比较困难。这样，在资金短情况下，各单位和企业只能通过争取招标项目获取资金，于是到处竞标，所以造成走出去的影视产销多为散点式，项目多为短平快，无法形成长远布局和特色品牌。

（五）人才缺乏

国内影视界缺乏掌握国际影视行情的专门人才。一缺既熟悉中华文化，又了解对象国文化，能够融会贯通，转换自如的跨文化传播人才。二缺既精通对象国的语言和文化，又懂得影视艺术及产业，能够精准翻译，进行二度创作的复合型人才。三缺既谙熟国际影视创投、产品生产、版权交易、发行方式、播映渠道，又知道国际影视营销行规以及有关著作权法的影视营销人才。

五、发展对策

在国家倡导"一带一路"的背景下，针对中国影视作品国际化专业化不够的实际情况，提出以下对策建议。

（一）一个规划

国家以及相关省区应该制定一个中长远发展规划，提出目标、形式、方法和路径，以及保障措施，对实施影视作品走出去，实现国际化专业化的单位和企业进行宏观指导，使影视作品走出去成为有意为之的行动，进行全面布局，专业运作，深入展开，扎实推进，甚至可以一国一策，从而达到促进与世界各国人民"民心相通"之目的。

（二）两个阶段

影视作品走出去国际化专业化必须渐进而行，分为两个阶段。第一阶段以外宣为主,主动宣传,免费运作,树立形象,促进友谊,培育市场。第二阶段以营销为主,进入市场,产业运作,辐射百姓,深入人心,生产效益,让对象国民众自愿接受中国影视作品及其所包含的中国文化。

（三）双腿并行

彻底改变目前以官方外宣为主和突出公益性的走出去方式,实行官方和民间互相配合,彼此呼应,双腿并行,共同开拓中国影视作品走出去的新局面。我们既要继续进行配合高访的对外宣传,讲究影视作品的公益性,也要大力鼓励、引导和推动民间影视企业积极跟进,强化影视商品的经营性,进行产业运作,使中华文化借助影视商品走出去,深入民心。目前,我们更应该在加强民营影视公司的产业开拓,弥补这方面的短板。

（四）深化合作

合作拍片、合作译配、合作营销,以及合作会演是中国影视作品走出去、站得牢的最佳途径,我们已经有过成功经验,因此要继续深化与对象国同行的合作。以合作实现国际化,以商业解决专业化。我们通过合作,借助对方的资源、平台和渠道更为顺利地走进对象国,有所针对、定位准确地进行影视创作和生产,实现文化交流、文明互鉴和双赢局面。

（五）扩大平台

一是在目前基础上,加大建设力度,扩大中国影视播映平台。一方面在对象国建立电视台、电影院,实行影视播映对象国本土化,甚至借助民营企业在国外建立超市的方式,夹带影院建设,播映中国电影;另一方面继续在对象国电视台及其他媒体开辟中国影视专栏,播放中国影视节目。二是充分利用互联网影视播映平台,通过播放译配不同外国语种的影视作品,供不同国家观众观看,以扩大影视传播空间。三是扩大合作拍摄平台。在国内沿边省区（如广西）建立影视摄制基地、影视生产保税区,吸引外国电视台、影视公司来中国拍摄影视作品,再回国播映。四是增加中介机构。鼓励国内影视公司、支持国外华侨华人,创办影视中介机构,为中国影视作品走出去搭建桥梁。

（六）建立基金

通过建立基金的方式,造成融资洼地,吸纳社会资金参与,对走出去的影视企业及作品,通过提供资金、无息贷款、项目补贴,以及颁发奖金等方式给予支持。

（七）交易版权

国家主导建立影视版权交易中心,为中国影视剧版权交易提供一个稳定的常态的市场和平台。中国影视公司一方面可以在这里直接销售版权,另一方面可以委托有关公司代理销售版权，实现国际化专业化的版权直销与分销。同时，鼓励和指导国内公司积极参加国际电影节及电视节等产品展销，了解国际市场的需求，出售影视作品版权。

（八）培养人才

人才是中国影视作品走出去国际化专业化的关键所在。因此，我们要加强既有跨文化传播特长，又熟悉国际化影视创作、生产和营销，还了解对象国国情的复合型人才的培养。一方面实行跨国教学，让学生走出去，到对象国留学，建立人脉，以便毕业后展开业务；另一方面采取请进来的方式，邀请外国学生来华学习，接受中国文化及其影视艺术的影响和熏陶，让他们回国后自觉地通过影视作品传播中华文化。

广西电视台国际频道改革创新发展报告

覃 彤 苏 宇*

广西电视台的对外传播不仅仅是简单的区域性国际传播，更是我国对外传播的重要组成部分，担负着面向东盟说明中国、展示国家形象的重任。广西电视台通过其国际频道在东盟国家开展了一系列对外传播的探索与尝试，配合国家周边外交战略，在周边区域展开了一场又一场区域传播领域内的政治、文化与外交博弈。

由于广西独特的地缘优势，广西电视台面向东盟开展边境外宣，从走出去到走进去，加强与周边国家的媒体合作和文化交流，践行"增信释疑、凝心聚力的桥梁纽带"职责，"讲好中国故事，传播好中国声音"。这些举措，为更好地宣传广西，为中国与东盟合作，建设命运共同体提供了有力的舆论支持。

广西电视台国际频道开播于 2010 年 1 月 1 日，是广西首个面向全球传播的电视频道。广西国际频道致力于面向世界讲好中国故事，同时为广西对外宣传服务。目前通过中国卫星电视长城平台实现对外传播，在全球的覆盖落地地区包括东南亚、欧洲、美国、新西兰、澳大利亚、加拿大、太平洋群岛、印度等国家和地区。在长城平台 19 个

* 覃彤，时任广西电视台国际频道副总监、高级编辑；苏宇，广西电视台国际频道宣传推广部主管。

2018年
广西蓝皮书
广西文化发展报告
专题分析篇

省级成员台收视总评星级分档中，除上海东方卫视、北京电视台2家获5星级评价以外，广西国际频道与湖南国际频道、浙江国际频道等一同获四星级评价。

国际频道凭借人才优势成为广西与境外主流电视媒体沟通的重要桥梁。国际频道现拥有包括英语、泰语、柬埔寨语和越南语等外语专业人才以及影视制作、译配及国际推广营销等专业团队，承担广西电视台外宣工作、对外事务、国际合作项目以及维护与境外媒体、外交机构、国际组织的日常交往，还在广西电视台与各境外媒体签署合作协议、接待来访的境外团组、长期合作关系维护等工作中发挥着重要作用。

广西电视台通过与对象国电视台及媒体机构建立起的友好台或友好合作关系，国际频道作为主要执行者开展了长期密切的、多层次多形式的影视文化对外交流，主要涉及越南、泰国、老挝、柬埔寨、印度尼西亚等东盟国家以及希腊、新西兰、澳大利亚等"一带一路"沿线国家，合作形式包括联合制作各类节目、国产影视剧对象国语言译制、国际文艺演出、影视交流展播、节目交换等。

一、向世界原汁原味再现新时代中国故事

从2013年开始，在中宣部、国家广电总局和广西区党委宣传部等各级领导部门的大力支持下，广西开始组织实施以东盟国家语言译制中国优秀国产影视剧项目：中国—东盟广播影视作品译制工程，广西电视台的译制工作由国际频道负责组织实施。第一部译制完成的国产影视剧《老马家的幸福往事》（越南语版）于2014年11月至2015年1月作为"跨年大戏"在越南国家数字电视台11频道及该频道官网（kidstv.com.vn）同步播出。越南方资料显示，该剧创该频道一年来收视高峰，越南"热世界"网站（thegioihot.com）和Youtube网站也通过视频、图片和文字对该片剧情进行了全面推介。许多年轻的越南网友一直在网上同步"追剧"，网友之间也建立了良好的互动。《老马家的幸福往事》是国内首部以越南语为目标语言的译制剧，是全国首次尝试由中方主导翻译，主导制作并主导播出的国产剧越南语译制。该剧在越南的成功播出，为今后更多的优秀国产译制剧进入越南及其他东盟国家打下了良好基础。

此后，国际频道积极参与国家新闻出版广电总局"丝绸之路影视桥工程——中国影视剧对象国本土化语言译配项目"东盟国家语言译配的每一次招投标，并陆续拿到越南语包、高棉语包、印尼语包等译配项目。国际频道仅以越南语为目标语言完成的国产影视作品译配有8部，共计205集，涵盖电视剧、电影、纪录片和动画片等多个类别。不仅高质量完成译配，还拓展了对象

国主流播出渠道，在对象国国家级电视台实现播出。2016 年 11 月 17 日至 2017 年 1 月 18 日，电视剧《大丈夫》在越南国家数字电视台 10 频道（VTC10）及其官网同步播出。根据 VTC10 提供的反馈信息，该剧的最高收视率达到 7.1％。VTC10 方面认为，与同时段其他电视剧相比，《大丈夫》取得了非常好的播出效果，非常符合越南观众的收视需求。

2017 年，国际频道继续中标国家新闻出版广电总局"丝绸之路影视桥工程——中国影视剧对象国本土化语言译配项目"越南语包，该包中含有动画片《小济公》，纪录片《你所不知道的中国》《美丽乡村》《人间世》《指尖上的传承》《马可·波罗：从历史走入现代》等 6 部作品，相关译配工作正在稳步推进中。

2015 年 9 月，广西电视台在泰国曼谷与泰中友好协会、泰国第九台共同签署了中泰文化产业战略合作伙伴备忘录，今后三方将在新闻采访、节目交流互换、影视节目生产销售等领域拓展合作，积极盘活各自资源、互利互惠，携手打造跨国文化产业，共同推进媒体文化交流。在此合作框架下，每年都有一部影视剧由国际频道译配成泰语在该台播出。2017 年 7 月 2 日，由国际频道主导译配的泰语译制剧《我的经济适用男》在泰国第九台播出，每周六、日播出两集，收视情况良好。

为了更好地以东盟国家语言"讲好中国故事"，国际频道整合各方资源，逐步理顺版权、翻译、配音、对象国推广、播出等环节，在中国驻各对象国大使馆、东盟国家驻南宁领事馆等相关机构的大力支持下，译制播出工作环环相扣，有条不紊地渐次开展。

二、有效拓展并维护海外主流传播平台渠道

广西电视台国际频道主要通过在对象国国家级电视台开设《多彩中国》纪录片栏目，以及不定期在境外通过对象国电视台主频道面向当地主流观众播出"中国电视展播周"系列节目，有效拓展并维护海外传播平台渠道。

2017 年 5 月，广西电视台与越南国家数字电视台旗下负责运营 VTC10 频道的越南 NetViet 多媒体股份公司签署了合作协议，在越南国家数字电视台第十频道（VTC10）开设名为《多彩中国》的纪录片专栏，播出中国的优秀纪录片。栏目每期时长 30 分钟，自 2017 年 7 月 1 日起播出，每周五晚上 22：30（河内时间）播出一期，全年共计 52 期。《多彩中国》的越南语节目译配及节目传输工作由国际频道负责，目前该栏目运转良好。这是中国影视节目第一次以固定栏目的方式在越南主流电视频道隆重播出，让最鲜活真实的画面，促进中越之间的民心相通，用最具温度的语言，让世界读懂中国。国际频道也将以

此为依托，积极探索中国影视节目在越南的全媒体传播路径。

在"一带一路"沿线国家举办"中国广西电视展播周"已经成为一项常态化的活动。国际频道寻找配合高访、两国建交纪念日或是重要节庆等合适时机，每年联合某些对象国当地电视媒体举办展播周活动，在对象国国家电视台主频道连续一周用黄金时段播出由广西电视台提供的中国电视节目。这些节目译制成对象国语言，借船出海，借筒传声，把中国故事、广西故事讲述给对象国的主流观众。这个项目曾获得国家广电总局"广播影视走出去工程"优秀项目。

2017 年 9 月，国际频道分别联合新西兰 TV33 华人电视台以及澳大利亚天和电视台，成功举办"中国广西电视（新西兰）展播周"和"中国广西电视（澳大利亚）展播周"。同年 12 月，联合西班牙文化旅游协会协办，西班牙欧华传媒举办"中国广西　还看今朝"广西形象推介会暨中国广西电视（西班牙）展播周。

除了展播周之外，国际频道还积极拓展和完善海外网点布局，搭建稳固长效的影视作品输出渠道，推动文化产品更多地进入国际收视市场。2017 年，与新西兰华人电视台（TV33）合作，在该台开设周播栏目《广西时间》，将广西电视台《广西故事》《观复嘟嘟》等节目译制为中英文双语字幕通过该栏目播出，获新西兰当地华人观众的好评。同时，自 2002 年起，定期向加拿大城市电视台选送我台制作的纪录片，目前合作仍在继续。截至 2017 年的 15 年内，广西电视台自制的一批有全国影响力的栏目，如《漫步广西》《大开眼界》《寻找金花》《连线东盟》《大美广西》《广西故事》等已通过加拿大城市电视台进入北美地区。

三、努力拓展与对象国主流媒体的纪录片合拍，借船出海借筒传声，运用国际声音讲好中国故事，展现真实、立体、全面的中国

若要让中国故事赢得世界的倾听，就要认真研究国外不同受众的心理特点和接受习惯，着力打造融通中外的新概念新范畴新表述。广西电视台国际频道在传播理念上注重创新，在坚持中国立场的基础上用国外主流观众熟悉的方式进行表达，将中国内容与本土内容在同一个传播载体中有机融合，实现中国内容借助本土内容的优势得到有效传播，用"讲故事"的方式对我国核心价值观进行生动、有效传播，宣传我国倡导的命运共同体理念，向世界传递温暖的声音。

为献礼中老建交 55 周年，2016 年 4 月 25 日开始至 5 月 8 日，由国务院新闻办公室监制，五洲传播中心、广西电视台、老挝国家电视台联合制作的纪录

片《光阴的故事》在中老两国主流电视媒体上陆续播出。该片以在广西南宁开办的老挝"六七"学校等为切入点，探寻中国与老挝这两个一衣带水的邻邦55年的交往历程，讲述了中老农业合作、教育合作、商贸合作、资源合作开发、铁路合作、卫星合作、中老联姻家庭等故事，向中外观众展现中国与老挝从政府到民间的真挚情感和传统友谊。

《光阴的故事》在两国同步播出后，引起了巨大反响。在国内，《人民日报》、中国网等媒体纷纷报道此次纪录片的拍摄历程。截至2016年5月17日，该片在国内的主流网站腾讯视频的点击率就超过115万次。在老挝，包括当地最大的老文报纸《人民报》在内的各大媒体纷纷进行报道。老挝人民革命党中央总书记、国家主席本扬赞扬说"该片对于老中友谊的记录与传播起到了里程碑的作用"，他欣然在光盘上签名并写下"老中友谊万古长青"。在2016年5月初访华期间，本杨主席把《光阴的故事》DVD光盘作为"友谊的见证"赠送给习近平主席，并对这次以中国为主导的媒体合作表示感谢。

为配合习近平主席2017年11月13日至14日访问老挝，五洲传播中心、广西电视台国际频道与老挝国家电视台沟通协商，确定了老挝国家电视台于11月12日、13日在第一频道20:00黄金时段重播《光阴的故事》，为习近平主席访问老挝营造了良好的舆论氛围。11月13日，习近平主席在对老挝进行国事访问之际，在老挝《人民报》《巴特寮报》《万象时报》发表题为《携手打造中老具有战略意义的命运共同体》署名文章。在文章中，习近平主席指出："中老合拍的纪录片《光阴的故事》网络总播放量达数百万次，深深撼动两国民众心灵。"

2017年1月9日开始到15日，为了配合越共中央总书记阮富仲访华，越南国家电视台连续一周播出中国纪录片《中越友谊家庭纪事》。这部7集系列纪录片由广西电视台国际频道制作，越南国家电视台译配成越南语，在越南国家电视台新闻综合频道（VTV1）及越南国家电视台官网同步播出。该片从中越家庭层面生动解读了"国之交"与"民相亲"的关系。

为响应习近平主席于2017年11月出席在越南举办的APEC会议并对越南进行国事访问，把握中越关系企稳向好的历史契机，广西电视台与越南国家电视台签署了2017年的合作备忘录，合作项目包括联合举办中越友谊晚会以及双方联合制作系列纪录片。其中《光阴的故事：中越情谊》为中宣部2017年度中外合拍纪录片的重点项目，由国务院新闻办公室监制，广西电视台国际频道联合五洲传播中心、越南国家电视台联合策划、共同拍摄制作。该片以20世纪50年代初越南在中国南宁、桂林两地开办越南育才学校为主线，以育才学校在二十多年的时间里为越南培养了一万多名建设越南的栋梁之材为叙事背景，讲述越南的育才学子与母校半个多世纪血肉相连的光阴故事。

《梦中的河流——2017 中国—越南友谊晚会》是一场体现中越两国山水相连、携手共进的美好情谊的文艺晚会，众多中越两国的优秀歌手、乐队以及舞蹈、杂技演员登台献艺，表演多个具有本国特色的代表性节目。中越双方合作的晚会与纪录片于 2017 年 11 月，习近平主席在越南出席 APEC 会议并进行国事访问期间，陆续在越南国家电视台新闻综合频道（VTV1）、国际频道（VTV4），中国中央电视台中文国际频道（CCTV4）和纪录片频道（CCTV9）以及广西电视台卫星、新闻、国际频道播出，两国观众高度关注、反响热烈，以影视文化外宣配合国家外交，营造了于我国有利的周边舆论环境。为扩大影响，广西电视台还与越南国家电视台共同举办了中越电视合作项目播出庆典，为两个项目的播出宣传造势。越共中央委员、越南国家电视台台长陈平明表示，希望通过 VTV 各个主要频道的播出，让越南的年轻人铭记中越两国之间的深厚传统友谊，向两国领导人和观众展示 2017 年两国电视合作"最感人的成果"。

2017 年，国际频道申请的中宣部"纪录中国"传播工程项目获批，将与越南国家数字电视台进行合作，共同摄制一部自然人文纪录片《方舟——东黑冠长臂猿》。该片是一部时长为 60 分钟的自然人文纪录片，以中越建立东黑冠长臂猿跨界保护合作机制为切入点，展示中越两国在治理生态环境、保护物种多样性等领域的合作成果，宣传中国作为一个负责任大国，积极参与全球环保事业的大国形象，计划制作完成后于 2018 年底在中越两国主流电视媒体上播出。

2017 年，国际频道与泰国国家电视台联合策划摄制两部纪录片。其中，中宣部"纪录中国"传播工程项目《家在青山绿水间》已完成制作，并于 2017 年 5 月起陆续在广西卫星频道、广西国际频道及泰国国家电视台播出。这一部中泰合拍纪录片以脱贫攻坚为主线，分别在中国的广西、浙江、云南和泰国的清迈、清盛、叻丕进行拍摄；通过两国不同的视角，聚焦保护绿水青山，使之成为发展的"金山银山"，全景多元地展示了中泰两国坚持可持续发展的科学理念，为人民创造福祉，建设美好精神家园的努力与成效。在中宣部组织的专家组审片中，影片获得高度评价，认定"该片主题鲜明、制作精良、内容充实，通过普通人的故事展现青山绿水、传递人文情怀，整体画面、语言、音乐清新自然，给人较为愉悦的观影感受。该片与泰国国家电视台联合策划拍摄制作，在外宣纪录片合作方式上取得了积极进展"。该片还进入了国家新闻出版广电总局 2017 年第二批推荐国产纪录片目录向全国推荐播出。泰国观众普遍反映，中国发展、中国道路、中国故事非常吸引人，片子很好看，泰国国家电视台还为此重播了该片。另一部中泰合拍纪录片《暹罗追鸟》于 2017 年 12 月在广西电视台卫星频道、国际频道播出，随后也将在泰国国家电视台播出。

2017年11月3日，国际频道代表广西电视台参加了由国家新闻出版广电总局和柬埔寨新闻部联合举办的首次中柬广电合作双方会谈，中柬合拍《家在青山绿水间（第二部）》已写进会谈备忘录。同时，国际频道完成了该项目2017年度中宣部"纪录中国"传播工程项目的申报工作并获得批准。该项目也被列为2018年庆祝中柬建交60周年两国电视媒体合作的重要项目之一，计划用3个月完成外景拍摄，2个月完成后期制作及翻译，2018年7月中柬建交60周年纪念日前后为配合高访，在柬埔寨国家电视台和广西电视台同步播出，时长60分钟。

该片选择在柬埔寨有代表性的区域和项目，记录人们在保护青山绿水的共识下，中国为柬埔寨农业发展、生态保护提供示范，全心致力帮助当地脱贫，与柬埔寨人民分享中国经验，共同建设青山绿水中的美丽家园的真实故事，诠释"绿水青山就是金山银山"的发展理念。

四、存在的不足

党的十九大对加强外宣工作做出重要部署，强调"推进国际传播能力建设，讲好中国故事，展现真实、立体、全面的中国，提高国家软实力"。客观而言，广西电视台及其国际频道经过近年的努力已取得重大进展，但也必须清醒，对照新时代新要求尚有不小差距。

广西电视台以省级台身份与东盟各国的国家台深度合作，除了媒体层级不对等，除了资金上的困难，更重要的是缺少国家层面在外交策略、外宣信息、项目立项，整合资源、外宣目标评估等方面的指导和支持。尽管如此，多年来，广西电视台自觉担当着"国家战略实施的舆论倡导者""中国—东盟经济合作的信息联系者""广西改革开放新形象的宣传推广者"三者合一的社会责任，坚持用自己在国内广告市场的艰苦经营为外宣输血，不断创新拓展对外传播，为广西经济、社会的发展，为国家战略的成功实施，为推动中国与东盟的交流与合作，兼容并蓄地担当不同的传播角色。

所谓"国际传播力"，是指"一个主权国家所具有的一种特殊力量，包括政府和民间拥有的传播力量的总和，是一国为争取和实现国家利益在国际范围内进行信息交流的能力和效力"。经费严重短缺将导致在对外传播体系中处于劣势地位。广西作为后发展欠发达的少数民族地区，传播力量十分有限。以大外宣的标准来衡量广西电视台或者广西电视台国际频道的对外传播，其传播内容尚且单薄，国际传播力依然不足。虽然能准确了解对象国的需求，也能快速反应主动出击，但因缺乏政府主导，在重大外宣活动的稳步推进上总有些力不从心，导致外宣活动常常只能择取投入小见效快互动性强的短平快项目。鉴于一个西部民族地区电视台经济实力所限，广西电视台面向东盟的边境外宣工作如果要做到可持续发展，更好地服务国家周边外交战略，需要得到各级政府在政策和资金上大力扶持。只有加强政府主导，形成政府和民间的合力，用好已有的平台和机制，才能实现国际传播能力的有效提升和长线发展。

本土化语言译配只是国产优秀电视剧走出去的第一步，其实在对象国主流电视媒体的持续地播出及推广，才是确保走进去的关键环节。从走出去到走进去，需要持续升温，薪火不断。

仅以泰国为例，在国际频道的推动下，泰国第九台已经与广西电视台签署了"中泰文化产业战略合作伙伴备忘录"，希望开展长期合作。这标志着我们已经朝着走进去方向迈出了可喜的一步。但是，仅靠一两部、两三部电视剧是远远不够的。下一部剧是什么，经费在哪里，怎样才能持续升温？解决这些问题迫在眉睫，不然之前的努力就会前功尽弃。如果有足够的电视剧拉通国产电视剧在泰国第九台全年的播出，那么开展广告经营也就有了时间和空间。像现在这种零打碎敲，无以为继，不可能建立起一支专业的国际广告经营推广团队，这也就导致即使获得以版权置换的广告时间也无法经营，播出频道确认后的播出推广工作很难开展。类似的情况也适用于所有东盟国家。

政策支持不够，出国审批流程、指标限制等严重制约事业发展。广西电视台国际频道跟东盟国家电视台合作，以地方台的身份多有不便，勉力争取而来的一些大型合作，签约仪式或开播晚会需要局台领导甚至更高级别的领导出席，常常囿于出访手续烦琐而导致外方对活动做出相应的降格处理。这不仅影响了国际频道今后再操作此类项目的积极性，也让外方对于我方的诚意产生了疑虑。长此以往，不利于外宣工作的开展。

五、进一步提升传播效果，促进创新与发展的思考

纳入国家周边外交框架的周边外宣必须具有时代新特色和新要求，即目标要更清晰、更有战略性、更有针对性、内容更丰富、更有效果、更有责任感，因此更加强调政府的主导作用，更加强调了解对象国的需求。

东盟是我国周边外交的优先方向，广西作为我国唯一与东盟陆海相连的省份，是"一带一路"有机衔接的重要门户。广西电视台承担着加大力度宣传亲、诚、惠、容理念，为21世纪海上丝绸之路建设营造更好的国际舆论环境的重任。东盟国家电视台，特别是越南、老挝、柬埔寨、缅甸等国，对于技术交流和采编人员培训、对于合拍电视剧或纪录片、对于播出中国优秀电视剧有着比较强烈的需求。而这些需求，正是拓展与东盟国家电视机构合作途径和合

作方式的突破点。在坚持中国立场的同时逐步满足这些需求，也就是实践了习近平总书记在全国周边外交工作会议上强调的"多做得人心、暖人心的事，使周边国家对我们更友善、更亲近、更认同、更支持，增强亲和力、感召力、影响力"。

以文化作品塑造国家和民族形象，以文化输出拓展和提升软实力，并进行理念和情感的对外表达，已经成为全球化时代的共识。当前影视剧已成为我国与东盟国家文化交流的重要载体，国际频道下一步，将重点推进优秀国产电视剧越南语、柬埔寨语译制播出，搭建中国—东盟影视剧译制、交易平台，希望借此建立起与东盟国家影视交流合作有效实体，找准更为适合东盟宣传的渠道、宣传形式的契合点，在面向东盟各国译制和推广营销国产电视剧的过程中，同步培养更多的国际传播人才，逐步建立起自我造血功能，孵化出一个走出去开展电视外宣的企业主体。

国际传播项目要针对不同国家的实际情况，建立起相应的实施细则。国际传播相关项目应该保持一定年限内的一贯性，艰难开拓出来的对象国播出渠道，不能因为片源、资金等无以为继导致疏于经营乃至无声而止。

结语

2017 年是广西电视台国际频道在外宣工作上取得长足进步的一年。党的十九大后，中国国家领导人首次出访就选择了"一带一路"上两个社会主义国家越南、老挝。在中宣部、自治区党委宣传部的指导下，联合五洲传播中心、越南国家电视台和老挝国家电视台制作的相关节目为习近平主席出访越南、老挝营造了良好的舆论氛围。其他外宣工作也实现了全年无差错，按质高效地完成。这也是国际频道立足自身优势、善于把握历史契机，结合新时期中国外交方针和外宣要求应时而动顺势而为。然而，成绩喜人的同时，也必须正视长期存在的不足。比如，缺乏政策引导和资金扶持、项目缺乏连贯性和持久性、频道自身造血功能不足、欠缺搏击国际市场的能力等一系列问题始终得不到妥善解决，这些都成为制约广西电视台国际频道深耕外宣领域的重要因素。怀着自知之明，不忘初心，广西电视台国际频道坚持稳住已在东盟地区树立的良好品牌形象，同时，也希望早日解决影响频道发展的诸多问题，更好地"撸起袖子加油干"。

2018年
广西蓝皮书
广西文化发展报告
专题分析篇

加快广西文化产业发展战略统计监测报告

李国松 李 雁[*]

为继续贯彻落实《广西壮族自治区人民政府关于进一步加强统计工作的决定》，依据《广西壮族自治区政府关于加快文化产业发展的若干政策意见》，结合广西文化产业发展情况和文化产业统计工作实际，制定了广西实施加快文化产业发展战略统计监测方案，对文化产业增加值占生产总值的比重、文化产业增加值、规模以上文化产业制造业、限额以上文化批零业和重点服务业等几个方面对加快文化产业发展战略进行统计监测。2016年监测结果显示，广西文化发展战略稳步推进，各项指标发展较好，但文化产业增加值占生产总值的比重与目标值有一些差距。

一、统计监测指标结论

（一）文化产业增加值逐年增大

2016年全区文化产业发展平稳，全年实现文化产业增加值449.11亿元，同比增长5.9%（现价），增幅同比回落5.3个百分点。其中文化制造业增加值192.55亿元，同比下降3.9%；文化批零业增加值45.49亿元，增长8.9%；文化服务业增加值211.07亿元，同比增长16.0%。

* 李国松，广西壮族自治区统计局社科处处长；李雁，广西壮族自治区统计局社科处调研员。

文化产业增加值总量占地区生产总值比重为 2.5%，与上年持平。根据《广西文化产业发展十三五规划》的目标，提出到"十三五"期末实现 4% 的比重仍有一定困难。

（二）单位数量保持稳定增长、从业人员数量稳定

2016 年广西文化产业法人单位数量稳步增长，规模以上文化产业法人单位 655 个，比上年增加 18 个，增速为 2.8%。其中，规模以上文化制造业法人单位 244 个，比上年减少 24 个；文化批零行业 186 个，比上年增加 25 个；文化服务业 225 个，比上年增加 17 个。2016 年广西文化产业法人单位从业人员 12.3 万人，与去年 13.3 万人比，从业人员有所减少。

（三）规模以上文化企业实现营业收入稳定

2016 年规模以上文化企业实现营业收入稳定，规模以上文化及相关产业企业实现营业收入 740.39 亿元，其中，规模以上文化制造业企业实现营业收入 550.04 亿元，比上年增长 9.1%。规模以上文化批发和零售企业实现营业收入 84.1 亿元，比上年增长 30%。规模以上文化服务业企业实现营业收入 106.25 亿元，比上年增长 5.1%。

分企业类型看，612 个内资企业实现营业收入 590.98 亿元，占全部规模以上文化制造业企业的 79.8%；港澳台商投资企业 32 个、外商投资企业 11 个，分别实现营业收入 101.42 亿元和 47.98 亿元，占比分别为 13.7% 和 6.4%。

（四）资产总计稳步提高

2016 年，规模以上文化及相关产业企业资产总计 653.94 亿元，其中，规模以上文化制造业企业资产总计 268.2 亿元，比上年减少 9.6%；规模以上文化批发和零售企业资产总计 98.3 亿元，比上年增加 52.4%；规模以上文化服务业企业资产总计 287.4 亿元，比上年增长 16.16%。

（五）其他监测基本情况

1. 文化制造业发展向好

主要特征有：

表 1　规模以上文化制造业有关指标

指标名称	法人单位数（个）	亏损企业（个）	从业人员期末人数（人）	资产总计（万元）	营业收入（万元）
总计	244	29	86167	2682228.7	5500390.8
大型	5		11022	170738.1	708581.1
中型	92	10	56558	1457782.7	2789384.6
小型	144	18	18587	1033581.5	1956338.8
微型	3	1		20126.4	46086.3

第一，企业相对集中在中小型企业。2016 年，广西有规模以上文化制造业法人企业 244 家，其中大型企业 5 家，中型企业 92 家，小型企业 144 家，微型企业 3 家。大型企业和微型企业比重较小，中型企业和小型企业个数合计占全部规模以上文化制造业比重为 96.7%。第二，内资企业占比较高。分企业类型看，内资企业所占比重较高。2016 年全部规模以上文化制造业企业中，内资企业 209 家，所占比重为 85.7%，比上年提高 1.7 个百分点。港澳台商投资企业和外商投资企业分别为 26 家和 9 家，所占比重分别为 10.7% 和 3.68%。

表 2　按照登记注册类型分组企业个数

	规模以上文化制造企业个数（个）
内资企业	209
港、澳、台商投资企业	26
外商投资企业	9
合计	244

2. 文化贸易业增速较高

主要特征有，2016 年广西文化贸易业创造增加值 45.49 亿元，增长 8.9%。在文化产业法人单位增加值的构成中，文化贸易业增加值占 10.22%，这个比重相对较小。限额以上文化批发和零售业增速高与基数低相关，广西限额以上文化批发和零售业保持一种基数较小增速较高的态势。

第一，小型企业数量超过一半。2016 年广西限额以上文化批发和零售业企业法人单位有 186 个，从业人员 0.65 万人。按照行业分组，企业主要集中在图书、报刊零售业，占 39.78%；家用视听设备零售，占 25.81%。其他行业限额以上单位较少，每个行业单位不足 10 个。按照地区看，企业相对集中在经济发达的市。2016 年末，南宁市、柳州市、玉林市和桂林市的限额以上文化企业分别有 35 家、31 家、26 家和 15 家，合计占广西限额以上文化批发和零售业企业法人单位总数的 57.5%，与去年 58.4% 相比下降 0.9 个百分点。

表 3　规模以上文化贸易业主要指标

指标名称	法人单位数（个）	从业人员期末人数（人）	资产总计（万元）	营业收入（万元）
总计	186	6497	982634.0	840924.8
中型	41	3413	808470.1	514634.2
小型	129	2969	163509.7	312830.9
微型	16	115	10654.2	13459.7

第二，图书报刊批发和零售业的各项指标占比高。2016 年末，广西限额以上文化批发和零售业资产总计为 98.3 亿元，其中图书批发业的资产总计占

38.5%，其次是图书报刊零售业，占20.8%。2016年末，广西限额以上文化批发和零售业企业法人单位营业收入为84.1亿元，其中图书批发业的营业收入占23.2%，其次是图书报刊零售业，占25.2%。2016年末，广西限额以上文化批发和零售业企业法人单位固定资产原价为9.1亿元，图书报刊零售业的固定资产合计占比最多，占62.6%，其次是图书批发业的固定资产合计占19.8%。2016年末，广西限额以上文化批发和零售业企业法人单位营业利润为2.3亿元，其中图书批发业的营业利润合计占43.5%。

3. 文化服务业单位比重大

2016年广西文化规模以上服务业总体发展状况良好。规模以上文化服务业企业增加17个。主要特点有：

表4　规模以上文化服务业主要指标

指标名称	法人单位数（个）	亏损企业（个）	从业人员期末人数（人）	资产总计（万元）	营业收入（万元）
总计	225	96	31103	2874476.2	1062531.4
大型	16	3	14776	1312858.8	574642.5
中型	41	19	7777	435508.7	217622.6
小型	164	73	8411	1122253.6	265865.5
微型	4	1	139	3855.1	4400.8

第一，规模以上文化服务业企业发展状况良好。截至2016年底，广西共有规模以上文化服务业企业法人单位225家，比2015年增加17家；从业人员为3.11万人，资产总计为287.4亿元，增长15.9%。

第二，有线广电传输、工程勘察设计等企业收入占比过半。2016年，广西规模以上文化服务业企业实现营业收入106.3亿元，在规模以上文化服务业企业中，有线广播电视传输服务营业收入规模最大，达到27.8亿元，占全部规模以上文化服务业单位营业收入的26.2%，比上年的24.1%提高2.1个百分点；排在第二和第三位的是工程勘察设计和图书出版服务企业，营业收入分别为20.1亿元和15.2亿元，占全部规模以上文化服务业企业的18.9%和14.3%。这3类企业的营业收入总和占规模以上文化服务业企业的比重超过一半。

第三，营业利润较高的行业是有线广电传输、图书、报纸出版。2016年，规模以上文化服务业企业实现营业利润10.0亿元，在规模以上文化服务业企业中，营业利润前三位的行业是有线广播电视传输、互联网信息服务、工程勘察设计业，实现营业利润分别是2.6亿元、2.0亿元和1.4亿元，占规模以上文化服务业企业的比重分别是26%、20%和14%。这3个行业的营业利润总和占规模以上文化服务业企业的比重超过一半。

第四，资产总计较高的是广电传输等行业。2016年，规模以上文化服务业企业资产总计 287.4 亿元，在规模以上文化服务业企业中，资产总计排前三位的行业是广播电视传输、景区游览管理和图书出版，资产总计分别是 67.7 亿元、67.6 亿元和 41.7 亿元，占规模以上文化服务业企业的比重分别是 23.6％、23.5％和 14.5％。这 3 个行业的营业利润总和占规模以上文化服务业企业的比重超过一半。

二、存在问题

（一）文化产业占生产总值比重和增速偏低

2016 年广西文化及相关产业增加值增速仅 5.9％，文化产业占地区生产总值比重为 2.5％，与上年持平，与全国 4.2％比重比差距仍大，广西文化产业占地区生产总值比重低，文化产业发展速度偏低，对经济增长的支撑力不足。

（二）从业人员数量有所减少、资本结构单一

从业人员数量和质量相对弱是广西文化产业发展缺乏活力的原因。2016 年，规模以上文化制造业从业人员 8.6 万人比上年减少 0.8 万人，规模以上文化批发和零售业从业人员减少 0.01 万人，规模以上文化服务业从业人员减少 0.1 万人。同时，广西文化产业发展资本结构单一，经费严重不足，文化产业单位大多为个体，依靠民间资金，投资额小，广西缺乏有实力的大企业或外资进入经营文化产业。而且非公有制文化企业的融资渠道少，项目扶持少，发展的制约因素多，影响着企业的发展。同时，当前经济发展方式发生转变，劳动者知识结构正在转型，文化创意产业发展前景较好，对创新型文化人才需求大，凸显了文化经营性人才相对缺乏，尤其是缺乏能将经济、文化发展以及经营融合发展的企业家，文化资源难以转化成文化产品，文化产品无法进入市场，无法创造出具有品牌效应的文化产品。

（三）文化及相关产业企业中科技含量较低

广西文化产业的发展仅限于一些传统文化产业的发展，而科技含量高的现代传媒、动漫游戏、数字视听、演艺娱乐等新兴文化产业发展滞后，需要及时转变观念、有效培育，培养形成具有核心竞争力的品牌企业和品牌产品。同时，由于在整理挖掘和研究利用历史文化、区域特色文化与旅游文化的整合不够紧密，旅游景区景点文化内涵品位不高，文化产品特色不突出，文化场馆设施建设滞后。

三、对策建议

（一）落实习近平总书记视察广西重要讲话精神发展文化产业

2017 年 4 月，习近平总书记视察广西，对广西文化产业发展提出了新的要

求，一方面要全面落实习近平总书记讲话精神和《关于金融支持文化产业振兴和发展繁荣的指导意见》，用好、用足、用活中央给予广西的中国—东盟文化产业合作发展相关措施和优惠政策，其中包括中国—东盟文化产业合作项目的管理条例，优惠的资金政策、土地政策、税收政策、资本市场准入政策等等；同时对民营文化企业和中小文化企业的贷款等给予优惠，并通过设立自治区文化产业发展专项资金，加大扶持重点文化产业的扶持力度，充分发挥中央给予广西经济社会发展的政策优势，建立健全多元化、多层次、多渠道的文化产业发展投融资体系和高效精简审批程序，推动广西文化产业的发展。

（二）依托广西花山申遗成功经验，助推文化产业发展

2016 年 7 月 15 日，广西崇左市境内的左江花山岩画文化景观成功列入《世界遗产名录》，花山成为中国第 49 处世界遗产，填补了中国岩画类世界文化遗产的空白，也推动了广西文化产业的发展，广西应以此为依托进一步做好各项文化及相关产业的工作，促进文化产业进一步发展。

（三）继续加大人才培养、大力发展文化服务业

文化服务业是现代服务业的重要组成，也是文化产业的重要部分，加快发展文化服务业势在必行。自治区人民政府与文化部联合签署《广西壮族自治区人民政府　文化部关于共建广西艺术学院的意见》（桂政发〔2017〕47 号），继续共建广西艺术学院，今后广西文化演艺及文化服务人员培养更加规范，就业前景好于其他服务业行业，形成培养区域经济建设、社会发展和文化建设所需要的高层次文化艺术类专门人才的主要基地和广西文化建设和文化产业发展的思想库，支持了文化演艺及文化服务业的人才培养和文化产业发展。同时，东盟博览会集聚辐射效应有利于发展文化服务业。广西在出版、影视、广告、会展、艺术以及部分大型娱乐项目等都有·定的全国影响力和世界知名度，在每年一次的中国—东盟博览会举办期间和外围会展期间的各项交流活动上有集聚作用和向外围辐射扩散的机会，都能进一步促进文化产业的发展。

（四）继续重视文化产品生产和文化创意产业的发展

国务院颁布的《“十三五”国家战略性新兴产业发展规划》首次将数字创意产业纳入国家战略性新兴产业发展规划，成为与新一代信息技术、高端制造、生物、绿色低碳产业并列的五大新支柱产业。广大文化企业要抓住国家大力发展战略性新兴产业的有利机遇，积极关注国家相关规划动向，研究产业发展趋势及政策走向，积极建言献策，参与到战略性新兴产业规划的落实中来，共同营造数字创意产业发展的良好氛围。一是以政府为主导，培育、树立一批独具特色的文化品牌，扶持或创建具有文化特色和发展前景的文化企业，生产具有区域特点的文化产品，走向国内外市场，以示范典型引领全区文化产业又

好又快发展。二是突出抓好文化产业园区的打造，促进区域资源优势的利用。充分发挥地方特色，培植大型文化企业，鼓励、引导、发展文化娱乐、文化休闲和文化服务等与大众文化联系紧密的中小民营文化企业，形成布局合理的文化产业集群，生产出有广西特色的文化产品。三是加快文化创意产业发展，文化创意产业作为一种新兴的产业，具有强融合性的特征，它是经济、文化、技术等相互融合的产物，具有高度的融合性、较强的渗透性和辐射力，在带动相关产业的发展、推动区域经济发展的同时，还可以辐射到社会的各个方面，全面提升人民群众的文化素质。

（五）推进重点文化项目发展，提升科技对文化产业的支撑力度

广西出台了《关于加快推进文化科技融合发展的实施方案》，指出科技创新是文化发展的重要引擎，先进文化是科技创新的重要动力，要将广西建设成为在全国有较大影响力的区域文化科技融合中心和中国—东盟文化科技融合发展的交流枢纽、中国文化科技融合发展走向东盟的主力省区，使文化科技融合发展成为广西文化软实力的硬支撑。今后要加快高新技术的研发运用，提升广西文化发展的科技含量，更好地用先进技术建设和传播先进文化，多途径培育壮大文化市场主体，积极发展文化经济实体和文化产业龙头企业，带动、引领、支撑文化产业发展。同时要大力发展文化旅游、文化服务、工艺美术、印刷发行、音像制品、休闲娱乐等优势产业，探索发展网络文化、动漫、游戏、书画广告会展、策划设计等文化创意企业，促进文化产业升级转型，推动文化大发展大繁荣。

表5 加快广西文化产业发展战略统计监测指标表

主要指标		单位	2016年	资料来源
文化产业增加值占生产总值比重		％	2.5	自治区统计局（国家统计局文化及相关产业统计年报审核确定后的数据）
文化产业增加值		亿元	449.11	
一、规模以上文化制造业指标	从业人员期末人数	万人	8.6	
	资产总计	万元	268.2	
	营业收入	万元	550.04	
二、限额以上文化批发和零售业指标	从业人员期末人数	万人	0.06	
	资产总计	万元	98.3	
	营业收入	万元	84.1	
三、规模以上文化服务业企业	从业人员期末人数	万人	3.1	
	资产总计	万元	287.4	
	营业收入	万元	106.25	

江海联动下广西文化产业发展
优势分析

李　雁　詹浩宇[*]

　　2018 年 5 月 6 日，《人民日报》总结广西具有"一湾相挽十一国"面向东盟的地理位置，区位优势非常明显，沿江、沿海又沿边，是我国唯一与东盟既有陆地接壤又有海上通道的地方，区域协调发展的优势体现出"一江春水，连云贵湘粤；半挂云帆，达港澳东盟"的特点，是经济发展的优质载体，也是文化及相关产业发展的沃土，本文就广西依托"一带一路"建设下，在江海联动发展大环境中文化产业的布局和发展现状，利用相关大数据，对广西实现区域文化产业发展的动力、影响力、竞争力等态势进行分析，融入采集大数据与区域文化产业相结合的创新性研究，探索江海联动下广西文化产业发展优势。

一、文化产业发展情况

　　2016 年，广西文化及相关产业增加值 449.11 亿元，同比增长 5.9%（现价），增速比上年低 5.3 个百分点。文化产业增加值总量占地区生产总值比重为 2.5%，这个比重在全国范围看，还比较低，发展空间较大。

---

　　* 李雁，广西壮族自治区统计局社科处调研员；詹浩宇，上海对外经贸大学统计与信息学院应用统计专业 2016 级。

（一）分地区文化产业主要指标分析

2016年，广西文化产业法人单位数量稳步增长，规模以上文化产业法人单位655个，比上年增加18个，增速为2.8％。2016年，广西文化产业法人单位从业人员12.3万人，与去年13.3万人比，从业人员有所减少。

表1　2016年分地区规模以上文化产业主要指标

指标名称	法人单位数（个）	从业人员期末人数（人）	资产总计（万元）	营业收入（万元）
广西壮族自治区	655	123767	6539338.9	7403847.0
南宁市	153	32608	3697975.3	2643835.2
柳州市	70	4459	177542.9	340714.0
桂林市	78	11087	851762.2	524883.6
梧州市	33	4740	97317.7	127632.3
北海市	33	6081	208648.4	899885.4
防城港市	16	797	93945.0	138694.7
钦州市	51	20361	285822.0	1229569.5
贵港市	20	3415	38738.9	86333.3
玉林市	111	33609	380343.4	1016882.1
百色市	36	2169	463389.3	132045.1
贺州市	16	2532	150502.2	179377.6
河池市	21	1070	54273.0	32160.7
来宾市	13	728	35636.1	44525.0
崇左市	4	111	3442.5	7308.5

2016年规模以上文化企业实现营业收入稳定，规模以上文化及相关产业企业实现营业收入740.39亿元，其中，南宁市规模以上文化制造业企业实现营业收入264.38亿元，占全区比重为35.7％。

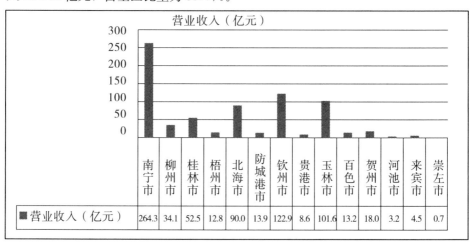

图1　2016年分市规模以上企业文化及相关产业营业收入

（二）沿江区域文化产业发展现状

广西沿江、沿海经济发展呈现了北部湾畔千帆竞发，西江水道百舸争流，红色土地活力迸发，桂林山水秀丽引人的局面，在此对这几个区域文化产业发展状况分析如下：

1. 沿西江等地区文化产业发展情况

珠江—西江经济带上升为国家战略，2014 年《珠江—西江经济带发展规划》正式印发实施，西江是珠江水系的重要组成部分，西接大西南，横贯两广并直达港澳，与国际海运网直接对接，有"黄金水道"的美誉。广西沿西江流域的南宁市、柳州市、梧州市、贵港市、百色市、来宾市、崇左市 7 个城市（以下简称"七市"），七市的文化及相关产业发展情况和分布情况如下：

（1）西江流域文化产业增加值发展较好。

2016 年，七市生产总值总量 10784.3 亿元，占全区比重为 58.9%，2015 年七市文化产业增加值合计 251.3 亿元，占全区比重为 54.4%，所占比重与七市的生产总值所占比重相对匹配，其中，南宁市文化及相关产业增加值 130.2 亿元，占七市的一半以上，柳州 48.6 亿元，梧州市和贵港市分别为 24.1 亿元和 22.6 亿元。

表 2　各市 2016 年文化产业增加值（单位：亿元）

地市名称	2016 年
南宁市	130.2
柳州市	48.6
梧州市	24.1
贵港市	22.6
百色市	12.1
来宾市	8.3
崇左市	5.4

（2）区域文化产业布局不均衡。

2016 年，七市共有规模以上文化及相关产业企业 329 个，其中南宁市 153 个，2016 年，七市规模以上文化及相关产业企业从业人员 4.8 万人，七市规模以上文化及相关产业企业实现营业收入 338.2 亿元，从文化产业单位布局看主要集中在南宁，其他沿西江流域城市的产业布局还有待提升。文化及相关产业发展在西江流域还存在很大的不均衡性，其中一些市虽然文化及相关产业增加值绝对数不高，但是发展速度忽快忽慢，以崇左为例，2015 年崇左市文化及相关产业增加值实现了 8.5 亿元，同比增长 15.25%，2016 年崇左市文化及相关产业增加值 5.4 亿元，同比下降 36%。

表3　2016 年该区域各市规模以上文化产业单位情况

地市名称	单位数（个）	期末从业人员人数（个）	资产总计（万元）	营业收入（万元）
南宁市	153	32608	3697975.3	2643835.2
柳州市	70	4459	177542.9	340714.0
梧州市	33	4740	97317.7	127632.3
贵港市	20	3415	38738.9	86333.3
百色市	36	2169	463389.3	132045.1
来宾市	13	728	35636.1	44525.0
崇左市	4	111	3442.5	7308.5

2. 右江地区文化产业发展情况

右江地区具备了历史传承与红色文化特色，2016 年百色市规模以上文化及相关产业企业 36 个，从业人员 0.22 万人，营业收入 13.2 亿元，百色文化产业发展一方面依托了红色历史传承，1929 年 12 月 11 日，邓小平同志和张云逸、韦拔群等领导发动百色起义，创建了中国工农红军第七军和右江革命根据地，创造了惊天动地的伟业，给我们留下宝贵的精神财富。百色起义精神不仅是红军精神的重要组成部分，也与中华民族百折不挠、自强不息的民族精神息息相通，已经化为一面旗帜、一种文化观念、一种象征，具有十分丰富的内涵。另一方面，除了红色旅游外，还有其他丰富的自然风光和文化景点，如广西通灵大峡谷旅游、广西乐业大石围旅游发展等都是文化产业发展的基础。

3. 漓江区域文化产业发展情况

"桂林山水"是广西乃至中国的名片。桂林旅游业的发展对促进文化产业发展有很大作用。2016 年，桂林市文化及相关产业增加值为 63.39 亿元，比2015 年增加 2.64 亿元，增长 4.35%，占生产总值比重为 3.08%。

（三）沿海区域文化产业发展情况

南宁、北海、钦州和防城港四个市构成了广西北部湾经济开发区，近年来，广西北部湾经济区经济社会发展取得显著成就，经济实力明显增强，目前北部湾经济区在面向东盟开放合作中的地位日益凸显。2017 年，广西北部湾经济区四市生产总值比上年增长 8.3%，增速比上年提高 0.5 个百分点，高于全区经济增速 1.0 个百分点，对全区经济贡献率达到 39.3%。人民生活水平明显提高，文化产业发展也方兴未艾。2016 年，北部湾经济区文化产业增加值200.5 亿元，占全区文化产业增加值的一半。

表 4　2015—2016 年北部湾经济区各市文化产业增加值情况

地区名称	文化产业增加值（亿元）	
	2015 年	2016 年
南宁市	120.8	130.2
北海市	25.4	29.5
防城港市	10.1	11.8
钦州市	24.1	29
合计	180.4	200.5

二、发展中存在的制约因素

2016 年文化产业增加值总量占地区生产总值比重为 2.5%，这个比重相对较低，广西文化及相关产业增加值总量小、比重低、区域间发展不平衡，发展步伐不均，影响总体发展，仍然存在一些制约因素。

（一）各市经济发展不平衡导致文化产业发展不平衡

从经济发展的总量来看，西江经济带七市的差距较为明显，2016 年七市的总量增速都有差异，从分市生产总值增速来看，南宁市比上年增长 7.0%，梧州市增长 7.6%，百色市增长 8.8%，崇左市增长 8.2%，贵港市增长 7.9%，柳州市增长 7.3%，来宾市增长 3.9%。其中增幅高于 2015 年的有贵港市（提高 0.4 个百分点）、百色市（提高 0.7 个百分点）、柳州市（提高 0.1 个百分点）和来宾市（提高 0.5 个百分点）。

（二）各市居民收入差距大导致文化消费不均衡

十几年来，广西收入差距逐年加大。一是城乡差距，2000 年城乡居民收入相差 3969 元，2009 年相差 11471 元，差距翻了近三倍。2015 年城乡居民收入相差 16949 元，差距继续扩大。同时，城市间、城乡间的收入增速匹配度不高，例如，从增长速度看，2000 年以来城镇居民人均可支配收入十年间平均增速为 11.43%，农民人均纯收入增速为 8.79%，相差 2.64 个百分点。无论是增量还是增速，城镇居民都要高于农村居民，从加速度来看，城乡收入差距将进一步拉大。各市的城乡收入差距也存在，最大的差距为 2.15 万元，最小的差距为 1.48 万元，各市居民收入差距大导致文化消费不均衡。

（三）各市文化基础设施差异大

文化基础设施包括了博物馆、图书馆以及文化广场、电影城、书城等设施的完善和服务性，并在有一定范围涵盖了积极组织开展各类文化活动，举办文化节的机构和场所，以及拥有扶持文化出口重点项目，打造民间传统艺术等的能力。目前七市的文化基础设施基础差异较大，以公共图书馆为例，南宁有 14

个，百色有 13 个，柳州有 11 个，其他几个市均不到 10 个（见表 5），图书馆总藏量最多的是南宁市 3426.94 千册，最少的是崇左市 784.79 千册，七市的文化基础设施差异较大。

表 5　2016 年七市公共图书馆基本情况

地市名称	机构个数（个）	从业人员（人）	总藏量（千册）	总流通人次（千人次）
南宁市	14	186	3426.94	3477.38
柳州市	11	162	1970.64	1642.64
梧州市	5	75	1090.99	4626.87
贵港市	6	44	1139.79	532.41
百色市	13	147	1888.94	679.91
来宾市	7	63	830.58	686.30
崇左市	7	57	784.79	392.59

三、江海联动发展文化产业的优势分析

（一）"一带一路"的政策带来文化产业未来发展优势

"一带一路"是习近平总书记统筹国内国际两个大局、顺应地区和全球经济合作潮流提出的宏伟构想。在"一带一路"建设中，如何搭建起包容性巨大的发展平台，把沿线国家的利益结合起来、互联互通，人文合作是一个很好的落脚点。因此，努力促进"一带一路"建设与文化产业的有效结合，从而为国家现代化与民族复兴之路做出贡献。广西合浦是古代丝绸之路的重要门户，广西承载的文化交流和发展很有自身特色，丝绸之路分有海上丝绸之路和陆上丝绸之路，海路是从今天的越南顺化灵江口和中国湛江市徐闻县、广西合浦县出发，抵达马来西亚、印度尼西亚、斯里兰卡、缅甸、印度等国的城市港口，因此合浦也是我国古代"海上丝绸之路"的最早始发港之一，当然也就是古代海上丝绸之路重要门户。文化产业是文化交流最核心也是最有效的形式之一，要把"一带一路"的文化交流做好，一是提炼共性的文化需求，二是发挥每个人的创意，三是企业间的紧密合作，四是社群化的政策协同，从而共同促进"一带一路"与文化产业有效结合。

（二）壮族文化传承的历史优势

壮族拥有悠久历史和灿烂的文化，是中国优秀传统文化重要组成，中华悠久的文化对壮族的发展起到推动作用。现在，文化已经成为经济社会发展中具有最高层次竞争力的战略资源，党的十九大报告提出坚定文化自信，就是要提升民族自治地区的文化品位，发掘文化资源，发挥文化影响力，加大创新创意

力度，把发展文化作为提升经济社会等综合实力的突破口。比如壮族特有的香包、绣球、壮锦等产品一方面可以传承民族文明，另一方面也可以通过创意设计成为不同对象、不同节令、不同场合民族特色商品，以适应市场需要，促进经济发展，从而推动文化产业的发展。

（三）江海联动促进文化产业发展的区域优势

当今数字技术与区域文化产业发展结合起来研究，为我们展示了依托江海联动效应，放大战略区位优势，做好各区域文章，推进广西文化及相关产业发展升级新局面，具体看有以几个区域：

1. 北部湾经济区引擎广西经济和文化产业发展优势

涵盖南宁、北海、钦州、防城港四市北部湾经济区，经过几年的发展，四市生产总值增速高于全区经济增速 1.0 个百分点，对全区经济贡献率达到 39.3%。《广西北部湾经济区升级发展行动计划（概要）》指出该区域将率先基本建成面向东盟的国际大通道和西南中南地区开放发展新的战略支点，成为"一带一路"有机衔接的重要门户核心区，发挥在规划建设、开放型经济、发展动能、产业发展、基础设施、同城化 6 个方面升级发展的先行示范作用，主要指标增速全面领跑全区，经济结构更加优化，综合实力跃上新台阶，对区域性国际开放开发的支撑辐射作用显著增强。该区域大发展也推进了广西玉林、崇左两市交通和物流的经济区发展，也让北部湾经济区和西江黄金水道上城市的发展链接了起来。北部湾以不到广西 1/5 的土地、1/4 的人口，创造了超过广西 1/3 的生产总值、近 2/5 的财政收入和近 1/2 的进出口总额，成为广西经济社会发展的新引擎，为广西文化产业发展开拓出一条不同寻常的发展之路，在这个生机勃发的经济区，中马钦州产业园区位于北部湾畔的广西钦州市，是中国与马来西亚政府合作的第一个园区，是继中新苏州工业园区、中新天津生态城之后我国第三个中外两国政府合作的园区，也是广西在承办中国—东盟博览会后在中国—东盟合作中发挥作用的又一重要里程碑，已经并且加速成为国际区域经济合作新高地和我国沿海经济发展新一极。文化和旅游方面，也将在原有基础上形成北部湾国际旅游度假区，包括北海冠头岭—银滩、涠洲岛、钦州茅尾海等国际休闲度假区等国际滨海旅游胜地，以及延边建设的"中越边关"和"海上丝绸之路"等国际精品旅游线路，推进文化产业特色旅游发展，凸显了引擎广西经济和文化产业发展的优势。

2. 西江经济带在文化产业中发挥重要作用

作为广西另一个重要的经济增长极，西江经济带在广西区域经济发展中发挥着重要作用。2017 年，珠江—西江经济带广西七市生产总值比上年增长 7.9%，增速比上年提高 0.6 个百分点，高于全区经济增速 0.6 个百分点。西江是珠江水系的重要组成部分，西接大西南，横贯两广并直达港澳，与国际海运网直接对接，随着西江黄金水道港口、航道体系布局逐步完善，联通广西与粤港澳大湾区的西江长洲枢纽船闸货物通过量"爆发式"增长，"十三五"期间将重点建设贵港经梧州至广州一级航道、西津二线船闸等项目，实现港口吞吐能力达 1.5 亿吨。西江黄金水道建设带动沿江经济快速发展，促进了文化和旅游事业发展，也改善了流域百姓生活，有利于文化产业的发展。

3. 中国—东盟博览会构筑国际合作大通道的优势

我国与东盟，地缘近、人缘亲、商缘广，加强互利合作，构筑国际合作大通道，推动经济一体化是实现共同繁荣的必由之路。2002 年 11 月，我国与东盟签署《中国—东盟全面经济合作框架协议》，正式启动自贸区建设。2010 年 1 月 1 日，经双方努力，11 个国家合作 19 亿人参与的中国—东盟自贸区建成，成为我国对外建立的第一个自由贸易区，也是世界人口最多的自由贸易区。

这个开放的大通道，内连云贵川渝湘琼粤沪等地，面向东盟各国，构成了广西文化产业发展的坚实基础环境。在此利用相关大数据进行"可视化"处理，通过移动通信大数据了解到，从 2015 年初截至当年中国—东盟博览会召开后 10 天，移动通信数据显示东盟各国在广西漫游总人数 7.2 万人，广西到东盟各国漫游总人数 6.7 万人，广西人出游东盟国家 10.4 万人。移动大数据还显示了各月份广西人在东盟国家漫游人数分布（如图 2），通过数据，我们动态发现广西与东盟国家人员往来，实现了促进旅游和文化产业发展的区域效应。

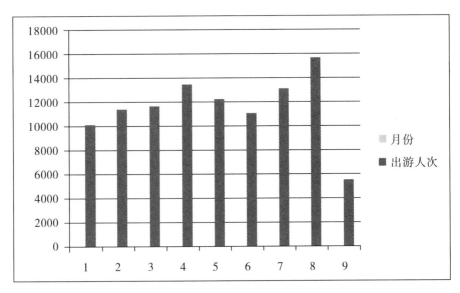

图 2　2015 年 1—9 月大数据显示广西漫游东盟各国人次（单位：人）

4. 与港澳接轨促进文化更好发展

广西承接了港澳和珠三角地区经济发展转移的功能，既可以接受辐射，也可以迎接产业转移，发挥沟通西南地区与东部沿海地区经济联系通道的作用，实现欠发达的西南地区与发达的大珠江三角洲地区社会经济发展的有效衔接，实现全面整合，形成资源互补、产业关联、梯度发展的格局，把"沿海带动内陆、发达地区带动欠发达地区"的战略部署落到实处，促进区域协调发展。与粤港澳经济和社会发展接轨，促进了该区域文化产业的更好发展。

2018年

广西蓝皮书

广西文化发展报告

专题分析篇

广西文化及相关产业发展相对滞后的原因及对策

黄保荣[*]

近年来，面对国内外经济持续下行的压力，全区上下在自治区党委、政府的领导下，坚持稳中求进的工作总基调，全面推进文化体制机制改革创新，促进文化及相关产业（以下简称"文化产业"）大繁荣大发展，呈现规模不断壮大，结构逐渐优化的良好态势。但是广西文化产业底子薄、发展慢，与东部省份及全国相比，差距仍被逐渐拉大，当前要充分认清形势，正视短板和问题，采取有力措施，推动全区文化产业蓬勃发展。

一、广西文化产业发展中存在的短板

2016年广西文化产业发展平稳，全年实现文化产业增加值449.11亿元，同比增长5.9%（现价，以下同），增幅同比回落5.3个百分点。其中文化制造业增加值192.55亿元，同比下降3.9%；文化批零业增加值45.49亿元，增长8.9%；文化服务业增加值211.07亿元，同比增长16.0%。文化产业增加值总量占地区生产总值比重为2.5%，与上年持平。总体上看，广西文化产业发展仍处于起步阶段，总量小、比重低、发展步伐慢的问题没有改

---

* 黄保荣，广西壮族自治区统计局国民经济核算处副处长。

变，文化产业发展存在一些短板和问题。

表1　2014—2016年广西文化产业增加值及构成

文化及相关产业	2014年		2015年		2016年		
	总量（亿元）	分类型比重（%）	总量（亿元）	分类型比重（%）	总量（亿元）	分类型比重（%）	增长（%）
合计	381.39		424.22		449.11		5.9
文化制造业	166.11	43.6	200.46	47.3	192.55	42.9	−3.9
文化批零业	24.56	6.4	41.78	9.8	45.49	10.1	8.9
服务业	190.72	50.0	181.98	42.9	211.07	47.0	16.0
服务业企业	151.93	39.8	141.83	33.4	166.94	37.2	17.7
非企业法人	38.79	10.2	40.15	9.5	44.13	9.8	9.9

（一）文化产业总量小，占比低

文化产业占地区生产总值的比重反映文化产业对经济发展的贡献，是衡量文化产业发展水平的一个重要指标。广西文化产业总量小、占地区生产总值比重低的问题比较突出。

一是文化产业总规模小。2016年，广西文化产业实现增加值449.11亿元，在全国排第20位，在西部12个省排第5位，文化法人企业单位数23330个，在全国和西部分别排在第20位和第6位，资产总计1067.1亿元，在全国和西部分别排在第23位和第8位，总体规模还比较小。

二是占地区生产总值比重低，对经济增长的拉动力不足。2016年，广西文化产业占地区生产总值比重为2.5%，与上年持平，近3年提高0.1个百分点，同期全国提高了0.4个百分点（全国比重4.2%），广西与全国差距进一步拉大，在全国和西部分别排在第24位和第7位，比上年均下降了2位。广西文化产业占地区生产总值比重低，对经济增长的拉动力不足。

三是企业规模小，集约化程度低。2016年，广西文化法人企业单位中"四上"（规模以上工业、资质等级建筑业、限额以上批零住餐、限额以上服务业）企业655家，占全部文化企业比重为2.8%，比全国（4.2%）低1.4个百分点；法人单位平均从业人员数为12.1人，比全国少4.3人，比西部少2.2人，在全国和西部分别排在第24位和第10位。

（二）文化产业发展缓慢，增长乏力

作为新兴的朝阳产业，全国文化产业近几年连续保持两位数的增长速度，远远高于经济增长速度。然而，广西文化产业发展步伐明显落后，2016年广西文化产业增速低于全国7.1个百分点，低于西部省份6.4个百分点，排在西部省份末位。近3年年均增长8.5%，低于全国平均水平5.0个百分点，差距明显。

一是文化"四上"企业发展低迷，比重首次跌破五成。2016年，广西文化"四上"企业实现增加值222.71亿元，同比下降2.6%，占文化产业增加值比重的49.6%，较上年回落4.3个百分点，比重首次跌破五成。其中，文化制造业法人企业数量、从业人员数和资产总计分别同比下降9.7%、9.0%和9.7%，增加值减少9.06亿元，同比下降5.3%。

二是部分行业发展集中，内部竞争明显。限额以上文化批发零售业中，仅图书报刊零售、家用视听设备零售2个行业（122家）就占限额以上文化批发零售业企业个数的65.6%；规模以上文化服务业主要集中在游览景区管理、工程勘察设计、广告业、电影放映四个行业，共132家，占规模以上文化服务业225个企业的58.7%。区域内某个行业大量聚集容易产生过度竞争，摊薄行业利润，不利于行业的良性发展。

三是传统文化产业仍占据主导地位，但增速已经明显放缓。从行业小类看，增加值占文化产业比重超过5%的仍是广西的一些传统产业，包括天然植物纤维编织工艺品制造（6.2%）、广告业（6.7%）、包装装潢及其他印刷行业（6.4%）、焰火鞭炮产品制造（6.3%）、音响设备制造（5.1%），这几个行业在文化产业中的比重还在提高，但是增速较前两年已经明显放缓。

二、主要存在问题的原因分析

党的十八大以来，我国文化产业蓬勃发展，始终保持两位数增长，全国已有北京、上海、浙江和广东4个省（市）文化产业增加值占地区生产总值比重超过5%，成为当地的支柱型产业，有14个省（区、市）比重在3%~5%之间。广西虽然奋起直追，但是与全国相比，差距还在被进一步拉大。究其原因，有发展基础差的原因，也有转型升级慢的问题。

（一）文化产业固定资产投资少，发展后劲不足

投资是拉动产业快速发展的中坚力量。从近年的固定资产投资情况看，广西文化产业投资明显不足。"十二五"期间，文化艺术类累计完成固定资产投资274亿元，仅占同期全区固定资产投资总额的0.44%。2016年，文化艺术类完成固定资产投资78.8亿元，同比增长3.2%，低于全区固定资产投资9.6个百分点，规模仅为卫生行业的二分之一、教育行业的六分之一。作为经济发展的先行指标，投资在很大程度上预示了后期的发展走势，文化产业投入不足将直接影响未来几年的发展速度。

（二）传统制造业发展略有萎缩，新兴产业崛起动力不足

受跨区域性网络新媒体、物联网等文化新业态的冲击，广西传统文化产业

如报纸出版、图书报刊零售、音像出版、雕塑工艺品制造等产业逐年萎缩。与此同时，软件开发、动漫制作等新型产业尚处于萌芽状态，没有形成规模效应，部分行业甚至尚未涉足，出现了较为明显的断档期。2016 年，在文化产业120 个小类行业中，广西"四上"文化企业只覆盖 68 个行业，仍有 52 个行业出现空白。

（三）文化支出比重小，消费活力不足

伴随着居民收入的增长，文化消费需求逐渐旺盛，文化消费迅速增长，文化消费正成为我国经济转型升级的新动力。广西文化消费在城乡居民日常消费结构中的比重并不高，也未出现明显增长，2016 年甚至出现了下降的趋势，这与经济社会发展不相适应。2016 年，广西城镇居民人均可支配收入和消费支出齐头并进，分别增长 7.2％和 5.8％，但是文化娱乐支出反而下降了 4.2％，占城镇居民人均消费支出的比重由上年的 5.1％下降到 4.6％，而 2015 年全国城镇居民人均消费支出的比重已经达到了 5.7％，2016 年比重将更高，差距在进一步拉大。2016 年，广西农村居民人均消费支出中文化娱乐支出的比重更低，仅为 1.9％，而 2015 年全国农村居民人均消费支出的比重已经达到了 2.6％。文化消费不足主要涉及收入水平、消费水平、消费习惯等问题，消费不足反过来制约了文化产业的生产以及文化市场的发育，形成了非良性的循环。

（四）企业经营效益不佳，"四上"企业亏损面较大

2016 年，广西文化产业资产总规模为 1067.1 亿元，同比下降 1.5％，"四上"企业亏损面较大，在 655 个"四上"企业中亏损企业有 168 家，亏损面达到 25.6％。此外，广西文化产业单位普遍小型化，难以形成规模效应，缺乏竞争优势。

三、对策建议

近年，党中央加强了对文化体制改革的重视程度和扶持力度，国家在"十三五"规划中明确要把文化产业发展成为国民经济支柱型产业，党的十九大报告明确提出了要坚定文化自信，推动社会主义文化繁荣兴盛，文化产业必将成为未来较长一段时期推动我国经济发展的一个新的增长点。广西要抓住难得的发展机遇，坚持以习近平新时代中国特色社会主义思想为指导，坚定"四个自信"，立足于本地丰厚的特色文化资源，积极推进文化领域供给侧结构性改革，充分发挥文化产业的后发优势，挖掘文化发展巨大的空间和潜力，迎头赶上，全力推进民族文化强区建设。

（一）完善政策措施，加大文化产业投资

积极稳妥推进文化体制改革，建立起政府引导、企业市场化运作的体系，

从根本上解决制约文化发展的基本问题。一是制定完善政策措施，加大文化投资力度。制定和完善文化发展的政策措施，简化行政审批程序，落实税收优惠政策，切实减轻企业负担；鼓励文化产业投资，壮大文化市场主体规模；加强公共文化基础设施建设，扩大公众受益覆盖面；打破阻碍民间资本进入文化产业的"玻璃门""弹簧门"，鼓励和引导社会资本投入文化产业，激发文化市场活力。二是建立多元化投融资体系，畅通融资渠道，解决文化企业融资难、融资贵的问题。三是加大政府财政扶植力度。政府积极引导文化产业发展和投资方向，增加财政扶植力度，发挥政府财政资金的导向作用，引导企业发展投资方向，发挥财政资金"四两拨千斤"的效果。

（二）改造传统产业，促推产业转型升级

当前广西文化产业正处于升级换挡的重要时期，要将培育新兴文化产业和改造传统文化产业相结合，形成综合性文化产业格局。一是鼓励推进文化科技创新，加大科技投入，引导传统文化产业主体转型升级，积极应对市场竞争。二是创新文化产业发展理念，加强文化产业示范基地和园区建设，引入一批大型文化企业进驻，做大做强一批文化龙头企业，组织实施文化人才扶持计划，培育扶持发展新型文化产业，进一步探索"互联网＋"产业发展新模式，重点在移动多媒体、数字出版、文化创意、动漫制作等方面有所突破，形成以本地特色文化为主导和高科技产业集群为主体相结合的文化新高地。

（三）引导文化消费，扩大消费规模

党的十九大报告中指出，我国社会主要矛盾已经转化为人民日益增长的美好生活需要和不平衡不充分的发展之间的矛盾。当前，人民一般性的物质和文化需求已经基本得到满足，对消费结构提出了更高的需求，对物质和文化的消费潜力十分巨大。要把优化产品供给结构、提高公众消费能力和消费意愿作为扩大文化消费的重要抓手。一是繁荣文化市场，加强文化监管，营造良好文化市场环境，打造公平、公正的消费平台。二是扩大文化产品供给，提供更加符合当前公众需求的文化产品，满足不同层次、不同消费群体的多样化文化产品和服务需求。三是培育引导文化消费。要结合本地特点，进一步挖掘特色文化主题，打造文化品牌，结合"壮乡三月三"、"文化＋旅游"、中国—东盟博览会、"百店大促销"等区域特色活动，营造文化消费氛围，激发消费活力，提高消费水平，促进消费增长。

（四）加大"四上"企业培育，壮大文化市场主体

加强部门沟通协作，明确责任，注重激励，完善优惠措施，积极培育文化"四上"企业，鼓励企业上规入统，增加"四上"文化企业的数量和规模，客观、真实地反映广西文化产业发展总体情况和发展趋势。

广西文化发展报告

广西社会科学院 编

文博研究篇

2018年

广西 **蓝皮书**

广西文化发展报告

文博研究篇

广西壮族自治区博物馆改革创新发展报告

吴伟峰 [*]

2017 年 4 月 19 日，习近平总书记到合浦汉代文化博物馆视察时指出："博物馆是一所大学校，博物馆建设应注重特色，不要'千馆一面'，不要追求形式上的大而全，展出内容要突出特色。"同时强调要让文物说话，让历史说话，让文化说话。要加强文物保护和利用，加强历史研究和传承，使中华优秀传统文化不断发扬光大。要增强文化自信，在传承中华优秀传统文化基础上发展社会主义先进文化，加快建设社会主义文化强国。

广西壮族自治区博物馆（以下简称"广西博物馆"）全体干部职工认真学习并遵循习总书记在广西视察时的重要讲话精神，努力实践"博物馆建设注重特色"的要求，积极顺应时代发展新趋势，努力探索工作新理念新方法，借助改扩建的契机，用实际行动充分挖掘和彰显特色，让馆藏文物真正活起来，让凝结在文物中的历史记忆和文明光芒照进现实，讲好中国故事，讲好广西故事，扎扎实实推进各项工作。

一、立足改建项目，助推广西发展

2015 年 3 月，习近平总书记参加十二届全国人大三次

---

* 吴伟峰，广西壮族自治区博物馆馆长、研究馆员。

会议广西代表团审议时指出，"一带一路"规划对广西的定位，是发挥广西与东盟国家陆海相连的独特优势，加快北部湾经济区和珠江—西江经济带开放开发，构建面向东盟的国际大通道，打造西南中南地区开放发展新的战略支点，形成 21 世纪海上丝绸之路和丝绸之路经济带有机衔接的重要门户。

广西博物馆成立于 1934 年，是省（自治区）级综合性历史、艺术类的全国首批国家一级博物馆。目前馆藏藏品 7 万多件（套），时间跨度长达 80 多万年，在铜鼓、岩画、古玻璃、海上丝绸之路、茶马古道、壮锦等领域的研究成果具有较大的国际影响力。广西博物馆始终坚持以学术立馆，通过对馆藏文物、历史文化以及博物馆学的研究，服务博物馆的各项工作，并依托地方资源，举办高品质的陈列展览、开展形式多样的教育活动、设计新颖的文创产品服务社会，年接待观众逾百万。

为有效服务国家"一带一路"倡议，加快广西文化大发展大繁荣和民族文化强区建设，提升广西对外开放和现代公共服务水平，广西博物馆历经数十年的反复酝酿、精心筹备，改扩建工作已进入冲刺攻坚阶段。2016 年 3 月，广西博物馆改扩建项目列入了 2016 年自治区政府工作报告；同年 8 月，项目建议书得到自治区发改委批复立项；2017 年 2 月，博物馆改造提升工程列入了《国家文物事业发展"十三五"规划》。目前，广西博物馆改扩建项目已完成招标进入形式设计阶段。

改扩建后的广西博物馆综合能力将大为提升，展厅面积将由现在的 4000 平方米提升到 13000 平方米，展出文物将由 600 多件增加到 3000 多件，展示的历史跨度也将由目前的先秦到两汉，拓展为囊括各个历史时期的通史体例。广西博物馆将继续集收藏、保护、研究、展示、教育于一体，继续延续"内外结合、动静相辅、有声有色、有滋有味"的办馆特色，依托中国—东盟自由贸易区的中心区位优势，着力打造成为国际文化交流平台，国家重要文化阵地，广西首府文化建筑的新地标，南宁特色文化旅游的新景点，更好地服务社会、服务大众。

二、夯实馆藏基础，创新文物保护

习近平在全国文物工作会议作出的重要批示中指出，保护文物功在当代、利在千秋，"各级党委和政府要增强对历史文物的敬畏之心，树立保护文物也是政绩的科学理念，统筹好文物保护与经济社会发展"。习近平关于对历史文物增强"敬畏之心"的重要指示，指出了文物保护工作的关键所在。

广西博物馆一直将文物保护工作列为各项工作的重中之重，多年来全面贯彻"保护为主，抢救第一，合理利用，加强管理"的文物工作方针。

在文物征集方面，组建了专门的"文物征集工作组"，健全规章制度和程序，加大资金投入，加强藏品的征集。2017 年开展了 10 次征集工作，进行了 5 次拣选入藏工作，新增 300 多件藏品。

在文物管理方面，加强藏品研究和合理利用，在保护中发展，在发展中保护，提高馆藏品的利用率。文物保存环境和庋藏设施设备日趋规范化和科学化，在新材料的尝试应用和技术的推陈出新上达到全国先进水平，文物修复方面享誉全国。广西博物馆文物保护修复中心从 2015 年启用至今，搭建起了广西博物馆与区内外文博单位之间学习和交流的平台，为推动广西博物馆乃至全区的文物保护修复事业更上一个台阶发挥了重要意义。同时，还将借中国—东盟国家文化交流合作的契机，发挥广西博物馆作为开放门户的作用，开启和助推中国与东南亚国家之间文物保护修复方面的合作与交流。

2015 年 1 月申请开展可移动文物预防性保护实施方案（一期）。2015 年 4 月获批，该项目 2015 年 11 月正式开启。已建立了广西博物馆无线监测评估系统，主动、被动调控系统，熏蒸消毒系统，配置了囊匣柜架、文物保护修复工具与仪器设备，制定完善藏品保护监察管理机制等，基本完成项目预期成果。

2017 年，完成了对广西博物馆馆藏浮雕饰大铜钟的保护工作；完成了 24 件青铜器文物的保护修复工作；完成馆藏书画修复保护项目 30 件（套）（共 53 幅）书画保护修复工作，均在本年度通过评审完成结项。基本完成馆藏合浦汉墓出土金属文物保护修复项目，除外展的铜凤灯外，该项目的其余 98 件（套）金属文物皆保护修复完毕。

与此同时，广西博物馆十分注重馆藏古籍保护利用，努力提升服务水平和保护能力。2011 年成立广西首批"自治区级古籍修复中心"以来，对馆藏受损古籍开展了有针对性的修复工作，至 2017 年底已经完成了 115 种不同文献少数民族及地方古籍文献的修复工作。目前已开展对已修复的古籍采用文物专用 RP 袋封扎做真空保存的实验。这种新型文物专用 RP 袋可从根本上杜绝古籍产生病虫害及纸页发霉受潮的可能，这是在广西特有的湿热气候条件下对古籍保护的一种有益的新尝试。

在数字化、智慧化时代，广西博物馆尝试多途径利用古籍文献，并在各类社交平台上以多种形式推广宣传广西博物馆的信息及文保知识，使其成为极具特色的博物馆门户窗口。

三、依托地方资源，推出精品展览

习近平总书记强调："要系统梳理传统文化资源，让收藏在禁宫里的文物、陈列在广阔大地上的遗产、书写在古籍里的文字都活起来。"意即要让文物说话、让历史说话、让文化说话，其目的在于通过静态的文物来传承历史文化、凝聚民族精神和作为对外交流的媒介。文物是历史文化的记忆，也是民族基因的载体。让文物活起来，讲述文物背后的故事，可激发广大社会公众对传统文化的了解、认同和热爱，也可丰富民族精神、激发正能量、增强软实力。

近年来，广西博物馆展览日趋活跃，展藏比例不断提高，博物馆的文化辐射力和社会关注度得到空前提高，用主题展览弘扬优秀传统文化和社会主义核心价值观，并积极推动文物保护成果创造性转化。广西因兼具山水文化、民族文化、边关文化、海洋文化、红色文化等特点而独树一帜。作为展示和传承广西历史文明、弘扬优秀传统文化的艺术殿堂，广西博物馆在陈列展览方面不断探索改革、推陈出新，全力讲好广西故事。

广西博物馆积极契合国家"一带一路"倡议，参与和助力"一带一路"文化建设。2015 年，广西博物馆参与大型"海上丝绸之路"文物精品展"丝路帆远——海上丝绸之路文物精品九省（市、区）联展"，同时，参与策划实施"茶马古道——八省区文物联展"。2017 年，甄选铜凤灯、干栏式铜仓、胡人座陶灯、汉代玻璃杯等文物参与中国国家文物局和美国大都会博物馆联合举办的"帝国时代——中国古代秦汉文明展"。在这些展览中，具有多重历史价值的广西文物大放异彩，充分印证了古代中国发展的"东联西进，陆海相通"。同时，通过展览，佐证了背靠大西南、面向东南亚的广西处于古代茶马古道（滇藏茶马古道）的东段，是茶马古道的重要组成部分，是西南与珠江流域之间的双向贸易集散地，也是陆上丝绸之路与海上丝绸之路的勾连环节。2017 年，广西博物馆与台湾花莲县合作，推出"桂花与壮太——壮锦太鲁阁锦历史文化展"，首次以展览的形式呈现桂台两地在织锦方面的合作交流。展览对于进一步加强桂台文化交流与合作，具有重大的意义，是国家深化大陆和台湾地区合作发展战略的具体体现。

此外，广西博物馆充分利用区位优势，探索实践走出去理念，积极开展与东盟国家的交流与合作。广西博物馆与越南国家历史博物馆共同举办了"中国广西文物精品展""越南铜器——传统与特色""海上丝路遗珍——越南出水陶瓷精品展"等多次交流展览，为增进中国与越南的友好关系，促进两国文化交流，加强中国与东盟国家的联系发挥了积极的作用。

目前，广西博物馆正处在改扩建的关键时期，改扩建完成后，广西博物馆陈列展览将不断推陈出新，除打造特色浓郁的原创展览，引进国内外精品展览，还将加强与东盟国家的合作，推出相关展览，助力国家对外合作交流及文化建设。

广西博物馆强核强心、筑路搭桥，合作探索，举办了一系列主题突出、内容丰富、特色浓厚、精品荟萃、技术创新、以人为本、注重文保的原创陈列展览，今后将继续坚持以为社会发展服务、为人民服务为目标，在"一带一路"建设的背景下，锐意创新，不断提升陈列展览水平。

四、创新扶贫机制，弘扬文化自信

习近平总书记关于精准扶贫的重要论述是中国政府当前和今后一个时期关于贫困治理的指导性思想，党的十九大报告中提出"坚定文化自信，推动社会主义文化繁荣""没有高度的文化自信，没有文化的繁荣兴盛，就没有中华民族伟大复兴"，明确了文化自信在"四个自信"中的基础性地位，对文化建设进行了全面部署，对文物工作提出了新要求。作为国家文化建设中坚力量的文博行业，承担起了更为重大的历史责任。

广西博物馆在全面深刻理解习近平总书记的一系列关于精准扶贫和"文化自信"的重要论述和党中央、自治区党委关于打赢脱贫攻坚战的重大决策部署之后，结合自身特点与优势，以问题为导向，深入山乡村落，发挥研究、展示和宣传历史民族文化的专长和资源优势，寻找服务社会的更多方式，通过非物质文化遗产保护和传承的新方式、精准扶贫中的文化技能培训，拓展和延伸博物馆发展文化产业的内涵和服务功能，走出了一条独具特色的博物馆扶贫之路。

少数民族织绣及技艺一直是广西博物馆重要的研究对象。根据上级领导的指示，广西博物馆结合贫困村以留守妇女居多的情况，乘势利导，因时制宜，制订了文化技能扶贫暨广西民族传统织绣培训计划，致力于建立有内生动力、有活力，能够让贫困人口自己劳动致富的长效机制。针对扶贫对象的贫困情况，确定责任人和帮扶措施，确保帮扶效果；保证教育培训、结对帮扶到村到户，帮助他们发展生产，增加收入。2012年起，广西博物馆立足国家特色产品重点项目"桂绣"，联合地方政府、企业、社会组织开办"传承技艺 唤醒记忆——文化技能扶贫暨广西少数民族传统织绣培训"，主要以织绣工艺培训为切入点，对农村留守妇女进行织绣技能培训。与广西文创研发企业、广西织绣发展研究会合作在广西百色田东县、贺州黄姚镇、崇左龙州县金龙镇开设织绣非遗培训班，研究和传承并举，文化和扶贫结合，逐渐摸索出一条非遗技艺扶贫的新模式，受训的普通农妇足不出户，既增加了收入又拥有了一技之长，一些农妇甚至获得"广西工艺美术大师"的称号。通过开展这样的"生产式"保护，既可以保护、传承和发展织绣技艺，培养民族民间织绣传承人，又可以解决老、少、边、穷地区的就业、创业等问题，增加当地农民收入，改变贫穷面貌，可谓是一举两得。博物馆以"博物馆＋政府＋公司＋基地＋农户＋市场"

的模式参与扶贫项目，在众多博物馆中也是一种全新的尝试。同时，以织绣培训成果为基础，全面开发广西少数民族特色的文化旅游创意产品，并逐步辐射与带动相关文化旅游产业的发展，全力助推广西特色文化产业的发展与壮大。将民族遗珍融入今天的生活，让民众脱贫受益，使广西的民族刺绣工艺重焕光彩，欣欣向荣。

以黄姚为试点，带动特色产业。以织绣培训的成果为基础，全面开发突显广西少数民族特色的文化旅游创意产品，同时重点培养织绣骨干，成为当地特色旅游发展和民族旅游产品开发的主力军，突破"千城一面"的同质化困境，全力助推广西特色文化产业的发展与壮大。

随后，广西博物馆还在馆内设立凤立村"第一书记"扶贫特产店，鼓励村民通过博物馆销售自家农副产品，从而解决销售渠道问题。扶贫店运营至今，由广西博物馆办公室派专人统一经营管理，不断根据市场来调整店内商品和经营方式。商店获得的利润再投入扶贫项目，如此循环。比如，博物馆使用获得的扶贫创收，为凤立村六盏屯的黄姓遗孤重新盖了房屋。同时，商店的产销链也吸引一些青壮年人返乡务农。从种植生产到产品运输都由村民负责，参与各环节的村民都能因此受益，脱贫的道路越走越宽。同时，扶贫店也积极展开合作，引入更具吸引力的产品。例如 2017 年端午节，广西博物馆和台湾花莲县合作举办"壮锦太鲁阁锦历史文化展"期间，便用花莲县特有的茶叶、配方和广西乡村自产的土鸡蛋，制作并销售的台湾版茶叶蛋，颇受欢迎。除了食品，博物馆扶贫店也进行传统手工艺品的销售。

广西博物馆还在村里积极策划组织具有当地特色的节日活动，唤醒村民对传统文化的记忆和认识，更增强了他们的文化认同感。与此同时，广西博物馆还与村里的小学开展合作，让村里的少年儿童走进博物馆，为他们讲解"西瓯""骆越"文化等，使他们知晓先祖们创造的灿烂文化和昔日的荣光，点燃他们的民族文化自信，告诉他们孩子是一个国家、一个民族的未来，少年强则国强。除此之外，也邀请村干部外出座谈，参观城市现代化的博物馆与商业活动，拓宽视野，以便他们能更好地引领当地村民致富。广西博物馆以这种"走出去""请进来"的创新方式，让博物馆"活起来"，让历史文化重现光彩，逐渐恢复日渐没落的传统民俗风情。

为了充分发挥博物馆在挖掘展示历史、民族文化的专长和人才优势，2016年，广西博物馆设计筹建的"神采界塘——黄姚镇界塘村史陈列"在黄姚镇界塘村开展，通过"我们的家园""我们的故事""我们的生活""界塘梦"等四个部分，图、文、物并茂地展示了界塘村的自然地理、人文历史、生产生活。2017 年，计划筹建黄姚镇凤立村壮族村生态博物馆。

凡此种种，均坚持非遗与民生相结合，文化与扶贫共促进，帮助当地人在自己的文化资源中受益，这是广西博物馆秉承的扶贫理念，是文化扶贫探索道路的一大创新亮点。这不仅唤醒了村民对民族文化瑰宝的记忆，使之精神脱贫，更增强了其自身造血功能，走上短期脱贫、长期致富之路，进而弘扬和传播民族文化，重燃文化自信。

五、秉承特色主题，打造活动品牌

广西博物馆在深入发掘遗产文化价值的同时，还应不断丰富文化展示体验活动，推出文史专题讲座、文玩鉴赏、互动体验活动等多项与文物有关的开放性活动，丰富基层精神文化生活，进一步发挥博物院"大学校"职能。

（一）联合广西区内文博资源，开发博物馆特色研学旅行

广西博物馆首家推出"跟着博物馆游广西"研学旅行项目，研学活动的方案路线由广西博物馆与相关机构共同设计，力求将广西各地博物馆作为研学旅行的线索，将"读景、读书、读史"与"游历、游玩、游学"紧密结合，打开博物馆的围墙，走向广西多姿多彩的人文民俗和山清水秀的自然风光，在旅程中，孩子们不只是简单地聆听和观看，还在博物馆老师的带领下，开展民俗体验、角色扮演、寻宝闯关、非遗手工制作等活动，在寓教于乐的互动氛围中，真正发挥博物馆在研学旅行中的引导作用。在联合各地市博物馆共同开展此项目的过程中，广西博物馆也有效发挥了区域引领示范作用，推动了全区博物馆教育工作的发展与创新。

（二）扩大馆校课堂合作规模，更新历史与民族文化课程

广西博物馆积极与有关单位合作创新，设立教学点，不断拓展教育空间，并针对青少年开设了"瓯骆学堂"这一具有鲜明本土特色的馆校合作课程。

（三）拓宽博物馆理念宣传渠道，塑造城市新型文化空间

广西博物馆根据区域发展，主动创新文化传播方式，使博物馆加入塑造城市新型文化的队伍当中。2017年，广西博物馆以"一带一路"为主题，与南宁地铁合作打造了广西第一个博物馆主题站厅，赋予广西"海上丝路"历史文物以艺术化的表达，设计了"开往博物馆的地铁"系列活动，让观众在地铁站厅就能感受历史，学习历史。广西博物馆还借此机会举办了"穿越古今话交通"主题教育活动，给公众带来了更好的文化艺术体验。

（四）构建志愿者团队培养"1＋N"模式，完善志愿服务体系

博物馆志愿者是博物馆服务的重要组成部分，广西博物馆现拥有10个高校志愿者团体。为进一步调动团队积极性，广西博物馆计划深入高校的各个社团、社群，打造由博物馆引导，各高校积极参与的"1＋N"志愿者培养及志愿

项目孵化平台，以高校社群、社团为单位，执行志愿服务的协同创意，同时促进志愿项目的衍生与传播。

（五）助力广西"三区"宣教事业，谋求地区间博物馆均衡发展

西部地区的中小博物馆要提升文化竞争力，需要在把握自身特色的同时，积极的对外学习。广西博物馆历来重视与国内文博同行的馆际交流与合作，与河南省博物院联合开办"三区"文化人才培训班已有数年，多位接受过培训的"三区"宣教工作者已成为本单位的业务骨干，在基层工作岗位上表现优秀。由此，广西博物馆发起和主导的"三区"文化人才培训，为地区间博物馆的均衡发展贡献了重要力量。

（六）结合馆藏特色和行业动态，赋予文物网络"新生命"

自 2016 年"5·18"国际博物馆日起，广西博物馆运用网络微视频的形式，特别策划了"馆长说宝"节目，选取了馆内特色文物或非遗代表物作为展示对象，通过创设场景、情景演示、互动问答等设计，将文物背后的故事娓娓道来。吴伟峰馆长身体力行，在第一线亲自录制并提供影音资料，通过后期剪辑完成节目，在呈现博物馆界展览盛事的同时，也进一步宣传和弘扬了广西历史文化。同时启动了《馆长说宝》线下沙龙活动，让民族文化研究学者、非遗技艺传承人、民族工艺企业家和爱好者齐聚一堂，畅谈非遗的民间传承和现代商业运作的情况，使得节目的深度与影响有了更多的延伸与扩展。

六、发掘文化创意，拓展多方合作

在创新发展特色方面，广西博物馆致力于创新产品的设计以及博物馆整体文化创意氛围的打造，创造了丰富可行的实践和成果，把博物馆建成了多功能的文化设施，满足日益发展的社会需求。2017 年荣获首批自治区文化创意产品开发示范基地、中国—东盟博览会文化展文化创新奖。

（一）第一个与台湾"共建民族文化产业发展研究基地"

为进一步促进海峡两岸的文化交流与合作，深耕两岸民族文化的联系与互动，积极推进民族文化产业发展，广西博物馆与广西织绣发展研究会、台湾花莲县秀林乡秀林社区发展协会本着"资源整合、优势互补、共创发展的原则"，共同建立民族传统文化技艺复振及创意产业发展研究基地，开展广西与台湾花莲县民族工艺的考察、研究、培训与研发等进行全方位、深层次的交流与合作，积极推进文创产品深度合作研发。举办"桂花与壮太——壮锦太鲁阁锦历史文化展"，弘扬、传承民族传统文化。同时还合作研发了多款文化产品，如壮太斜背包、围巾、钱包等。这在全国博物馆独树一帜。

（二）独创"文创市集"和"文化创意空间"

首创博物馆文创市集，促进创意成果转化，推进文化创意产业发展，让创意进入市场，让艺术走进生活。广西博物馆成功举办"品味广西：2017 三月三首届文创市集""智慧历史　创意生活"——2017 年 5·18 国际博物馆日、"庆国庆迎中秋文创市集""迎新年——2018 元旦文创市集"活动。博物馆文创市集是发展文化创意产业方面跨界融合的一个非常重要的尝试，有着非同寻常的意义。一是搭建交流平台，促进了文博单位、文化企业、高等院校、民间艺人等不同群体之间的互通互助、合作共赢；二是汇聚创意人才，点亮创新理念，激发创意灵感，激励优质作品；三是传播优秀文化，让创意进入市场，让艺术走进生活，让更多的老百姓对文博单位的文物元素有了更形象的认识，对优秀民族文化的内涵有了更深入的了解。

为保护、继承、弘扬优秀民族文化，让人民群众分享文化创意的成果，加快文化创意产业发展，广西博物馆创建"文化创意空间"，它集文化传承、文化体验、文化创意等多种功能于一身，是一个以沙龙、讲座、研讨等形式分享博物馆文化产品创意、合作研发、动手开发的空间。现已成功举办多场活动，如文创讲堂、学术沙龙、研讨会，以及广西大学生优秀文创产品路演等，汇聚众多广西文创精英，孵化更多富有创意的、特色鲜明的广西文化创意品牌，提升广西文创在社会的影响力。精美的展览、新奇的产品、温馨的空间、雅致的氛围，每天都吸引了不少游客，成为广西博物馆的一个新亮点。

"文化创意空间"围绕文化创意产品打造品牌，还将搭建生产厂家和创作者之间的桥梁，积极推动文创作品进入社会，走入百姓生活，打造一批具有标杆意义的广西文创产品品牌。这是博物馆文化产业发展的一种新的尝试和新的载体。

（三）文创产品研发跨界融合，促进国际合作与交流

广西博物馆作为文化创意产品开发试点单位，充分利用广西历史文化优势，继承传统，探索创新，努力发展文化创意产业，积极开发文化创意产品，按照有纪念意义、有陈列收藏价值、便于携带的原则，研制生产具有广西地方特色、历史特色、民族特色、广西博物馆特色的纪念品和工艺品，变历史文化资源为系列产品。创新设计的文化产品获各种奖励，有的还获得全国性的金奖、银奖、铜奖，逐步提高了博物馆文化产品的社会认知和影响力。

广西博物馆馆长亲设计，人人搞文创，大家参与文化创意产品的设计，在馆里形成浓郁的争先创意氛围，研发了数百件极具地域特色的文化创意产品，包括骆越文化、山水文化、花山岩画、茶马古道、"一带一路"等十五个系列，其中以"累蹲蛙壶""凤灯时尚竹编手提包""骆越王腰牌"为代表作，获奖累

累。同时积极寻求社会力量参与文化创意产品研发、生产和经营，建立优势互补、互利共赢的合作机制，打造博物馆文化创意品牌，让凸显浓郁的地域特色和生活化的巧妙设计，同时又拥有亲民而实惠价格的文创产品，走进百姓家庭。

七、成立海丝中心，助力"一带一路"

2017年，广西博物馆还成立了广西古代海上丝绸之路研究中心，从机构和人员方面加大遗产保护、管理、研究、展示工作力度，积极与科研机构及高校合作，实现学术资源共享，依托平台优势不断丰富广西古代海上丝绸之路研究成果，为广西海上丝绸之路研究提供学术支持，对促进东盟合作交流，助力"一带一路"建设有积极意义。

（一）课题研究方面

完成合浦县人民政府委托的"合浦汉墓群综合研究"及"合浦汉墓群与汉代城址的时空关系研究"这两项具有重要历史和现实意义的科研课题。一方面，合浦是岭南地区汉墓分布的重要区域，也是具有代表性的墓群之一。对其研究，可为复原合浦乃至岭南和中国的汉代社会文化生活等提供充盈的实物资料，而作为汉代重要的对内外港口，对合浦汉墓出土的与海上贸易及中外文化交往相关的器物研究，可为汉代海上丝绸之路提供重要实证。另一方面，墓葬与城址是高级聚落中的两个主要构成单位。我们可以通过对墓群与城址的时空关系研究，进一步完善聚落中的各构成单位，从而达到复原合浦汉代社会的目的。

对合浦汉墓及汉代城址的研究也可为国家"一带一路"倡议，以及近年文物部门针对合浦汉墓群开展的原址保护、建设汉墓博物馆、考古遗址公园以及海上丝绸之路北海段申报世界文化遗产等，提供基础的理论支撑。

（二）宣传推介方面

海丝中心不断丰富文化传播方式，积极配合中央电视台《国宝档案》、广西电视台《桂学故事》等栏目的采访工作，提高民众对广西古代海上丝绸之路及相关遗产保护、申遗工作等的认识。此外，由中心负责编写的《汉代合浦港的考古学研究》《合浦汉墓》《丝绸之路》三书已完稿，拟年内出版。

（三）对外交流方面

与合浦县申报海上丝绸之路世界文化遗产中心建立长期合作交流关系，为"海上丝绸之路·北海史迹"申遗工作提供学术支持。与合浦县申报海上丝绸之路世界文化遗产中心联合承办"跨地区跨国界的多维对话：汉代海上丝绸之路学术"学术研讨会，凝聚国内外专家学者深入开展"海上丝绸之路·北海史迹"遗产价值基础研究。2017 年 4 月，德国考古研究院博士来访我中心，交流东南亚考古发现成果，并就下一步合作达成意向。

"让文物说话，把历史智慧告诉人们。"习近平总书记的谆谆嘱托犹在耳边，文博工作者深感使命光荣、责任在肩。广西博物馆将继续坚持以为社会发展服务、为人民服务为目标，在"一带一路"建设的背景下，以创新为助力，在服务理念、策划展览、树立品牌、产品设计等方面不断激发热情，开拓思维，砥砺奋进，再上新台阶。

广西民族博物馆的建设历程及特色分析

吴伟镔 *

一、建设历程

广西民族博物馆是国家一级博物馆，由广西壮族自治区文化厅主管，是财政全额拨款的公益一类事业单位，是国内目前建筑规模与展示面积最大、公共服务设施齐备的民族文化专题博物馆。其建馆定位是主要负责对本区域民族文化遗产及东盟 10 国和世界各国相关民族文化资料信息进行征集、收藏、保护、研究、展示等工作；开展民族文化对外交流活动，提供公共服务，指导全区民族生态博物馆的业务建设。

广西民族博物馆自 2002 年启动筹备建设，2003 年被自治区人民政府确定为"十一五"重点公共文化设施建设项目，2006 年被自治区党委政府列为自治区五十大庆重点工程及献礼项目，2008 年 12 月竣工，2009 年 5 月 1 日实现对公众长期免费开放。馆址位于南宁市青秀山风景区，地理位置优越，占地 130 亩，总投资约 2.3 亿元，总建筑面积 33500 平方米，其中主楼面积约 28300 平方米，后勤管理楼面积约 2200 平方米，露天展示园民族传统民居总

* 吴伟镔，广西民族博物馆副馆长、副研究馆员。

建筑面积约 3000 平方米。

近年来，广西民族博物馆在自治区文化厅的领导下，以传承民族文化为己任，以人才队伍建设为根本，以科学研究为核心，围绕"建设一流队伍，争创一流业绩，提供一流服务，塑造一流形象"总体目标开展工作，重服务、定标准、创精品、亮品牌，全面提升博物馆服务社会的能力。

广西民族博物馆不断增强免费开放能力，近三年开放天数均达到 300 天以上。接待国内外游客共 382 万人次，其中未成年观众达 60 万人次。接待省部级以上重要领导共 30 场，来自外宾的讲解接待达 225 场。

开馆至今的 7 年来，广西民族博物馆藏品数量由建馆初期的数千件增加到目前的 33791 件（套），藏品征集速度居国内同类博物馆前列，形成了与本馆任务相符的完整体系；培养了一大批致力于博物馆相关科研、陈展、教育、保护等的青年人才队伍，建成了符合本馆特色的人才体系，为博物馆未来的发展提供了强有力的人才支撑；建成了广西区首个民族纺织品保护修复实验室；创办了"畅享民歌"和"广西民族志影展"两大极具影响力的品牌活动；拥有了自主研发的"广西十二个世居民族卡通形象""花山岩画""壮族娃""瑶魅"系列文化产品；获得了"全国文明单位""全国民族团结进步教育基地""国家4A 级景区""自治区优秀人才小高地"等一批荣誉称号。目前，广西民族博物馆已经成为广西民族文化展示的最重要窗口、中国—东盟对外交流和合作重要的文化平台、国内外观众欣赏民族文化艺术的重要场所、广西民族文化保护与传承的重要机构、国内外相关科研机构开展人类学研究的重要基地。

二、特色分析

（一）藏品资源特色

1. 藏品数量及类别

广西民族博物馆藏品以广西境内的壮、汉、瑶、苗、侗等 12 个世居民族的社会发展物证、文化与艺术遗存为主。根据可移动文物普查的结果，截至 2017 年 10 月，广西民族博物馆馆藏各类藏品 33791 件（套），其中珍贵文物 3344 件，含一级文物 8 件，二级文物 307 件，三级文物 3029 件（第一次全国可移动文物普查结果）。藏品按质地分为青铜器、纺织品、竹木器、金银器、纸质品、陶瓷器、石器及杂项等。涉及壮、汉、瑶、苗、侗等广西 12 个世居民族、周边省份各民族及东盟国家民族文物，已经形成与本馆任务相符的完整的藏品体系，具有浓郁的地方和民族特色，是研究南方民族文化（如铜鼓文化、花山文化、织锦文化、民居建筑文化、歌圩文化、稻作文化等）重要的实物资料，具有很高的历史、科学、艺术研究价值。众多珍贵藏品在世界范围内都具有重要意义和影响。

2. 特色藏品

（1）铜鼓。广西是古代铜鼓的主要分布地区之一，铜鼓遗存丰富，种类齐全，广西民族博物馆是目前世界上收藏铜鼓数量最多、类型较全的博物馆，也是重要的铜鼓研究基地。目前馆内收藏古代铜鼓363面，对研究南方民族乃至世界民族青铜文化具有重要的实物研究价值。其中一面北流型铜鼓面径达165厘米，被誉为"世界铜鼓之王"。

（2）纺织品。馆内纺织品藏品共计17644件（套），占藏品总量的39.65%。馆藏纺织品以广西12个世居民族（壮、汉、瑶、苗、侗等）为重点，同时收藏全国其他省区传统成套民族服饰、织锦刺绣类生活用品、宗教服装、织绣类工艺装饰品等，具有鲜明的区域、民族特色。其中，壮族、瑶族、苗族、侗族成套服饰种类较为齐全、款式繁多，图案古朴、工艺精美，特别是馆藏瑶族服饰涵盖了中国全境和东南亚国家的众多款式；壮锦、瑶锦、苗锦、侗锦各具特色，异彩纷呈。

（3）东南亚国家和世界其他国家和地区的民族文物。馆内还收藏了包括印度尼西亚、新加坡、泰国、越南、老挝、缅甸、柬埔寨等东南亚国家及韩国、部分非洲国家等31个国家和地区的民族民俗文物2000余件（套），包括服饰、织锦、刺绣、乐器、雕刻、生产用具、生活用品等多个门类，对于研究、展示东盟和世界各国民族民俗，加强中国与东盟国家间文化交流与合作起到了十分重要的桥梁作用。

（4）老物件。老物件收藏是广西民族博物馆馆藏的一大特色。建馆以来，广西民族博物馆通过征集购买、接受捐赠等方式开展老物件收藏工作，馆藏老物件数量达3852件，包括反映历史遗迹、名店名宅、民间工艺、市容市貌、民居建筑的老物件和老照片，记录广西历史变迁的老照片、书籍、音像、影像资料，具有鲜明时代特征的老家具、日用品、农具等老物件，体现知青下乡年代生产生活的老照片、老物件，见证近现代革命斗争史的文物、实物及图片资料等等。各种各样的老物件是研究广西近现代社会变迁的重要史料依据。

（5）馆内还藏有史前人类化石、石制品以及第四纪哺乳动物化石标本，其时代涵盖晚更新世至全新世的多个时期。这些材料对于研究东亚现代人类的起源与演化、新旧石器文化的更替、第四纪生物演化、环境变迁等提供了重要科学依据。

（二）人力资源特色

1. 人才队伍基本情况

截至2017年10月，馆内共有职工147人，本科以上学历人员115人，占全馆人数的 78.2%，其中博士研究生 13 人，硕士研究生 44 人。获得正高级职称 2 人，副高级职称 9 人，中级职称 45 人。

2. 人才队伍建设情况

广西民族博物馆在引才、聚才、育才、用才机制方面大胆探索，持续实施优惠政策鼓励人才成长，积极搭建科研平台优化人才发展空间、拓展项目载体聚拢和培养人才，鼓励创新，宽容失误，全面打造有助于人才成长的软硬环境。

一是实施人才战略。制定优惠政策，鼓励职工提升学历层次和专业水平，截至 2017 年 10 月，共培养博士 12 名，硕士 25 名。广泛开展国际国内交流与合作。选派科研、陈展、教育、保护等方面的专业技术人员赴美国、德国、澳大利亚、英国、意大利、俄罗斯及东南亚国家进行访学、业务培训、参加学术会议和展览交流 100 余人次，赴国内参加专题培训 100 余项共 400 人次。聘请 3 名国际人类学领域高水平研究人员作为客座研究员、13 名国内高校和博物馆的知名学者作为客座教授研究员，引进美国印第安纳大学民俗学教授 1 名、博士 1 名。努力学习国内博物馆同行的先进理念，积极培养一批具有国际视野的专业技术人才。

二是搭建科研平台。先后与四川大学、中山大学、武汉纺织大学等 6 所重点院校共建教学科研基地；与广西师范大学、广西民族大学、广西艺术学院结成共建单位；建成区内首个设施完善、设备先进的纺织品保护修复实验室，并进入自治区重点实验室培育名单；成功创建“广西文化及自然遗产保护与利用人才小高地”“广西文化遗产研究保护与利用特聘专家岗位”“广西左江花山岩画研究中心”“中国古代铜鼓研究会”等一批科研基地。

三是打造特色团队。通过项目实践，锻炼和培养人才，设立早期人类起源与演化、花山岩画研究、铜鼓文化研究、民族纺织品研究、民族生态博物馆研究、博物馆教育研究、传统戏曲传承人群体的传承与非物质文化遗产保护研究等重点课题 10 余项，开设其他科研课题 30 项，以学术带头人为指导，青年骨干为具体负责人的模式开展工作，带动人才队伍成长。

（三）陈列展览特色

1. 基本陈列

目前，广西民族博物馆共设有“五彩八桂——广西民族文化陈列”“穿越时空的鼓声——铜鼓文化展”两个核心展览和“BEIXNUENGX（贝侬）——壮族文化展”“多彩中华——中国民族文化展”“缤纷世界——外国民族文化藏品陈列”“昨日重现——百年老物件展”四个外延展览，展示面积约为 7500 平方米。

"五彩八桂——广西民族文化陈列"是展示广西 12 个世居民族历史文化的大型陈列,展出文物 1800 件套,展览按照文化板块分为"家园""霓裳羽衣""匠心神韵""和谐乐章"四大部分,以丰富的展品、生动的场景、趣味的互动、精美的制作,分别突出家园之美、服饰之美、技艺之美、民歌之美。

"穿越时空的鼓声——铜鼓文化展"系统展示了铜鼓的历史演变、发展类型、使用族群和装饰艺术等内容,展出铜鼓 50 余面,成为观众了解铜鼓文化的重要阵地,是广西民族博物馆最具特色和代表性的专题陈列。

"BEIXNUENGX(贝侬)——壮族文化展"通过 300 余件(套)文物,系统展示了壮族的发展历史、生产生活、服饰文化和宗教信仰等内容,是全国首个以民族文化为主题的大型专题展览,荣获 2014 年度全国博物馆十大陈列展览精品项目。

"昨日重现——百年老物件展"集中展示了自 2011 年始向社会公开征集 20 世纪以来的老物件,展览中的物品均来自老百姓身边,看似平凡普通,却隐含深意,它们见证了波澜壮阔的民族复兴,承载着日新月异的社会变革,记录了不同历史时期的社会发展历程。

"多彩中华——中国民族文化展"以抛砖引玉方式,引发观众进一步深入探索民族文化的兴趣。展品涵盖民族服饰、生产生活用具、宗教用具等各类民族文物,分别从各民族的概况、经济文化类型、手工技艺等方面展示中国少数民族文化的深邃魅力。

"缤纷世界——外国民族文化藏品陈列"以各大洲或各国、各民族实物为主,以知识性、趣味性、介绍性为主,着力突出世界民族文化的缤纷多彩,以物说话,通过琳琅满目、开放性的展陈方式,让观众在展览中亲自去发掘、去体会,去寻求有关世界各民族社会、经济、文化、习俗、宗教信仰等博大精深的文化知识。

2. 主要临时展览

举办临时展览是一个馆焕发生机、不断吸引观众的重要举措。近三年,广西民族博物馆举办临时展览合计 48 个,平均每年举办 15 个。类型主要包括自主原创展览、引进展览、合作办展三种形式。

(1)自主原创展览。依托馆藏资源和研究成果,广西民族博物馆推出了"广西少数民族织绣、服饰文化系列展""穿越时空的鼓声——广西铜鼓文化展"2 个具有民族特色的临时展览。展览在国内多家博物馆展出,取得较好的社会反响,对宣传广西少数民族文化和铜鼓文化,具有重要意义。其中"广西少数民族织绣、服饰文化展"还远赴新加坡、泰国、澳大利亚等地展出,让国外观众通过展览认识广西、了解广西。配合相关主题活动,广西民族博物馆还适时推出一系列临时展览，如配合左江花山岩画申遗工作推出的"左江魂、花山梦——广西左江花山岩画图片展"，配合"中国—东盟博览会"推出的"暹罗印象——泰国文化展"等。

（2）引进展览。广西民族博物馆曾先后从吉林、青海、西藏、云南、宁夏、贵州、内蒙古、陕西、广东等地各兄弟博物馆引进主题突出、特色鲜明的临时展览18个，代表性的有"雪域瑰宝——西藏文物展""旗装雅韵——吉林省博物院藏清代满族服饰展""藏地佛韵——青海藏传佛教艺术展""宁夏回族文物特展""傩魂神韵——中国傩戏傩面具艺术展""五彩呼伦贝尔——鄂伦春、鄂温克、达斡尔、俄罗斯民俗展"等，这一系列展览的举办吸引了大量观众，提升了博物馆的影响力。

（3）合作办展。依托共同的展览主题和相近的藏品资源，广西民族博物馆与西南片区博物馆联合推出"绚彩中华"系列展览（中国彝族服饰文化展、中国苗族服饰文化展、中国瑶族服饰文化展、中国侗族服饰文化展）。展览为国内外观众了解彝族、苗族、瑶族、侗族服饰文化提供了良好的机会，对加强馆际之间的交流起到了重要作用。与广西壮族自治区博物馆联合推出的反映广西历史文化和民族风情的"瓯骆风　八桂情——广西民族历史文化展"、反映广西壮族历史与文化的"那山、那水、那人——广西壮族文化展"先后在国内多家博物馆展出，展现了广西各族人民的物质和精神文化生活，成为当地观众了解广西历史和民族文化的重要窗口。为扩大我国传统织锦文化的影响力，打造中国织锦文化品牌展览，广西民族博物馆发起了"锦行天下——中国织锦文化展"联合展，得到了江宁织造博物馆、苏州丝绸博物馆和成都蜀锦织绣博物馆的支持和响应。经过四馆的精心策划和齐心协作，"锦行天下——中国织锦文化展"巡展的首站于 2016 年 10 月 28 日在广西民族博物馆顺利开幕，接下来2017 年 5 月在江宁织造博物馆、2017 年 7 月在苏州丝绸博物馆、2017 年 11 月在成都博物馆圆满地完成了巡展。展览以四大名锦为展示对象，从锦的历史发展、技艺演变、功能应用等方面呈现中国织锦文化的精髓。内容系统全面、展品丰富多彩、形式赏心悦目，可谓是一场视觉艺术的饕餮盛宴。展览汇集了四馆馆藏精品文物近 200 件，以织锦的发展脉络为经，以蜀锦、宋锦、云锦、壮锦为纬，从锦的源流发展，技艺演变，功能应用等方面呈现中国织锦文化的深厚底蕴和绚丽华章。

（四）社会教育活动品牌

作为全国民族团结教育基地、自治区爱国主义教育基地，各级机关、学校的现场教学基地，广西民族博物馆在发挥博物馆教育职能上创新形式、突出特色、打造品牌。

1. 创新活动形式、提升教育实效

围绕展览内容、结合节庆主题组织策划了线下的展厅活态展演类活动、智力闯关类活动、手工教学类活动，线上的游戏互动、有奖问答、评选比赛等活动近 300 场，其中常态化"闯江湖、救三姐"展厅智力闯关活动，通过组队竞技极大提高了未成年人参观展厅的热情，实现了"可验收、可评估"的教育效果。

2. 突出民族特色，彰显教育亮点

针对来馆参观的观众、社区、学校、边远民族山村策划了民族服装走秀、民族体育竞技、民族手工技艺体验、民族文化深度体验等极具民族特色的教育活动近 100 场。其中，连续三年举办的"醉美三江——侗族文化研学游"教育活动深受社会公众赞誉，该活动集合了广西民族博物馆的场馆资源和地方生态博物馆的资源，形成了一项不可复制、教育目标明确、教育亮点突出的活动。

3. 打造品牌活动，凝练教育成果

"畅享民歌"是以保护传承、传播广西原生民歌文化为宗旨的专业赛事，是广西民族博物馆的品牌教育活动，旨在弘扬、传播优秀广西民歌文化，每届活动受众均在万人以上，是广西原生民歌赛事上的首创，填补了广西在原生民歌普及、教育上缺乏好的载体和形式的空白，在培育民歌的传承土壤、提升大众的文化认同感、建立民歌研究数据库上做出了巨大贡献。初始是由广西民族博物馆自主创办，后由广西壮族自治区文化厅和广西壮族自治区民族事务委员会主办、广西民族博物馆承办。从 2010 年至今已成功举办五届，赛区逐渐增设至五个，覆盖广西各个地区，从 2010 年的近千人报名、近 400 个比赛曲目，到 2015 年的 3000 多名选手、962 个比赛节目，"畅享民歌"历时五年为超过12000 名群众提供了一个开放的民歌舞台，汇集了广西壮、汉、瑶、苗、侗、彝、京等多民族、多种类民歌，还吸引了外省的藏、蒙古、布依、土家等各民族歌手，甚至国际友人前来参加比赛。同时建立了原生民歌数据库，收录了壮族嘹歌、瑶族拉法调、侗族琵琶歌、苗族敬酒歌、京族哭嫁歌等 200 多个民歌歌种，对优秀原生民歌进行收录留存。赛后通过为优秀选手打造原生民歌演唱会、举办原生民歌课堂讲座、出版相关书籍专辑等方式将民歌文化发扬光大。

承自广西民族博物馆品牌活动"畅享民歌"，在 2010—2015 年共五届活动的成功经验及深厚积累之上与广西电视台全面合作、全新升级，全新打造了2017 "广西民歌会"。本次活动由自治区文化厅、自治区民族宗教事务委员会、自治区少数民族语言文字工作委员会共同主办，由广西民族博物馆、广西民族报社承办。活动融入多方力量，以"传承"为思路，以筛选、培训、展示等形式将最原汁原味的广西民歌与电视传媒、现代舞台表现形式相结合，最大限度地激发社会大众的共情共鸣。经过各地市的广泛推荐和专家评委的认真评选，来自百色、贺州、崇左等各地的 16 组选手脱颖而出、汇集南宁，进行了紧张激烈的总决选，通过自己的表现赢得大咖评委们抛出的绣球和支持。丰富的活动内容给选手们提供了学习提升的机会，从民歌传承、创新发展的角度给了他们一些新的经验和思考。本次活动通过电视媒体平台的形式在广西电视台卫星频道播出，让全国的观众都有机会感受广西民歌的多元魅力。将传统与现代结合是探寻传统民歌发展的必走之路，现代艺术审美与媒体力量的加入势必会有效提升传统民歌的生命力与社会关注度。

（五）特色文化创意产业的发展

广西民族博物馆开放之初就设立了产业开发部和民族文化产品展示服务中心，开始一步步摸索着发展博物馆文化产业，始终坚持以真诚服务为宗旨，以发展文博事业为方向，以反哺社会为根本。广西民族博物馆文化产品发展至今，主要经营的项目有：文化学术书刊、广西歌舞戏剧类光盘、文物复仿制品、工艺艺术礼品、民间民俗工艺品、旅游纪念品、壮锦及传统刺绣类产品、钦州坭兴陶等，展示了丰富的更具博物馆文化特色的商品，充分地反映了广西民族博物馆丰富多彩的民族文化和高雅的艺术品位。

广西民族博物馆文化产品销量和销售额的增长，为大力开发文创产品提供了必要的资金保障，文创产品开发自此进入快车道。目前已开发了铜鼓系列、龙凤福系列、壮锦系列、瑶魅系列、广西 12 个世居民族卡通形象系列、花山岩画系列等六大系列文创产品，据不完全统计共计 70 余种约 6.5 万件。为了突破单一的博物馆商店销售模式，满足市场的需要，广西民族博物馆以市场为导向，努力拓展销售渠道、搭建网络销售平台。目前形成了以博物馆实体店为中心＋8 家合作销售商 30 个销售网点＋淘宝商店的立体销售格局。广西民族博物馆文化创意产品在壮姑娘特产连锁店、南宁吴圩国际机场、南宁火车东站、各兄弟博物馆商店、淘宝上展示销售。其中世界体操锦标赛期间，壮娃、瑶娃、铜鼓纪念币、民族娃行李牌、民族娃钥匙扣等十余款产品通过经销商渠道进驻世锦赛比赛场馆销售，扩大了民博文创品的影响力。

为了丰富文化产品创意设计，民博与多家学校建立"产学研"合作模式，成功举办了三届"美与时尚"文化产品创意设计大赛，打造一个创意成果展示合作开发的平台，甄选出优秀的创意，与设计师、企业联手打造具有广西特色的文化创意产品。其中，与广西凌速文化艺术有限公司合作开发瑶族系列文化创意产品，共同出资打制了"瑶魅"系列产品。

加强对知识产权和专利权的保护，打造文化精品，逐步开展商品商标注册和知识产权版权登记工作。到 2014 年，已经将"广西民族博物馆 Logo"注册成商标，"广西十二个世居民族卡通娃娃"申请获得了12个外观设计专利。

（六）"1＋10"广西民族生态博物馆建设

从2004年至2011年，在自治区文化厅的指导下，在民族文化保存丰富、自然生态保护良好、当地居民积极支持的多个农村地区投入资金2000多万元，政府主导、专家指导、居民参与，以"博物馆展示中心＋文化保护区"的建设模式，陆续建设开放了南丹里湖白裤瑶生态博物馆、三江侗族生态博物馆、靖西旧州壮族生态博物馆、贺州客家生态博物馆、那坡黑衣壮生态博物馆、灵川长岗岭商道古村生态博物馆、东兴京族生态博物馆、融水安太苗族生态博物馆、龙胜龙脊壮族生态博物馆和金秀坳瑶生态博物馆等10座各具特色的生态博物馆，使广西成为国内生态博物馆数量最多的省份，并形成了以广西民族博物馆为业务指导单位，全区10个生态博物馆作为广西民族博物馆理论与实践研究基地，共同开展民族文化研究、保护、传承、展示、开发等工作的"1＋10"模式，是中国生态博物馆发展模式中的第二阶段，被誉为具有可持续发展特色的"广西模式"。

历经十余年的建设，广西民族生态博物馆取得了显著的成效，其中龙胜龙脊壮族生态博物馆于2011年被国家文物局授予"国家级示范点"，龙脊村、长岗岭村、下古陈村、高定村等生态博物馆保护区村寨纳入了中国传统村落名录，其他保护区村落也在广西民族博物馆的指导下开展了中国传统村落名录申报工作。

如今，广西民族生态博物馆"1＋10"建设项目已走过十余载，为积极构建"1＋10"工作新格局，探索建设具有广西特色的民族生态博物馆，2015年广西民族博物馆启动了"记住乡愁，留住家园"民族生态博物馆建设提升项目，构建"1＋10"工作新格局。借助广西博物馆协会的平台，建立了民族生态博物馆专业委员会和民族文物专业委员会，为文物工作者搭建了业务合作、业务交流和成果共享的平台。

（七）中国—东盟文化交流的平台

中国—东盟文化论坛是中国与东盟各国之间进行沟通与交流的重要桥梁，是中国与东盟对话的重要平台，对话领域逐渐从文化产业扩展到了文化艺术、非物质文化遗产保护、公共文化服务、文化人力资源培训等多个方面，是中国—东盟博览会的重要论坛之一，为中国与东盟各国在文化领域的交流与合作提供了新的活力与保障。广西民族博物馆作为"中国—东盟文化交流培训中心"，自2011年以来，在文化部、自治区人民政府的领导下，承担了6届"中国—东盟文化论坛"的大量相关工作，有力推进中国—东盟文化论坛的顺利召开，促进中国与东盟各国的文化合作共赢，为推动中国与东盟国家共享人类文化的成果贡献力量。同时，还利用区位优势，与新加坡、泰国、印度尼西亚等东盟国家举办了"多彩而独特的民族文化——印度尼西亚国家博物馆与中国广西民族博物馆联展""暹罗印象——馆藏泰国民俗文物特展""'红铜鼓'中国—东盟艺术教育成果展美术书法摄影展"等5个交流展和3个文化论坛，有效推进了中国与东盟国家的文化交流与宣传。

（八）研究特色

1. 古人类研究

广西民族博物馆古人类研究团队主要开展古人类、旧石器考古、动物考古、第四纪哺乳动物等方向研究，致力于广西多个史前洞穴遗址的综合研究，旨在揭示广西乃至东亚地区早期人类的起源与演化、文化发展路径，构建广西地区史前洞穴的年代序列，重建史前气候和生态环境，了解早期人类生存的环境背景，为华南地区及东南亚地区的史前古人类学研究提供了重要信息，对探讨广西先民与环太平洋地区文化及民族的交流融合具有重要科学意义。研究团队关注国际学术前沿与热点科学问题，与国内外多个研究机构加强合作，近年来在 *Journal of Human Evolution*、*PLOS ONE*、*Quaternary International* 和《人类学学报》等国内外权威学术期刊发表多篇高质量学术论文。

2. 铜鼓研究

广西民族博物馆是世界上铜鼓收藏最多的博物馆（363面），也是重要的铜鼓研究基地。设有"穿越时空的鼓声"铜鼓文化展厅，是广西展示古代铜鼓文化的重要窗口。目前，"中国古代铜鼓研究会"秘书处设在广西民族博物馆。2014年初，广西民族博物馆成立了铜鼓文化研究部门，专门负责铜鼓文化及东南亚民族的研究。中国铜鼓研究会在广西民族博物馆设立了古代铜鼓研究基地。短短的2年时间，广西民族博物馆研究人员与中国古代铜鼓研究会联合开展了"广西馆藏铜鼓调查项目"，对广西的772面铜鼓进行了调查，出版了《广西国家级非物质文化遗产系列丛书之田林瑶族铜鼓舞》，复刊《中国古代铜鼓研究通讯》，推动《中国古代铜鼓实测、记录资料汇编》的公开出版，编写了《广西铜鼓》《古代铜鼓装饰艺术》两本专著，开展铜鼓三维化探索，对新技术在铜鼓研究上的应用做了有益的探索，承担了国家文物局两项委托研究项目。

3. 花山岩画研究

广西左江花山岩画研究中心于2015年4月在广西民族博物馆揭牌成立，是一个致力于对广西岩画进行研究、保护、宣传和展示的专业团队。团队以左江流域岩画作为调查和研究重点，开展了"左江岩画数字化记录与应用研究"和"左江流域岩画区域村寨调查"两项课题，初步完成了左江流域岩画（宁明、龙州段)的数据库建设,协助编写了《左江花山岩画文化景观陈列大纲》,编辑出版有《我与花山岩画》《左江花山岩画论文选集》等专著,为左江花山岩画成功申报世界文化遗产提供了强有力的学术研究支撑。

4. 文物保护实验室

广西民族博物馆于 2012 年针对馆藏特色,在原有实验室基础上进行了改扩建,形成了设施齐全、分区合理的文物保护实验室,共分为杀虫防霉预处理室、清洁室、纺织品修复室、金属修复室、微生物实验室、理化实验室等,总面积约 540 平方米。2013 年 12 月获得可移动文物保护修复资质,可承担石器、陶器、织绣等 15 种可移动文物修复业务。2012 年至今共申请国家文物局可移动文物保护修复项目 5 项,其中青铜器保护修复项目 1 项、纺织品保护修复项目 3 项,纸质文物保护修复项目 1 项,获得经费支持约 660 万元,涉及文物数量达 195 件(套)。广西民族博物馆纺织品保护修复实验室是西南地区唯一的民族类纺织品类文物保护修复实验室,承办了全国和全区纺织品保护修复技术人才培训班,进入自治区重点实验室培育名单,初步奠定了广西民族博物馆民族纺织品保护修复在西南片区的领先地位。

(九)广西民族志影展

广西民族志影展是广西民族博物馆创新民族文化保护和传承手段的重要举措,创办于 2012 年,是中国大陆首个面向全国、辐射东南亚的以民族志为主题的纪录片作品双年展。广西民族志影展关注中国及东南亚国家和地区的社会历史文化变迁,寻求民族文化的多元和谐发展,致力于推动纪录影像在文化遗产事业中的作用发挥。

目前,广西民族志影展已成功举办了三届,共征集到中国、美国、泰国、马来西亚等国家原创影片共计 218 部,作品内容涵盖壮、汉、瑶、苗、侗、京、黎、藏、傣、蒙古、土家、阿昌、傈僳、赫哲、纳西、维吾尔等民族的文化习俗,涉及手工艺、戏曲、节庆、信仰、饮食、生计等题材,在国内业界拥有了相当的知名度,有效地增进了民族及地域间的文化交流与对话,彰显了"各美其美、美人之美、美美与共"的发展宗旨,同时为广西民族博物馆建设民族文化影音数据库奠定了坚实基础。

(十)露天展示园

广西民族博物馆露天展示园占地面积约 30 亩,目前建有 11 座民族风格浓郁、特色突出的广西少数民族传统标志性建筑,其以民族活态展示为主题,以广西非物质文化遗产为核心内容,重点打造民族建筑展示、民族歌舞表演、民族技艺演示、民族餐饮体验等,是广西民族博物馆展示功能在室外的动态延伸,构成了广西民族文化活态展示,更好地实现博物馆可看、可游、可购和可体验的社会功能。园区内每年举办多个广西特色民族民俗活动，如壮族三月三、民族狂欢节、民族大圩、民族风情文化旅游节等。

三、宣传推广

近年来，广西民族博物馆围绕各项工作开展全方位的宣传，不断加强和深化与社会媒体的交流合作，先后受到中央级、省级、市县级各类报纸媒体报道近388次，并多次与广西电视台、南宁电视台、广西电台私家车930等区、市级有影响力的电视、电台媒体栏目进行合作；同时积极深挖主题、创新形式，针对重点展览、亮点活动开展拍摄录制专栏、专题报道，专题节目、记者跟踪报道等多种形式相结合的宣传手段。针对民族志影展、畅享民歌等受众面广、影响巨大的品牌活动，广西民族博物馆坚持"宣传先行"原则，宣传工作囊括了前期预热、现场报道、深入回顾等多个环节，周期长、成系列、规模大，并积极拓宽宣传渠道，寻求与区内外媒体进行合作，以播放宣传片、投放宣传海报等形式吸引了众多的参与者，宣传范围扩大到广西乃至全国。

同时，广西民族博物馆积极将新媒体应用到宣传工作中，采用了官方网站、官方微博、官方微信等新媒体平台，在官方网站上重点打造三维虚拟展厅项目，利用官方微博推送文博界相关知识动态，通过官方微信即时推送咨询，开展互动活动促进与观众的交流，提升社会关注度。博物馆新浪和腾讯微博先后于2011年4月、7月开通，内容发布迅速，在线反馈及时，截至2017年新浪微博共发布资讯1800多篇，拥有粉丝量38600多名，关注度为137，腾讯微博发布资讯约1000篇，拥有听众数量逾21万人。博物馆官方微信公众号于2013年7月9日正式开通，于2014年6月10日通过官方认证，2017年累计关注度为6117，信息发布内容包括科普、资讯、活动推介在内的丰富内容，形式上注重图文并茂，行文风格亲民、接地气，2017年发布信息量380余条。博物馆App的iOS、Android两个版本于2017年8月同步发布，可实现自助导览，支持蓝牙信息自动推送，支持图片与3D灵活浏览，可实现中、英、繁多种语言切换，与微信公众号同步使用。博物馆微信、微博在线互动服务保证每日公众提问能够得到及时准确解答，深受观众好评。新媒体的应用丰富了博物馆信息宣传的展示方式，提升了用户体验，在进一步提升博物馆社会公共形象和影响力方面发挥了重要的作用。

四、综合效益分析

博物馆是公共文化服务机构，在自治区文化厅的指导下，广西民族博物馆充分发挥自身的教育功能，向公众提供多方位的文化体验，定期举办精彩纷呈的民族传统节庆活动，打造了"畅享民歌""民族志影展""广西民族文化节""非遗天天见""壮族三月三"等具有强烈的社会反响的民族文化品牌活动；常年开展民族文化进校园、进社区、进企业、进乡村等系列主题教育活动；与区内 10 余所中小学学校达成共建协议，并合作开发"五彩八桂民族文化大讲堂"选修课，获得师生反响强烈；加强志愿者服务队伍建设，在广西民族博物馆服务的志愿者获"第七届中国博物馆十佳志愿者"荣誉称号，定期开展回馈志愿者的"月聚越开心"活动和"志愿者万里行"活动。上述举措让广西民族博物馆的社会影响力不断提升，取得了较好的社会效益。

广西民族博物馆以特色的展览、扎实的科研、优美的环境、周到的服务、蓬勃的朝气被评为全国文明单位、全国民族团结进步教育基地、国家 4A 级旅游景区、自治区爱国主义教育基地和自治区优秀人才小高地，成为广西民族文化的展示窗口，成为广大观众喜闻乐见的文化学堂，成为民族文化研究的坚实阵地。同时，有效促进了广西旅游的发展，促进了文化产业的发展，产生了良好的社会效益。

2018年
广西蓝皮书
广西文化发展报告
文博研究篇

桂林博物馆 2017 年发展报告

唐春松　王莹莹*

博物馆是传承文明的窗口，是对外交流的桥梁，是履行公共文化服务和培育践行社会主义核心价值观的主阵地。党的十八大以来，文化文物工作得到了党和国家的空前重视，习近平总书记多次到博物馆调研考察，并做了一系列重要指示。党的十九大报告又将文化自信提到了前所未有的高度，对建设中国特色社会主义文化做出重大决策部署，为中国特色社会主义文化事业指明了方向。在这大好的时代背景下，桂林博物馆抢抓机遇、勇于探索、不断创新，在推动新馆建设、收藏保护、陈列展示、观众服务、社会教育、科学研究、对外交流等方面取得长足发展、呈现良好发展态势，在弘扬传承中华优秀传统文化、红色文化和社会主义先进文化，满足人民群众对美好生活的新期待等方面发挥着重要作用。

一、抓学习树品牌，凝心聚力促工作，在全馆范围营造起风清气正的良好氛围

桂林博物馆始终坚持"围绕教育抓党建，抓好党建促发展"的工作思路，全面落实从严治党，持续推进"两学一做"学习教育常态化，将学习党的十九大精神和习近平

---

* 唐春松，桂林博物馆馆长、书记；王莹莹，桂林博物馆梅瓶文化和桂北民族文化研究保护中心主任。

新时代中国特色社会主义思想作为重中之重，牢固树立"四个意识"，坚定"四个自信"，坚持社会主义先进文化前进方向，不断增强为建设社会主义文化强国而努力奋斗的责任感使命感。认真贯彻落实党中央、国务院关于文物事业改革发展的重大战略部署，落实好意识形态工作责任制，加强阵地建设和管理，保护好、传承好、展示好历史文化遗产。围绕"桂博先锋"党建品牌，抓学习树品牌，凝心聚力促工作，在全馆范围内营造起风清气正的良好氛围，各项工作取得长足进步，桂林博物馆党建品牌也被推选为全市优秀党建品牌。

二、建成桂林博物馆新馆并顺利开放，翻开文博事业新篇章

（一）历经数载锤炼的新馆扬帆起航，已达全国地市级博物馆领先水平

桂林博物馆新馆是桂林市"文化立市"发展战略中的重点建设项目，总投资五亿多元，2017年是新馆全面建成的攻坚期和决胜年。面对各级领导的重托和人民群众的期盼，全馆上下秉承"注重细节、彰显品质、打造经典"的建设理念攻坚克难、全力以赴推进新馆建设。为确保展陈水平打造经典陈列，一年来，我们在风雨兼程中破解难题，反复论证，精益求精，高水平完成了四个基本陈列、两个专题陈列的施工建设和陈列布展；为提升新馆综合实力提高服务水平，我们在功能完善中不断优化，追求创新，提升品质，高质量完成了公共空间、文物库房、消防技防系统等项目的建设工作；为确保国家珍贵文物的安全转移，我们夜以继日、亲力亲为，平稳有序地完成了三万多件文物的打包搬迁工作。经过坚持不懈的努力，桂林博物馆终向人民群众交付了一份满意的答卷，为桂林的文博事业翻开了一页新的篇章。

（二）新馆开放以来获得社会各界一致好评，已成为人们的精神家园

2017年5月8日，桂林博物馆新馆正式对外开放，新馆总建筑面积3.4万平方米，展厅面积约1.2万平方米，设有6个常设展览、3个临时展厅，馆藏文物3万余件，配备有1800平方米礼仪大厅、大型表演舞台、同声翻译学术报告厅、影视放映厅、文创商店、餐饮服务中心、咖啡厅、书吧等设施，是目前广西区内规模最大、功能最全的博物馆。新馆开放以来，日均观众接待量约3000人，观众年接待量突破百万，各级领导高度重视，多次调研并给予高度评价。市属各单位纷纷组织党员干部前来参观或举行党日活动。大中小院校均组织在校学生前来学习，广西师范大学、广西民族大学等近30所院校与桂林博物馆共建德育、教育基地。中央4套、广西卫视、《中国文物报》对新馆进行了大篇幅报道，全市各大主流媒体争相报道，持续跟进。桂林博物馆新馆获得了社会各界的一致好评，已成为人们传承历史、开拓未来的精神家园。

三、高度重视人才培养，不断优化队伍结构

人才是博物馆可持续发展的基础，桂林博物馆领导班子始终高度重视，多年来不断优化人才梯队，多次向市政府、市编办争取人员编制，有计划地通过多渠道招聘了一批包括教育、历史、设计、计算机、英语、日语等博物馆相关学科的专业人才，有效优化了人才队伍结构，不断适应新时代博物馆的发展需求。桂林博物馆现有编制 72 名，其中有正高级职称 4 人、副高级职称 8 人、中级职称 24 人；博士 1 人，硕士 17 人。除了依托自身培养，还借助社会力量，整合优势资源，每年选派部分业务骨干参加各省市举办的全国性研讨会和业务培训班。近年来推荐博士深造 1 名，研究生深造 6 名。鼓励桂林博物馆高层次人才深入到各个研究领域，建立一支在各学科领域具备一定影响力的专业队伍，目前，桂林博物馆有 20 多位同志被分别聘为广西民族大学客座研究员、广西文物鉴定委员会委员、广西师范大学研究生论文答辩委员会委员、广东省珠江文化研究会岭南考古研究中心研究员、桂林市社会科学界联合会成员、桂林历史文化研究院专家组成员等。

四、强化"藏品立馆"理念，加大文物保护征集力度

藏品是博物馆安身立命的基础和根本，桂林博物馆藏品数量丰富、体系完善、特色鲜明。现藏有包括从旧石器时代至近现代各历史时期的文物 3 万余件，其中，一级文物 26 件，二、三级文物共 3000 余件。其中明代梅瓶、外宾馈赠礼品、抗战文化城文物史料等收藏形成规模、特色鲜明，在全区乃至全国地位突出。持续开展文物征集工作，近年来先后征集、接收文物 7000 余件，其中 2 件被定为一级文物，11 件被定为二级文物，712 件被定为三级文物，馆藏珍贵文物的增长速度位列全区地市级博物馆之首。修复工作取得重大进展，2014 年取得古字画修复资质，成为区内首个获得该资质的地市级单位，先后与国家博物馆、南京博物院、湖南省博物馆完成了一批瓷器、绘画作品的修复工作。2017 年，桂林博物馆已初步完成可移动文物预防性保护项目，并完成文物实验室、修复室、装裱室、鉴赏室的建设工作，进一步提升了馆藏文物保护和研究条件，桂林博物馆已成为全区地市级博物馆中一流的文物保护基地。

五、多次承担全区大型文化活动，知名度及影响力随之攀升

随着新馆的开放，场馆面积的扩大，配套设施的升级，博物馆在全区的影响力、号召力也逐渐增大。桂林博物馆作为广西博物馆协会社教专委会负责单位，2015—2017 年，先后两次承担了"全区'十佳'讲解案例评选活动"，均

取得圆满成功，获得了自治区文化厅领导的高度赞扬，桂林博物馆参赛讲解员分别在两次比赛中获得全区十佳讲解员的荣誉称号。2017 年 5 月，由广西壮族自治区文化厅和桂林市政府共同举办的 2017 年"5·18 国际博物馆日"广西主会场活动设在了桂林博物馆，为了办出特色和新意，全馆上下全力以赴，举行了一系列精彩纷呈、极具地方特色的文化活动，展示了全区近年来文物保护利用工作的新成果，来自全区各地市近 200 名文化工作者参加了活动，各级领导对活动的举办及博物馆的工作给予了充分肯定，通过活动的成功举办，进一步提升了桂林博物馆的知名度和影响力，宣传和展现了广西风采和桂林特色。

六、打造陈列品牌，推出精品展览，不断提升桂林博物馆文化生产力和核心竞争力

（一）挖掘地方特色，展现桂林深厚文化底蕴，不断提升文化自信

博物馆是城市的窗口，展览是博物馆的窗口。观众到博物馆首要的目的就是看展，策展能力体现了博物馆的生产水平，也是博物馆可持续发展的核心竞争力。桂林博物馆新馆通过深入挖掘区域文化特色和藏品丰富内涵，完成了"漓水春秋——桂林历史文化陈列""画里人家——桂林民俗文化陈列""靖江遗韵——桂林出土明代梅瓶陈列""友谊桂林——馆藏外宾赠送礼品陈列"4 个基本陈列，"翰墨华章——馆藏明清书画精品展""情系桂林——李培庚、宋克君、叶侣梅捐赠作品展"2 个专题陈列，生动展现了桂林悠久的文明足迹，展示了伟大的历史文化艺术和社会发展的光辉成就，在潜移默化中提升人们的认知，引导人们不断提高文化自觉、增强文化自信。其中"靖江遗韵——明代出土梅瓶陈列"荣获第十五届（2017 年度）全国博物馆十大陈列展览精品推介优胜奖。

（二）创造多元展览，实现资源共享，加强文化覆盖面

为加强馆际交流，实现博物馆资源共享，桂林博物馆先后与北京、上海、广东等 15 个省（直辖市）40 多个城市的博物馆举办交流展 100 余场，其中输出重要展览包括：在中国国家博物馆举办的"桂林出土明代梅瓶陈列展"，在中国军事博物馆举办的"桂林山水画展"等。引进重要展览有与中国国家博物馆联合举办的"复兴之路"，与大庆博物馆联合举办的"东北第四纪哺乳动物展"，与山西大同市博物馆联合举办的"西京印迹——大同辽金元文物展"等。近年来，桂林博物馆原创展览也取得了重大突破，其中"大美桂林——馆藏精品文物展"受到社会各界广泛关注，自治区领导来参观并给予高度赞扬；"一场没有硝烟的战争——桂林抗战文化城文学艺术展"荣获全区"十大精品陈列"，"李培庚、叶侣梅、宋克君与桂林山水的对话"荣获全区"优胜奖"。

七、注重国际交流，架起桂林博物馆与世界的文化桥梁

桂林是享誉中外的国际旅游名城，桂林博物馆开展国际文化交流享有得天独厚的区位优势，曾接待汤加国王、泰国公主、瑞士驻华大使等多国领导人及友人，每年接待境外游客近 2 万人次。此外，桂林博物馆多次选派专家学者参加国际文化活动，如法国中国文化年、美国举办的国际博协大会等国际会议。为了促进桂林与各国的文化交流，桂林博物馆先后引进了"俄罗斯列宾学院油画展"、奥地利萨尔茨堡"民俗文物展"、瑞士"新旧之交的中国摄影作品展"；与其他国家联合举办的展览还有韩国"中国桂林·韩国济州书画交流展""中韩首届书法交流展"，日本"桂林—小松友好书画交流展"等。通过展览的成功举办，增进了桂林与各国的友谊，也提升桂博在文物领域的国际传播能力。新馆开馆以来，奥地利国家博物馆馆长、新西兰黑斯廷斯市议员、法国老安纳西市市长、日本小松日中友好代表团先后到桂林博物馆参观，并与桂林博物馆洽谈文化合作事宜。

八、提升教育水平，建成全区最大的未成年人教育互动中心，不断提供丰富的精神滋养

桂林博物馆作为自治区第一批爱国主义教育基地、桂林市未成年人教育基地，为充分发挥社会教育职能，多年来，桂林博物馆积极开展丰富多样的社教活动，特别是通过"流动博物馆——文化进校园，走乡间"活动，关注贫困山区留守儿童、残障儿童、农民工子弟等未成年特殊群体，实现文化资源的共享。2014 年以来每年举办社教活动 60 余场，其中 2017 年度开展"最炫梅瓶风系列活动"获得全区十佳社教品牌荣誉。2017 年，桂林博物馆建成了区内文博行业最大的未成年人教育互动中心，面积达 1400 平方米，包括传统道德讲堂、模拟考古、陶艺制作、科普教学及拓片、剪纸、扇面制作等体验活动。通过教育中心的建设和社教活动的举办让文物活起来，让历史活起来，让博物馆的文化真正滋养人们的精神世界，潜移默化地影响人们思想意识和行为方式。

九、寻找文化力量，挖掘文化价值，学术研究见成效

学术科研是博物馆发挥陈列展示、教育宣传等功能的重要支撑，也是博物馆未来发展的侧重点，桂博班子一贯重视学术研究和学术交流活动，全馆学术氛围日益浓厚。桂林博物馆创办有"桂博讲坛"，每年邀请全国各地专家学者前来讲座，现已成功举办 28 期。创办有馆刊《桂林博物馆文集》，现已连续出版四辑，每年面向全国征集论文，此举在全区地市级博物馆中属首例。近年

来，为响应"寻找桂林文化力量，挖掘桂林文化价值"号召，桂林博物馆陆续编辑出版了包括《妙手丹青——桂林博物馆藏古代绘画精品》《永远的旗帜——桂林博物馆藏桂林抗战文化城文物精品》《外邦粹礼——桂林博物馆藏外宾礼品》《箑风雅韵——桂林博物馆藏古代扇面精品》的专著图录10余部；先后与《中国古陶瓷研究》《文物天地》《社会科学家》等刊物，联合出版学术专刊。全馆专技人员积极撰写学术论文，近三年全馆累计公开发表论文近200篇。

十、以开放创新的心态实现跨界融合，为桂林博物馆的发展插上科技的"翅膀"

在科技高速发展的今天，为拓展文物信息开放渠道，实现文物资源共享和跨界开放融合，桂林博物馆将传统文化与现代创新科技相结合，为博物馆高质量发展插上了科技的"翅膀"。2017年，桂林博物馆在区内率先完成了"智慧博物馆项目"建设，总投资2000万元，包含智慧导览系统、3D数字体验厅、智慧服务平台等内容，给观众带来了不一样的视觉感受和参观体验，让文物更加鲜活，使传统文化在新时代焕发新的活力。目前，桂林博物馆在智慧化建设方面处于广西领先、全国前列。随着观众对知识深度的渴求和了解，近年来，桂林博物馆越来越多地使用官网、微博、微信、二维码等途径来展示文物及其背后的内涵。2017年，桂林博物馆官网、微信完成升级改版，中、英文及青少年版等均已上线。全年共发布新闻资讯200余条，观众点击量突破9万人次。

十一、挖掘藏品特色，研发文创产品

为满足观众对文化多样性需要，加强观众和文物间的高度互动，桂林博物馆开拓了文创产品开发的新路子，探索"馆企合作"模式，深入挖掘馆藏文物特色，设计出了150款具有特色性和实用性的文创产品，目前已精选100余款进行打样，这些文创产品不仅深受市民喜爱，更成为市政府、市外办对外交流、宣传的馈赠佳礼。2017年，桂林博物馆参加了第十二届中国北京国际文化创意产业博览会，展出文创产品43件（套），受到观众的喜爱和追捧，吸引了国内外商家的广泛关注，多家单位表示了合作意向。其中李培庚明信片、叶侣梅、宋克君明信片，高仿清代扇面系列，高仿明代梅瓶系列，青花缠枝莲纹笔记本套装系列文创产品在广西文创大赛中获得二等奖。

十二、重中之重抓安全，确保国家文物安全

2017年，桂林博物馆安全保卫形势复杂，面临临桂新区整体治安环境薄弱，新馆安保工作经验不足，观众接待量剧增等多重考验。为适应博物馆新形式新环境下的要求，桂林博物馆班子高度重视，多重手段并举，一方面进一步完善值班巡逻、应急预案等制度建设，定期开展消防演练，提高全馆职工安全防范意识。另一方面对技防、消防设施进行了全面升级，消防技防总投资1700万元，有单独的消防、技防控制室，24小时监控，在区内率先完成人脸识别系统，增加多层外围防护，加强整个馆区的宏观控制和安全防范，在全馆同志的共同努力下，终于圆满完成安全保卫工作，全年未发生安全事故，确保了国家文物安全。

十三、屡创佳绩，成果丰硕

近年来，全馆上下锐意进取，所创佳绩居全区地市级博物馆之首，如：

（一）场馆类

荣获2017年广西特色博物馆（场馆建筑）荣誉称号。

（二）展览类

①"靖江遗韵——桂林出土明代梅瓶陈列"荣获第十五届（2017年度）全国博物馆十大陈列展览精品推介优胜奖；"桂林抗战文化城文学艺术展"荣获"全区博物馆陈列展览十大精品奖"；②"李培庚 叶侣梅 宋克君与桂林山水的对话"荣获"全区博物馆陈列展览优胜奖"。

（三）社教讲解类

①桂林博物馆选派讲解员荣获"自治区党委宣传部讲解员测试比赛一等奖"；②2017年桂林博物馆选派的2名讲解员，2名志愿者参加"全区'十佳'讲解案例"比赛，分别荣获全区"十佳"称号；③桂林博物馆"最炫梅瓶风"系列社教活动荣获"广西首届博物馆十佳社会教育活动品牌"称号。

（四）科研类

①获得专利一项：青花梅瓶包装设计获得外观设计专利；②主编的《簠风雅韵——桂林博物馆藏古代扇面精品》等三部图录获得第八届全国书籍设计优异奖；③《李培庚桂林山水油画及其艺术》获得中国美术出版总社综合一等奖；④"靖江藩王遗粹——桂林博物馆珍藏明代梅瓶"获得桂林市社科最高奖独秀奖。

（五）文创类

①桂林博物馆文创产品参加"第七届中国博物馆及相关产品与技术博览会"，荣获"弘博奖"项最佳展示奖；②高仿清代扇面系列文创产品荣获"广西首届博物馆文创产品大赛"二等奖；③高仿清代梅瓶系列文创产品荣获"广西首届博物馆文创产品大赛"二等奖；④青花缠枝莲纹笔记本套装系列文创产品荣获"广西首届博物馆文创产品大赛"二等奖；⑤桂林博物馆荣获"广西首届博物馆文创产品大赛"优秀组织奖。

十四、存在的问题及对策

（一）人才队伍建设遇瓶颈，急需整合资源形成合力

新时代的到来给博物馆提出了更高的要求，桂林博物馆想要把握伟大时代提供的良好机遇，谋求健康快速的发展，人才队伍是根本保障。随着新馆开放工作的不断推进，随着文物的深入挖掘和业务的不断拓展，人才队伍的建设已成为制约桂博发展的瓶颈。存在以下问题：①人才引进方面：通过近几年的招聘，人才的缺失得到了一定的缓解，但仍然存在诸多问题和困难，如高层次人才难引进、留不住，文物保护和修复专业人才普遍缺乏，部分专业领域出现人才断层现象；②人才培养方面：缺乏人才培养专项经费，缺乏利用社会力量共同培养的整合机制，文博人员缺乏出境学习和培训的机会等。针对这些问题有如下建议：通过政府层面出台高层次人才引进等优惠政策，鼓励并出资赞助高层次人员推出科研成果，增强知识产权保护力度。与高校等科研机构合作开设文物保护修复等短缺专业，联合培养博物馆相关专业人才。在人才培养方面，每年给予充分的固定的经费保障，文化分管部门加强与境外文化单位的沟通协调，制订中长期的文化交流计划，健全中外博物馆交流合作机制，给文博工作者提供更多出境学习交流的机会。

（二）文创产品开发的鼓励政策尚未健全

国务院出台的最新修订的《博物馆条例》中指出："鼓励博物馆多渠道筹措资金促进自身发展；鼓励博物馆挖掘藏品内涵，与文化创意、旅游等产业相结合，开发衍生产品，增强博物馆发展能力。"明确了博物馆文创产品开发的合法性。2016 年，国务院办公厅下发的《关于推动文化文物单位文化创意产品开发的若干意见》，正式拉开了博物馆主动开发文创产品的序幕。但对于文创开发的经费来源、企业合作模式、资金收入分配等相关配套细则却迟迟不见出台。中小型博物馆长期处于观望状态，没有形成良好的文创产业链，更没有形成有规模的生产和销售。建议：完善文创产品相关政策，出台指导意见或实施细则，给予博物馆一定比例的可支配收入，对有作为和贡献的文博参与者一定的经济奖励。建立全国或全区博物馆文创产品线上销售联盟，激发广大文博单位及其工作者的积极性创造性。

（三）文物征集缺乏专项经费

文物资源始终是博物馆发展的命脉。桂林历史悠久，地上地下文物资源丰富，桂林博物馆馆藏文物资源在全区享有举足轻重的地位，但是如果一直靠吃老本，止步不前，难免会被后来者居上。近年来，桂林博物馆始终坚持利用有限的经费持续开展小范围的文物征集，但相较广西民族博物馆、南宁市博物馆、柳州博物馆等在文物征集力度上已明显落后，在区内的文物资源优势有所下降。为解

决以上问题，使区内各博物馆均衡协调发展，建议各级文化、文物、财政有关单位每年给予桂林博物馆文物征集固定专项经费及其他有关扶持政策。

（四）交通不便利，难以满足桂林博物馆的发展与人们的出行需要

作为桂林市文化地标的一院两馆工程开放至今，慕名而来的观众络绎不绝，日益增多。但临桂新区尚处于发展初期，距离市中心较远，交通的不便捷给观众的出行和参观带来极大的不便。通过政协委员和社会各界的呼吁，公交公司开通了往返于市区和一院两馆的 91 号线，但由于线路和时间的限制，加上观众数量与日俱增，一趟公交线路难以满足博物馆的发展和人们的出行需要。针对以上问题，希望有关部门给予重视，在一院两馆周边投放更多便捷的交通工具，如增加多条线路的公交车，设置共享汽车中转站，投放一定数量的共享单车等。

（五）文化和旅游融合发展，缺乏有效的机制体制

党的十九大作出了全面深化改革的新部署，在文化和旅游融合的背景下，博物馆作为公共文化服务的主阵地，又是旅游发展的重要载体，如何找准自身定位，发挥博物馆在文化旅游中的突出优势成了文博行业面临的重要问题。建议：进一步整合与共享资源，理顺博物馆与文化部门之间的交流体制，理顺博物馆与旅游部门之间的合作机制，构建文博融合发展的大平台，建立新时代博物馆战略合作关系，建立有效创新的管理运营模式，形成博物馆与社会各界联合发展的合力，让文物的活力充分释放。

（六）开展国际文化交流缺乏有效途径、政策扶持和经费保障

博物馆开展国际文化交流是展示国家形象、传播中国文化、提高文化软实力的有效手段。桂林既是国家历史文化名城，也是国际旅游胜地，在文化和旅游方面，具有很高的影响力和号召力。桂林博物馆开馆至今，收到来自多个国家文博机构的邀请，希望开展文化交流与合作。由于经费、政策等因素的制约，桂林博物馆引进的对外交流展屈指可数，出境展览很多都无疾而终。具体存在的问题如下：①境外展览引入成本高，缺乏相应的经费保障，一个普通的境外展最少需要 100 万元，目前正在国内巡展的"阿富汗珍品展"引入费用为 260 万元。由于经费的缺乏，桂林博物馆只能遗憾与这类观众喜闻乐见的优秀展览失之交臂。②出境展览审批程序烦琐，是否有展览经费是审批的重要环节，恰恰也是博物馆自身无法解决的问题。③缺乏举办出入境文化交流展的有效途径和渠道。建议：建立完善的博物馆国际交流与合作的协调机制，由外事部门、国际文化交流中心牵头制定博物馆国际交流与合作的指导意见、实施计划和保障措施等，为桂林文博单位开展国际交流提供更多的途径和经费保障，使桂林博物馆有机会走上国际舞台，传播中国声音，讲述桂林故事。同时，引进更多国外优秀展览，让市民领略不一样的文化与艺术魅力。

柳州工业博物馆建设成果初探

李乐年*

2017 年 11 月，依据国家旅游局《国家工业旅游示范基地规范与评价》行业标准评定，柳州工业博物馆脱颖而出，荣获首批 10 家"全国工业遗产旅游基地"称号，并成为在大会上播放宣传片、交流工业旅游创新发展经验的全国两个城市之一（另一个是湖北黄石市）。2017 年，该馆还同时获得华南最具人气人文景区、华南最具人气推荐景区称号。

柳州工业博物馆是利用柳州 20 世纪 30 年代的砖瓦厂，50 年代的染织厂，70 年代的帆布厂、苎麻厂，80 年代的第三棉纺织厂等工业老厂房改造建设的，占地面积 11 万平方米，建筑面积 6 万平方米。这里，其东、北方向与城市现代建筑群、古东门城楼和市民广场交相辉映；西、南方向与地方胜景蟠龙双塔、窑埠古镇和母亲河柳江亲密相连；沿母亲河柳江与文庙、蟠龙瀑布群、双鱼汇文化园、百里柳江游客中心亮丽的景观等共同构成了最具柳州特色、内涵丰厚的历史文化旅游带。

柳州工业博物馆筹建于 2009 年，2012 年 5 月 1 日建成对外开放，有"柳州工业历史馆""柳州企业风采馆""柳州生态宜居馆"三大主题展馆和"多功能展馆"，馆藏

---

* 李乐年，广西柳州市政协文史专家，柳州工业博物馆顾问，原柳州市文化局党委书记，原柳州工业博物馆项目建设指挥部执行指挥长。

工业文物 3 万多件（套），是国内目前馆藏工业文物最多，类别最全，唯一全面反映城市工业历史的城市工业博物馆。四大室内展馆陈列面积为 2.3 万平方米，另有室外展场 3 万多平方米。集工业历史、遗产保护、文化旅游、生态文明展示于一体，承载着柳州工业百年的发展史和弥足珍贵的工匠精神，凝聚着市民的城市归属感和自豪感。开馆 5 年来，先后获得"国家级 4A 旅游景区""全国博物馆十大陈列精品"等荣誉称号，接待国内外游客 500 万人（次），为柳州这一国家级历史文化名城和国家级旅游名城平添了一抹亮色。

一、柳州工业博物馆的建设理念和设计思路

还在 2007 年 4 月至 2008 年 7 月第三次全国文物普查活动初期，柳州市就把工业遗产普查列为专项内容。在普查过程中，查阅了大量历史资料，查访了 130 多家工厂矿区和部分老工业遗址，了解、收集了大量工业文物背后的精彩故事，较全面地整理了城市的工业文脉和收集了近百年工人群体的集体记忆，也为后来建设这座城市工业博物馆打下了良好的基础。

2008 年 8 月，一份工业遗产普查成果和提议建设工业博物馆的请示成为促进市委、市政府建设工业博物馆的决策依据。2009 年 1 月，在柳州市委十届七次全体（扩大）会议的市委工作报告、市第十二届人民代表大会第七次会议的政府工作报告上，均对新一年建设柳州工业博物馆重点项目进行了部署。2009 年 9 月，市委成立项目建设指挥部，市长任总指挥长。如何建馆？建成什么样的工业博物馆？在市长的指挥下，具体负责的工作人员经过外出考察、深入企业调研和广泛听取专家、市民意见，最终确定了建馆的理念和相关设计思路。

（一）以柳州百年的工业发展史为主线，反映"追忆激情燃烧的火红年代"的时代风貌

柳州作为中国近代史上西南的工业重镇，国家历史文化名城，既有着洋务运动时期和民间传统的古代工业遗产，又有着近代以来门类丰富的近现代工业遗存特色。

从工业文物普查的情况看，柳州工业遗产主要源自新中国成立前后两个不同时代特征的工矿企业。一是新中国成立前的主要企业：如明代以来手工业的各类作坊；1907 年清末洋务派人物，柳州知府杨道霖兴办的华兴木植公司；1916 年柳州商人陈敬堂创办的柳州电灯公司；1926 年采用现代机械生产纺织品的官办工厂柳江平民工厂；1927 年由广西省政府为解决汽油不济而在柳州办的广西酒精厂；1928 年由桂系将领李宗仁、白崇禧在柳州兴建的柳州机械厂，后被誉为"广西机械工业的摇篮"；1933 年李宗仁、白崇禧在柳州兴建的制弹厂；战时外地转迁至柳州的四十一和四十二兵工厂等。二是新中国成立后兴建

和不断发展的企业：如"一化三改造"后大批公私合营企业；1951年的国营企业柳州锌品厂；1955年公私合营的柳州烟厂；20世纪50年代末至60年代国家援助柳州的柳州钢铁厂、柳州电厂、柳州联合机械厂、柳州动力机械厂、柳州化工厂、柳江造纸厂等10家国有大型企业，柳州由此构建了冶金、机械、化工比较完整的工业体系；还有八九十年代改革开放时期大批应运而生的国有、集体、乡镇企业，以及后来改制转化、政府引进和外来投资、中外合资、股份有限公司等各种不同体制的企业。

通过分析工业普查资料和征集到的工业文物，查阅企业档案资料，柳州工业博物馆的整体规划设计和陈列构思逐渐清晰，确定了以百年工业发展历史为主线，充分挖掘利用其丰厚的工业文化底蕴和内涵，在工业、文化与旅游的契合点上构建工业博物馆的陈列体系，并通过柳州工业的发展，折射出中国发展改革的历程。工作人员还采取了以"讲好柳州工业故事"的展陈手法，把弘扬柳州工人阶级敢想敢干敢闯敢创敢为人先的英雄本色，艰苦创业、自主创新的时代精神融合为"追忆激情燃烧的火红年代"的浪漫情怀作为建设理念，取得了很好的展陈效果和社会效果。

（二）以抢救保护再利用工业遗产为目标，让有形和无形的工业遗产能延续城市文脉

柳州近百年来集结的这些有形和无形的工业遗产，见证了百年兴衰的沧桑巨变，赋予了柳州阳刚豪迈的气质和开明开放、敢为人先的精神，形成了独具特色的工业文化，成为城市文化根脉中不可替代的重要组成部分，并在推动经济社会长期的发展中展示了强大的生命力。为此，柳州工业博物馆把做好抢救性的保护和征集工业遗产提到延续城市文脉的高度认真对待。在具体做法上：一是充分利用各新闻媒体就文物普查成果、征集工业文物和建设工业博物馆的意义等进行广泛宣传。普查组中的市政协委员还提交了有关工业文物保护利用的提案，参与市政协课题组撰写以《彰显特色品牌，推进历史文化名城建设》建议案送市政府作决策参考。二是在紧锣密鼓筹建之际，进一步强化市政府的行政影响力。柳州市政府办公室2010年4月以《柳州市人民政府办公室关于开展工业遗产文物征集工作的通知》（柳政办〔2010〕74号）对全市各单位提出了征集工业文物的具体要求。

经过一段时间紧张、深入和卓有成效的工作，柳州空压机厂、柳州造漆厂等这些20世纪60年代完整留下来的，保留着"大跃进""文化大革命"等历史印记的工厂生产区、生活区、相关建筑物、机器设备，柳州市人民政府都采取了相应的保护措施，如修复了电灯公司、汽车总站等最老的"历史建筑"旧址，先后分4批公布了蟠龙山工业供水设施、柳州铁路大桥等51处老工业和

历史建筑旧址为"历史建筑"并挂牌进行保护。对于用于建设柳州工业博物馆的第三棉纺织厂原有的 6 栋锯齿形和大跨度大开窗车间，也全部原汁原味进行保护利用，使其较好地传承和延续了城市的记忆。

（三）挖掘利用工业文物背后的历史故事，弘扬中华民族传统和不同时代的工匠精神

为让工业遗存也能吸引游客并达到传承历史、教育后人、观光休闲的目的，柳州工业博物馆在建成开馆后短短的三年内，就编辑出版发行了《藏品史话》三辑共 100 篇短小精悍、雅俗共赏、时代感强、蕴含丰富历史内涵和极具工匠精神的故事。同时还先后编辑出版发行了《从桂中商埠到工业名城》《百年工业柳州》《藏品中的 100 个故事》等大型图文并茂的出版物。这些藏品背后的故事部分在《柳州晚报》连载和图书发行后，在社会上引起了很好的反响，一下拉近了观众与藏品的距离。

为充分释放出百年工业柳州的丰厚内涵，让近 3000 件冰冷的钢铁工业文物成为游客值得回忆的传奇故事，在展陈设计中还注入了极大的人文情怀。如鳄式剪床展点，讲述的是柳州机械厂 20 世纪 20 年代末建厂初期，新桂系为制造军火不惜斥资 40 万大洋引进美国、德国大批先进设备，从而成为"广西工业中心"的故事。铸有"中英庚款"字样的牛头铇床，讲述的是 1900 年八国联军入侵中国大肆烧杀掠夺，清政府被迫签订《辛丑条约》，赔付白银四亿五千万两的屈辱故事。Z435 装载机，讲述的是"文革"期间，柳州工程机械厂"三结合"试验小组"白天闹革命，晚上搞研发"，于 1966 年 10 月试制成功的我国首台通过鉴定的装载机，柳工因此成为我国 ZL 系列轮式装载机的发源地，拉开了国产装载机序幕的故事。20 世纪 80 年代的职工新婚之家，新房中所置办的床上用品、家用电器以及"三转一响四十八条腿"等，全是柳州制造。第 100 万辆下线乘用车，讲述的则是柳州 2009 年 9 月 27 日汽车产量首次突破 100 万辆，成为中国第三个年产汽车超百万辆的城市励志故事。

二、柳州工业博物馆的文化效应和社会影响

柳州工业博物馆常设的展馆共有"柳州工业历史馆""柳州企业风采馆""柳州生态宜居馆"。这三大各具特色的展馆，成为书写柳州工业文明史的最好教科书和最具工业内涵的旅游景区。

（一）成了书写工业文明史最好的教科书

主展馆"工业历史馆"，展陈面积 12000 平方米，6000 多件工业文物依年代布展陈列，从不同侧面记录了柳州、广西及中华民族百年间复兴的历史。洋务派知名人物，柳州知府杨道霖 1909 年号召柳郡绅商集资试办的华兴木植公

司的场景，令游客们感受到在远离京城的"南蛮之地"，中国洋务运动也有过成功的范例；在铁水奔流的熊熊炉火前，柳州钢铁厂的工人们手握着钢钎凝视前方，他们面前的钢水包倾泻的似乎已不是钢水，而是"咱们工人有力量"的信念，是时代理想创作的高雅艺术；从 1933 年广西的第一辆木炭汽车，到 2017 年柳州汽车产量达 253.5 万辆，占全国比重的 8.7%，稳居国内汽车产量排名前三，体现了岁月堆积起来的睿智与成熟。

"柳州企业风采馆"，展陈面积 5000 平方米，这里讲的是 30 家骨干企业锐意改革，勇立潮头，发展与创新的故事；这是中国工程机械行业排头兵柳工集团的展区；这是参与了神舟系列飞船建设的柳州长虹机器制造公司的陈列；这是两面针、卷烟厂、欧维姆、花红药业、延龙汽车等高新技术团队丰盈的技术成果。它们都在这里向人们述说着成功的喜悦。

"柳州生态宜居馆"对 20 世纪八九十年代城市在工业快速发展过程中，环境被污染、一度"享誉"我国四大"酸雨城市"之一"美名"后，全市痛定思痛，通过调整工业布局，实行综合治理、重建生态环境，还一个山清水秀、生态宜居的工业柳州面貌进行的综合展示。

精彩的陈列，构成了一本这座城市工业历史乃至全国工业文明史最好的教科书。

（二）发挥了城市工业旅游的纽带和排头兵作用

柳州的工业旅游在 2000 年时就有了先行者，当时柳钢、柳州市工艺美术厂、柳州市美术陶瓷厂等企业就推出了"钢铁是怎样炼成的""巧手制陶器"等大众化的工业旅游项目，带动了不少品牌如柳工、上汽通用五菱、两面针等企业也先后走上了工业旅游之路。2004 年，柳州钢铁厂、柳州卷烟厂还获得了国家旅游局授予的"首批全国工业旅游示范点"称号。2012 年柳州工业博物馆建成开馆之初，柳州旅游部门在推出的"柳州十大精品旅游线路"中，就精心设计了两条与工业博物馆相关联的旅游线路。一是"柳州城市规划馆—柳州工业博物馆—柳州奇石馆—柳州博物馆"的"精品馆藏游"线，二是"柳州工业博物馆—广西中烟柳州卷烟分厂—柳州钢铁（集团）公司"的"工业旅游"线。然而，由于各种原因，在经过一段轰轰烈烈的集团式推进后，企业的工业旅游渐入低谷。

2014 年 11 月，柳州工业博物馆生态宜居馆建成对外开放，这时，三大展馆互为犄角，形成合力。同时以"火红年代"为主题，以时代记忆为底蕴的室外西、北两大广场开始迎客，至此，投资 3.8 亿元建设的柳州工业博物馆立体现身，形成了极富吸引力的工业旅游景区，很快为柳州的工业旅游注入了强大的活力。这些年来，通过旅游行政部门和旅行社主推、社会自行组团和往来散客，每年接待游客均达百万之众。

2017年，为全面构建"生态之城·工业之旅"工业旅游格局，初步实行了以柳州工业博物馆等系列工业文化遗产景区为龙头，带动以柳钢、柳工、五菱等为代表的一批工业旅游示范点，与盛享"百里柳江·百里画廊"美誉的柳州风光，独具民族特色的瑶、苗、侗民族风情，全国首个有文化象征的螺蛳粉产业旅游示范园区等进行有效整合的全域旅游格局，工业旅游的概念已逐步渗透到柳州旅游行业和工业文明的大景观之中。

（三）增强了人们对这座特色城市的认同感

柳州工业博物馆，以其内涵丰厚的文物收藏，特色浓郁的陈列设计，既有效承载了柳州工业百年间的时代梦想，也让人们看到了这座城市工业化的沧海桑田，凝聚了市民的城市归属感和自豪感。

首先，博物馆建馆采取活化与还原历史的模式，增强了人们的城市归属感。利用老旧、失修但时代特点明显的老厂区、老设备和新时代的新成就建设一座反映城市历史沿革和发展进程的城市工业博物馆，以此活化历史，还原历史，展示今天，愿景明天，薪火传承，教育民众，这无疑是一个创举。

其次，博物馆还有效地承载了百年间的时代梦想，增强了人们对城市的认同感。

三、柳州工业博物馆目前的不足及对策建议

由于筹备期和建设期时间过于紧张，又穷于接待和完善各项基础设施，许多在建馆时期就发现的诸多问题至今都来不及解决，再加上开馆这些年来，许多当年的亲历者、见证者和相关专家教授先后提出了许多存在的不足、问题及修正的意见建议。为此提出如下问题及对策建议。

（一）工业遗产的挖掘、保护与再利用还需进行全新的探索

具体表现：

①柳州工业博物馆历史馆展示的柳州百年工业仍缺乏一些重要历史阶段的节点和物证。

②柳州工业博物馆应有一本全市"在岗"与否企业的工业遗产明细"账本"。

③对全市工业遗产的保护利用应确立一种战略眼光。

对策建议：

①柳州作为西南地区的工业重镇，在时代的变迁和不同的历史时期，必然打上区别于其他城市具有自身特点的时代烙印。如在浴血奋战的抗战时期，柳州是一座处于大后方全力支前的城市，沦陷区一大批的官办和民办的企业汇聚柳州，到1943年民营企业达52家，成为战时西南的重要工业城市。20世纪70

到 90 年代，柳州国有企业的企业文化非常丰富和活跃，36 家大型国有企业成立有企业思想政治工作研究会、企业文艺宣传队、出版企业报纸、企业有线电视广播台（站）、企业职工之家等等。职工当家做主的主人翁自豪感、荣誉感、奉献精神十分浓烈，职工文体比赛、青工技术比武此起彼伏。20 世纪八九十年代乡镇企业作为工业战线跑出来的一匹黑马，填补了国有企业许多空白。这些，都是柳州工业史上不可抹掉的浓重的一页，建议能尽快进行抢救性挖掘，采取措施征集相关工业文物，高质量地做好补充、完善、提升工作。

②密切关注仍"在岗"的工业遗产，对那些既饱含遗产价值，又极富人文精神的工业建筑或工业设备要登记在册，有条件的如柳州锅炉厂、柳州化肥厂等企业的相关厂房及设备，要列为"工业历史建筑"或"工业文物"提前进行挂牌保护。

③可构建柳州大工业遗产集群，形成以柳州工业博物馆为核心，以原柳州铁路印刷厂、柳州空压机厂、鹿寨化肥厂、融安泗顶矿区、柳空礼堂等工业遗产为辅的柳州工业遗产集群效应，一则强化对全市工业遗产的有效管理，二则综合实施保护利用，三则一旦时机成熟即力争入选国家工业遗产名单进而争取入选世界遗产名录。

（二）工业博物馆的展陈科技含量、景区服务项目仍有待提升

具体表现：

①三大展馆的陈列内容有待进一步提升完善。

②互动和体验性项目较少，已满足不了游客不断提高的精神欣赏和休闲娱乐需求。

③景区服务配套不够周全，游客难以在此"一日游"。

对策建议：

①三大展馆宛如一篇文章的三个段落，是互为关联、缺一不可、动静有别、相辅相成的，是共同构成一个城市美丽动听故事的综合体，对三个展馆的提升完善既需通盘考虑，又要各自围绕存在的不足和问题进行必要的提升完善。即工业历史馆总体上应以"静"为主，给游客有更多的回味空间去追忆过去；陈列上的提升可适当运用当前一些高科技、多媒体和最新展示技术让局部静中有动，如可让古老的碾米石磙转起来，让"红河"牌拖拉机演示犁耙田的全过程，让游客进入"宝骏"驾驶室，在任选的一条国内最美的高速公路上享受模拟驾驶的快乐等。

企业风采馆总体上应以"动"为主，展馆的提升重在完善策展时的两大目标：一是柳州工业的发展历程和当前的最新动态，二是各参展企业的发展历程及现状、愿景。在陈列手法上以互动为主，让游客到了这个馆就能知晓柳州工

业的大事，就能感知今天柳州工业的魅力，同时还能尽情享受工业发展意境的美，达到在休闲愉悦观展过程中吸引游客的目的。

生态宜居馆总体上应以"玩"为主，展馆的提升重在进一步讲好工业城市"从污染之都到宜居之城"的故事，让人不要忘了环境污染之害，更加珍惜今天灵动宜居的美丽家园。在陈列的艺术手法上，第一层展厅应进一步突出"污染·治理"主题词，第二层的展厅应深化"美丽家园·幸福生活"的特性，重在完善、提升、增加有工业特色、地域特色"玩"的互动项目，让人倍感生活在"生态工业城、五彩碧蓝天"的优越。

②展陈中高科技的运用已是当下众多博物馆的选择，但要运用得当，需要高额的投入。根据柳州工业博物馆的具体情况，建议重在智慧博物馆建设上下功夫，以此突破藏品展陈的时空限制，丰富藏品展陈方式，扩展展陈内容；同时可开通手机语音导览；在三大展馆中选点设立 VR 体验和全息影厅；录制播放与柳州百年工业相关的 3D 影片；开设传统的车工、钳工、模具、美陶等动手型互动项目，以增强游客的兴趣，培养学生动手能力等。

③还在 2012 年底，柳州工业博物馆就获得了国家 4A 级旅游景区称号，由于景区展馆室内有冷、暖气，室外的老厂区有浓郁的文化氛围和良好的休闲环境，这里实际上成为游客、市民最好的休闲地、婚纱拍摄地、同学老乡发小的聚会地、机关事业企业职工的活动地和党团员节日最佳宣誓地。许多游客反映本想到此"一日游"，然而，由于旅游购物、餐饮服务等设施不够周全而留下遗憾。

（三）工业旅游的最佳体系尚未完全建立并发挥出最好的作用

具体表现：

①"特色工业旅游"仍在"深闺"尚未完全走出去。

②百年工业城尚缺"追忆火红年代"的"遗产旅游线"。

③特色旅游景区尚缺"特色"文创产品。

对策建议：

①应不断创新旅游观念，对外主动出击，向旅行社、旅游团体、企事业单位、大中小学校等推介自己；对内不断完善提升自己的硬件软件，经常组织一些诸如具有柳州特色的"让历史牵手现代，共同走向未来"的工业旅游活动以增强宣传效应。同时也可充分利用这些年积累的工业旅游经验，精心培育和积极参与"柳州工业博物馆＋"的工业旅游模式，与柳州具有深厚历史底蕴、工业色彩浓郁、现代化独特生产线的柳钢、柳工以及柳州洛维螺蛳粉产业基地等组成数条"特色工业旅游"线。

②有意识地培育一条"追忆火红年代"的遗产旅游线。遗产的核心价值是

历史、科学与审美，除柳州工业博物馆外，柳州已全面停产并整体保留下来的企业还有不少。如鹿寨化肥厂这样的大型企业，其相当规模的厂区，特殊的设备、工艺、建筑及其所体现的科学价值、美学价值、历史价值很值得精心保护和利用，柳州工业博物馆可以起到指导培育、联合开发的作用。

③柳州工业博物馆工业历史馆大厅纪念品销售部的展柜里，与工业博物馆文化底蕴相符的文创产品少之又少。还在 2016 年底，自治区就下发了《关于印发推动文化文物单位文化创意产品开发实施意见的通知》（桂文发〔2016〕49 号），这为文化文物单位利用自身资源研发特色文化创意产品提供了政策支持。党的十九大也提出，要"推动文化事业和文化产业发展"，要"讲好中国故事"。可以组建或联合有研发能力的文创公司，利用内涵丰厚的藏品资源开展研发活动，用自己丰富多彩的文创产品，讲好柳州工业的故事，讲好祖国工业的故事。

结语

柳州工业博物馆在建成开馆短短的 5 年间，收获了满满的硕果，但也看到了与发达地区存在的明显差距。随着时间的推移和历史的沉淀，柳州工业博物馆作为近现代工业城市发展和人类工业文明的见证者，必将发挥更大的存史育今的"活化石"和教育作用。

2018年

广西**蓝皮书**

广西文化发展报告

文博研究篇

八路军桂林办事处旧址红色旅游景区建设状况与发展思路

文丰义[*]

习近平总书记在党的十九大报告中明确提出"要坚定文化自信，推动社会主义文化繁荣兴盛"，要进一步增强民族文化自信和民族文化软实力。他说，没有高度的文化自信，没有文化的繁荣兴盛，就没有中华民族伟大复兴。要坚持中国特色社会主义文化发展道路，激发全民族文化创新创造活力，建设社会主义文化强国。这一国家战略决策的出台，无疑为继续推进国家红色旅游文化建设和爱国主义教育基地建设与发展带来更多的机遇与挑战。仅以八路军桂林办事处旧址暨桂林抗战文化运动旧址红色旅游景区与基地建设为例，将是继续深化红色旅游景区与基地建设，增强基地的硬件设施和软实力建设的又一次难得的绝佳时机。

一、八路军桂林办事处暨桂林抗战文化运动旧址红色旅游基地建设现状

抗战时期的桂林曾是享誉全国、震动世界的抗战"文化城"。从 1938 年底至 1944 年 9 月长达 6 年的时间里曾聚

---

* 文丰义，八路军桂林办事处纪念馆副馆长、研究员，全国革命纪念馆专业委员会副会长、广西抗战文化研究会副会长。主要从事抗战文化、桂林地方文化、近现代史研究。

集全国大部分有名文化人士和出版、图书机构。其中外来人口达五六十万人，从事抗日文化宣传的文化人多达几万人，其中知名的文化人就有 1000 余人，最著名的文化人、科学家、学者、社会名流等也多达 200 多人。书店、出版机构达 179 家之多，登记在册的印刷厂达 108 家。尤其当时桂西路书店、出版机构林立，文化人聚集，号称桂林抗战"文化城"的"文化街""书店街"，文化影响较大，深入人心，具有巨大的文化震撼力。

桂林独有的抗战文化遗产资源，历来受到党和国家的高度重视。作为桂林抗战文化遗产的标志和代表性的八路军办事处旧址，在全国十多个"八办"旧址中，桂林"八办"旧址是被确定为全国重点文物保护单位的三个"八办"旧址之一（西安、重庆、桂林）。1993 年，旧址已被确定为桂林市爱国主义教育基地，1994 年被确立为自治区爱国主义教育基地和国防教育基地，同年被国家文物局授予全国优秀社会教育基地，2001 年纪念馆被中宣部授予全国爱国主义教育示范基地，2010 年再被列入国家国防教育示范基地，2015 年旧址被公布为国家级抗战遗址。以旧址为依托建立的纪念馆自 1977 年开放以来，至今已接待国内外观众上千万人次。现在每年在场地限制的条件下仍有 40 万人次以上的观众接待量，还有来自美国、越南、日本等大批外国游客。所以，中共中央办公厅、国务院办公厅下发的《2004—2010 年全国红色旅游发展规划纲要》和国家发展改革委等中央部委、广西壮族自治区发展改革委等《关于编报"红色旅游"景区建设方案的通知》等文件，都将八路军桂林办事处旧址、桂林抗战文化活动等有关内容和旧址、遗址、遗迹确立为全国百个经典红色旅游景区之一，并列入 2005—2010 年国家红色旅游重点建设项目。

2007 年上半年，时任中共中央宣传部部长刘云山同志来桂林指导、视察工作时还曾专门就桂林抗战文化宣传与利用方面的工作做出指示，要求要加大宣传力度，结合红色旅游可建设一个包括抗战文化内容的"桂林抗战纪念馆"或"桂林抗战文化博物馆"。

2005 年初桂林"八办"纪念馆按照自治区党委宣传部、自治区发展改革委、财政厅、文化厅要求，认真做好"八办"旧址暨桂林抗战文化运动旧址红色旅游景区的建设规划方案（主要是场馆扩建、周边环境改造）、可行性评估报告及项目经费预算等上报国家发改委、中宣部等中央相关部门。

其中，项目总投资为 22654.5 万元，资金筹措为申请国家补助 15800 万元，地方自筹 6854.5 万元。

（一）旧址旅游景区的性质

八路军桂林办事处暨桂林抗日文化运动旧址景区以反映八路军抗战和桂林"文化抗战"为主题，以八路军办事处中山北路 14 号旧址为核心，以突出桂林

"文化抗战"为特色,打造桂林城市文化旅游新品牌,是一个集红色观光、营造红色文化氛围、重现红色经典和爱国主义教育的大型红色旅游景区。

（二）项目建设主要内容

根据国家发展改革委及《广西重点红色旅游景区建设方案》的具体要求,八路军桂林办事处暨桂林抗日文化运动旧址景区的建设要突出"三个一",构建"三个区",建设"三个项目"。具体为:

①突出"三个一",即突出一个红色旅游中心,一个红色旅游圈,一大红色旅游主题。

②构建三大红色旅游功能区。

③建设三个重点红色旅游项目。三个重点项目即展陈场馆改扩建项目、周边环境整治项目、停车场建设以及陈列展览项目。

（三）已完成的第一期项目建设内容

1. 已完成展陈场馆的改扩建工程

①2012年前基本完成展陈场馆4200平方米的扩建项目。

②2013年前已整体修缮路莫村军需物资转运站旧址,主要包括对旧址朽蚀的梁柱、木板、瓦槽、横梁,开裂和脱落的墙体、基脚以及碎烂的瓦顶等的复原和维修。维修总面积约为1320平方米。

2. 已完成周边环境整治项目工程

一期规划周边环境整治项目总面积为44500平方米。2013年前已完成周边环境美化、整治等项目,面积约为1400平方米。建设大理石路面的道路、花坛、下水道,管线下地,设置宣传牌匾等。

3. 已完成停车场建设项目工程

①已完成"八办"旧址嵌草式生态停车场700平方米。

②已完成路莫村军需物资转运站嵌草式生态停车场500平方米。

以上一期项目已完成建设总投资为2070万元。

（四）已经申报的第二、第三期红色旅游景区建设规划项目陆续启动再建

为延续八路军桂林办事处旧址暨桂林抗战文化运动旧址红色旅游景区建设一期规划建设方案以外的项目,继续完成一期规划以后未能全部实施的规划建设内容,使整体规划建设更具完整性和完善性,同时能够与周边的独秀峰、叠彩山、宝积山、伏波山等自然景观相结合,达到红色与绿色旅游相得益彰、协调统一的目的,建设周边方圆一至两公里以外的红色与绿色旅游相结合的特色旅游经济圈和大景区。2012年桂林"八办"纪念馆就曾以桂林市的名义申报第二期红色旅游规划建设的延续项目,包括5个方面的建设内容(具体规划内

容，因篇幅所限未列出），总投资为 3075 万元，其中申请中央预算内投资为 2460 万元，地方投资为 615 万元。

在计划完成二期规划建设内容的基础上，将继续拓展桂林抗战文化遗产保护与传承规模。因此，在 2012 年初上报第二期建设规划项目后，经桂林市委、市政府决定，拟在叠彩路和芙蓉路以及叠彩路政府办公大院的区域内建设"桂林抗战文化历史风貌一条街"。主要包括：①桂林抗战雕塑展示区；②桂林抗战历史文化内涵展示区（展览场馆）；③桂林抗战历史环境街区展示；④特色小吃、旅游品交易、休闲住所等服务区的第三期建设规划（具体规划内容，因篇幅限制未能列出）。

第三期建设规划内容、项目可行性建设方案评估、前期测绘等工作，在 2012 年下半年就已经基本完成。总投资测算为 25500 万元。

此后由于市委、市政府领导更换频繁，主管部门及具体建设的基层单位人事变动等种种原因，致使项目实施一度中断，项目建设的政策延续性得不到保障。直至 2016 年后，主管部门及具体单位的有关领导及原有建设人员结合目前存在需要解决的问题，再次将此续建项目提到议事日程后，才于 2017 年重新申报原规划建设内容中的部分项目，启动该项目建设。

2017 年向自治区和国家发展改革委申报的建设项目为：

①继续桂林"八办"周边环境整治与历史街区的复原改造。即复原叠彩路口西抗战时期的历史风貌（包括复原抗战历史建筑与街景牌坊、管线下地、疏通下水道、地面整修等）；美化"八办"旧址大门正面的已经完全石化和荒漠化的宝积山，使整体环境与桂林"八办"旧址相协调，营造抗战历史的参观环境。复原与整治面积大约为 1500 平方米（单价 3000 元/平方米，含施工难度及前期方案），投资为 450 万元。

②改造旧址南面与东面现有建筑的立面，使之与抗战时期的历史建筑风貌接近，到达整体历史环境效果的协调统一（该项目在"十一五"建设规划"八路军办事处暨桂林抗战文化运动旧址红色旅游景区建设规划方案"中已经包含，需要继续实施）。总面积大约为 4000 平方米（单价 2500 元/平方米，含施工难度及前期方案），投资为 1000 万元。

③改造和拓展桂林"八办"旧址参观景点停车场。现旧址及纪念馆每天参观的观众流量大，观众车辆无停车场停放，尤其旅游团队的大巴车经常将主干道中山北路堵塞，严重影响正常交通。需要改造和拓展停车场面积为 2500 平方米（其中包括旧址西面及南面地面停车场 1100 平方米；地下停车场 1400 平方米）（改造单价 1500 元/平方米），总投资为 1026 万元（其中包含地面 560.7 平方米，征购价 233 万元；综合楼地下室非住宅 1238.45 平方米，征购价 365

万元；地下商用房 180.84 平方米，征购价 53 万元。此为七星法院拍卖价）。

④现有展览场地改造及展陈升级改造。2010 年实施的一期项目改造，由于项目没有考虑展览场地对社会开放的特殊性，缺少对残疾人通道及残疾人无障碍电梯的预留与设计，需要对展览楼结构与框架进行局部改造，增设残疾人通道及无障碍外挂电梯，总投资约为 100 万元。另外，展览内容原投资达不到设计要求，原设计需要 2500 万元投资，实际投资 750 万元，施工期间追加 500 万元。而且现在因观众量大，设备长期无间断使用，致使许多设备损坏无法使用。为完善展览内容与展览形式，需要对现有展陈进行提升改造，所需投资为360 万元。以上两项总投资为 460 万元。

⑤路莫村军需物资转运站建设内容。建设路莫村物资转运站旧址"龙王庙"至县道 133 线（八定路）200 米二级连接公路，龙王庙至贡士亭 320 米二级连接公路，八定路立交桥至救亡室 120 米二级连接公路；景区内部步行道2200 米的改造；在龙王庙附近建设 500 平方米露天停车场；铺设 1400 米电力电缆；改造 2100 米供排水线路；在龙王庙和贡士亭附近建设 2 座旅游厕所；安装 16 栋文物建筑消防安防设施；建设垃圾污水收集设施 2 座；完成 2148 平方米展陈场馆改造以及 2.55 公顷村内环境整治。总投资 926 万元。

本期续建的以上 5 个方面内容的总投资大约为 3862 万元。

二、目前旧址景区建设存在的主要问题

第一，目前桂林"八办"旧址红色旅游景区场地比较狭窄，缺少发展空间，这是困扰景区发展的主要原因。

桂林"八办"旧址景本身旧址占地为 600 多平方米，建筑面积也才 800多平方米。展陈场馆改造拓展后（拆除"八办"单位宿舍）由原来只有 400 平方米左右的展厅，拓宽为大约 3000 平方米的展览场地，但仍旧与实际需要扩建展室面积达 8000 平方米以上的展览大楼面积要求差距甚大。因桂林"八办"及桂林抗战文化活动内容非常丰富，历史影响深远，具有全国性和国际性影响的特点。展览内容及文物史料相当丰富，如果将其内容全部展出，与目前展示面积只有约 3000 平方米的展陈条件有很大差距，只能展出桂林"八办"历史活动极小的部分内容。另外，整个旧址景区场地狭窄，既无参观车辆停放的场地，也无观众的集散地，特别是学生集会、党团组织宣誓、演讲等活动需要的场所。这种状况使纪念馆无力扩大陈列展览内容和举办临时展览等，严重影响了纪念馆的可持续发展。

第二，缺乏旧址景区建设的总体规划和宏观目标。

八路军桂林办事处暨桂林抗战文化运动旧址红色旅游景区建设，本身在规划初期就已经超越桂林"八办"旧址的范围，是一个以八路军桂林办事处旧址为核心，包括其他抗战文化活动旧址、遗址的大景区建设内容，应当制定一个景区建设的总体规划，如果将第一至第三期规划建设的内容整合起来，形成一个政府统一决策与规划、计划性质的政府文件或政府共识，其规划建设的政策延续性就容易得到保证，其他审批程序也就容易得多。

第三，缺乏旧址景区建设的地方政府支持的政策法规延续性保障措施。

以八路军桂林办事处旧址为核心的桂林抗战文化红色旅游项目建设内容，虽然在前几年的每年的政府工作报告中都有体现，并且是作为当年重要文化建设项目提出的，而且在每年的政协会议和人大会议中都有许多委员提出这样或那样的提案与建议，但最终答复提案的解决方案仍旧由具体建设的基层单位提出，再加上各职能部门的各自为政，没有统一的认识，即使市委、市政府组织相关部门多次协调解决方案，但对项目建设具体操作的互相推诿、扯皮，尤其在建设规划方面得不到审批等原因，最后的提案和议案，以及向上申报的方案，都只能是纸上谈兵，很难付诸实施。尤其在市委、市政府主要领导更迭后，项目受重视程度不同，实施难度更大，缺乏相应的地方政府政策硬性支持的法律法规和延续性保障政策支持。

第四，旧址景区建设规模大，建设资金投入大，需要各级的资金投入与政策支持。

由于景区规划建设的规模大，有连续的近期、中期、远景等不同时期的规划与建设内容，再加上涉及的范围宽，产权所属复杂，有的是私人房产，有的是沿街企事业单位的房产，有的是国有资产等，既有旧房，又有近几年刚建好的新房等，拆迁与安置、改造与重建等，难度都相当大，需要投入的资金也大。桂林市本身又以吃饭的财政为主，需要投入的文化建设项目多，如果单靠地方政府投入，况且投入的规模较大，难以得到支持。

第五，长期缺乏史料发掘及文物征集的经费支持。

据桂林市委、市政府组织的田野调查，桂林抗战史料非常丰富，抗战文化遗产、遗迹、遗址分布广泛，种类较多。涉及有抗日活动遗迹、遗址，社会名人和文化名人住址、活动遗迹，团体机构旧址、遗址，领导机关旧址、遗址，军事指挥和战备设施遗址、遗迹，战场遗址、遗迹，抗战烈士墓、纪念碑，日军侵华罪证、遗迹，抗战史料、宣传品、出版物，战时当事人的工作、生活用品等文物史料。

这些丰富的抗战史料需要不断发掘、整理和搜集。但桂林"八办"纪念馆在 2007 年以前一直没有专项的文物征集经费支持。现在纪念馆收藏的文物绝大部分是 20 世纪七八十年代前征集的。在 2007 年以前，实际征集的文物数量不足30件（不包括社会及个人捐献的文物）。虽然近几年开始，市财政也有几万元的文物征集经费支持，通过不断努力，以及各种社会关系的支持，也征集到相关的历史、资料照片达4000多张（件）。但针对纪念馆文物实物少（原来只有300余件，桂林抗战历史内容十分丰富，尤其抗战时期的历史照片和影像史料相对丰富，而且影像史料征集按秒计算费用），无法以文物实物充分展示内容的情况下，必须继续开展对桂林抗战及抗战文化相关历史文物、史料的搜集与征集工作。特别随着时间的流逝，越来越多的老同志离开了人世，抢救性征集革命文物已是刻不容缓。如不加紧征集，一些革命文物、史料会永久性消失，将会给当代及后代造成不可弥补的遗憾和损失。此项经费缺口较大，需要上千万元的经费支持。每年或几年才拨给几万元的经费，几乎是杯水车薪。

第六，在没有统一的红色旅游线路安排下，使得多数游客参观无秩序，随意性较大，影响红色旅游工作的正常开展。

由于没有统一的旅游线路安排，也没有大型停车场等，有时旅游团队比较集中时，几个旅游团队同时到来，十几辆大巴车拥挤在大街主干道上，超出接待能力，致使参观秩序混乱，影响文物安全，需要旅游部门统一规划和统一安排旅游线路，保证该景区红色旅游的正常有序开放。

以上诸多原因，都是导致桂林"八办"旧址暨桂林抗战文化运动旧址红色旅游景区建设多年来停滞不前，错过大好时机的症结所在。

三、旧址红色旅游景区建设的发展对策与思路

八路军桂林办事处旧址暨桂林抗战文化运动旧址红色旅游景区建设项目，作为国家首批公布的全国100个经典红色旅游景区之一，并列入国家第一批支持的建设项目名录，得到了国家先期投入的资金支持，而且在2014年前已基本完成第一期规划的建设内容。虽然在延续第二、第三期建设项目中面临诸多挑战和问题，但同时又具备了其他地方所不曾有过的诸多先期建设的经验、教训与启示，并能归纳和总结出更具实践意义的发展对策与思路。

在近几年内，桂林市委、市政府高度重视对历史街区改造，先后成功改造、复原了明靖江王城周边的历史环境区和正阳路东、西巷历史环境区，着力打造桂林漓江东岸福隆街、龙船坪特色历史环境区，由桂林市委、市政府统一指导，各城区政府具体操作，项目审批、拆迁安置、实施运作等一切顺利，而且效果相当明显。新改造与复原的历史街区，几乎都是市民休闲和外来游客的必游之地。

所以，借助政府运作的成功经验，把它运用到桂林"八办"暨抗战文化运动旧址红色旅游景区建设项目上来，应该说是一种比较好的发展思路与对策。

（一）设立了桂林历史文化保护与利用领导小组指挥机构，同时成立桂林历史文化研究院

2014 年在桂林市委、市政府新设立的"桂林历史文化保护与利用领导小组办公室"成立后，及时成立了"桂林历史文化研究院"，同时专门组建了"桂林抗战文化研究会"。以研究会等社会团体形式开展抗战文物保护工作。2014 年由桂林市委、市政府统一协调，通过集中实施的野外调查、走访后，目前已基本掌握、了解信息的桂林抗战历史文化遗址、遗迹点有 164 处（点），其中还有遗存的为 111 处，已列入文物保护单位的为 56 处，国保单位 2 处（6 个点），省保单位 7 处，市保单位 34 处，县保单位 12 处。建立和填写调查档案 147 份，撰写调查报告 3 万多字，拍摄相关遗址照片 2400 多幅，采集影像资料近 20 个小时，完成口述与民间采访录影录像 5 个多小时。同时出版了《桂林抗战文化遗产》《中国西部抗战遗址图说》等图书。可谓成果十分丰硕，内容也非常详尽，为桂林抗战文化红色旅游景区建设提供了丰富的历史史料数据支撑。

（二）拓展相关历史照片、史料及文物的搜集范围

原先以桂林"八办"纪念馆为代表的桂林抗战文物、文化保护单位的文物、图片、史料的征集范围只局限于与桂林"八办"、中共地下党及进步人士相关的，内容偏重政治、军事、文化等方面。从 2005 年开始，在政府财政经费支持下，纪念馆的文物、历史照片、影像史料等的征集范围扩大到敌、我、友三个层面，包括政治、经济、军事、文化、宗教等多个领域。近十多年来，纪念馆先后征集到有关广西抗战时期珍贵的历史照片达 5000 多张，珍贵文物 1300 多件；馆藏的抄报资料 1000 余件；历史影像史料 10 多个小时。基本将广西抗战的史料、历史照片、文物收集成系。拥有丰富的馆藏文物和史料，能够为桂林抗战红色旅游项目开发、利用提供更多的史料与实物支持。

（三）加强业务培训，提高讲解水平，拥有一支业务精、专业强的高素质专业队伍

以桂林"八办"纪念馆为代表的桂林抗战文化红色旅游基地，经过多年的努力，已经拥有一支高素质的专业团队。业务人员占总人数的 90%，大专以上学历 16 人，中级以上职称 13 人，高级职称 3 人（含正高级职称 2 人）。其中专职讲解员 8 人，一半以上拥有中级职称，其余的都具有初级职称。讲解员多次参加过广西区和全国性的讲解比赛并获奖。在接待讲解中以良好的形象、优质的服务赢得观众的一致好评。为提高讲解员的讲解水平，纪念馆对讲解员制定了完善的业务培训计划。先后有 10 余批次 40 多人次参加全国、自治区、桂林市级的讲解员培训班，对讲解人员进行专业知识理论培训和讲解技巧培训。特

别是对新招聘的讲解员进行强化培训，在讲解员中坚持每月一次评比、讨论、整改，使纪念馆业务和讲解水平有了极大的提高。同时在接待讲解中，努力树立窗口形象，大力开展微笑服务、文明服务，用热心、贴心、耐心、关心、细心的态度为大中小学生、部队官兵提供讲解服务，具备一定的红色旅游基地服务的软实力。

（四）注重相关历史资料的收集、整理及学术研究

多年来，纪念馆先后在有关报刊上发表论文和文章 300 余篇，编辑出版了普及读物和学术研究专著如《军事资料丛书：八路军桂林办事处》《血铸的丰碑：中国抗战文化》《丰碑：桂林抗战纪实文物史料图集》《桂林抗战文化城奇闻异事》《抗战时期的桂林影像》《见证：桂林抗战历史》《抗日救亡的壮丽史诗：桂林抗战文化城》《抗战丰碑：八路军桂林办事处》等 30 多部。参与和成功举办了"广西抗战文化遗产及史料调查学术研讨会""全国革命纪念馆学术研讨会"等 40 多次。与广西社科院和自治区旅游局等进行了"广西境内'二战'文化遗产保护与旅游开发项目设计"、中国西部"抗战遗址调查保护与利用"、"桂林抗战文化遗产调查保护与利用"等课题研究。编撰并拍摄了《抗日烽火映桂林》《方舟：桂林抗战文化城记事》《红色特工王：李克农》等 4 部大型抗战文献纪录片等。红色旅游基地的软实力得到了极大增强。

（五）目前桂林各类抗战遗址、遗迹保护与规划、利用、开发所采取的具体措施

（1）加强对已列保的抗战旧址、遗址的保护与宣传，对位于旅游线路上，交通条件比较好的，完善了相应的陈列展示内容，对游客开放，扩大宣传力度。如对李济深、黄旭初、白崇禧、黄琪翔等文化名人的故居、旧居进行必要的陈列展示，对游客进行开放。对重要指挥、文化机构进行开发利用。如对广西省立艺术馆（"西南剧展"旧址）、救亡日报社、广西省政府旧址、雁山李四光主持的中央"科学馆"旧址等进行开发、利用、展示，服务于桂林的旅游与文化宣传，彰显其历史价值。

（2）新发现的一些重要抗战历史遗址、遗迹进行分类列入文物保护单位，加大修缮和保护力度，使之在揭露日本军国主义侵略罪行，培养民族精神和爱国主义教育方面发挥应有的作用，丰富桂林旅游文化资源。如对国民政府军事委员会桂林行营旧址、国民政府军事委员会西南行营桂林办公厅旧址、桂林"八办"秘密联络点"龙正泉"公馆旧址、甲山路 5 号公馆内黄琪翔将军旧居、甲山飞风路"国军抗日野战医院"旧址、肖家村抗日反坦克壕沟遗址、观音阁国军通信大楼旧址、抗战时期的锡安医院旧址等等，进行不同级别的列保，加以修缮和对观众、游客开放，发挥其应有的历史与社会价值。

（3）对一些重要的、有历史价值的抗战遗址、遗迹树立文化标识、文字说明牌，让后人和外地游客更好地了解桂林的抗战和桂林文化抗战的伟大史诗。比如在茅盾、巴金、柳亚子、何香凝、叶挺、夏衍、田汉、欧阳予倩、张曙、司马文森、杨东莼、马君武、熊佛西、焦菊隐、端木蕻良、王鲁彦、艾芜、赖少其等文化名人居住遗址处设立文化说明标识牌；在《新华日报》桂林分馆、国际新闻社桂林总社、新中国剧社、生活书店桂林分店、新知书店、读书生活出版社、文化供应社、国防艺术社、广西建设研究会、广西日报社、大公报社、第三届学生军集训处、新安旅行团桂林驻地和分校、广西地方建设干部学校、广西省立师专、李四光主持的中央"科学馆"等重要文化机构、文化团体遗址遗迹处设立文化标识和说明牌；对位于七星公园的普陀山、象鼻山、穿山、塔山、铁峰山、鹦鹉山、宝积山、叠彩山、伏波山、骝马山、老人山等山上的抗日指挥所、战壕、碉堡、炮兵阵地等抗战遗址、遗迹，在山脚便道边设立文化说明标识。目前已拟定了 49 处，完成标识设置 29 处。通过对主要文化标识、说明牌的设置，充分展示其文化内涵，彰显了桂林旅游文化魅力，丰富桂林旅游资源，同时对传承桂林优秀、独特的抗战历史文化，进行爱国主义教育等等，都是最直接、最有效的方式。

（4）重新规划旅游线路，将桂林绿色与红色旅游相结合，在原有旅游线路中增加桂林抗战文化遗址、遗迹内涵，科学、合理地重新设置旅游线路。在合理搭配红色旅游资源和桂林自然资源、历史人文资源的前提下，科学策划、合理设置旅游线路，同时根据资源分布和景区开发情况，利用桂林旅游活动辐射四周及产业化程度高的特点，充分发挥桂林重要和丰富的抗战文化资源优势。重新规划可供参考的旅游线路：

①北线：八路军桂林办事处旧址景区（包括桂林抗战"文化城"全部内容）—国民政府军事委员会桂林行营、桂林办公厅旧址—靖江王城景区（孙中山北伐大本营遗址）—伏波山、叠彩山景区—黄旭初官邸—李宗仁原配李秀文故居—李济深官邸—铁峰山、鹦鹉山桂林保卫战抗日指挥所、碉堡等防御工事—观音阁国军通信大楼旧址—路莫村军需物资转运站旧址景区—（兴安）红军突破湘江烈士碑园—秦代水利枢纽灵渠（水街）—乐满地；（资源）国家地质公园的"丹霞地貌"八角寨景区—资江漂流；华南第一峰猫儿山。

②南线：水上漓江游—阳朔—徐悲鸿故居—孙中山阳朔下榻、演讲处旧址—阳朔渔村孙中山系舟处、临阳联队保卫渔村遗址—阳朔中山纪念堂—阳朔公园的抗日空军烈士莫休墓、临阳联队敌后抗日纪念碑—愚自乐园—雁山唐氏地主庄园、广西省立师专旧址、广西大学抗战时期桂林校址、马君武墓、李四光主持的中央地质研究所"科学馆"旧址及雁山旧居、雁山中国地磁物理研究

所遗址—（临桂）日军罪证"白骨洞"遗址（大吉岩惨案发生地）—甑皮岩遗址博物馆。

③东线：冠岩景区—古东瀑布景区—靖江王陵景区—尧山胜景—《救亡日报》印刷厂旧址—何香凝、叶挺等观音山、羊角山居住点遗址—广西地方建设干部学校遗址—在华日本反战同盟西南支部遗址—桂林"八办"的"龙正泉"公馆秘密联络点旧址—巴金、田汉等文化人聚居的六合路和司马文森、焦菊隐、王鲁彦等聚居的新桥北里等遗址点—桂海碑林石刻博物馆—七星公园、七星岩（八百壮士牺牲处、新安旅行团书写抗日标语处七星后岩）及八百壮士墓、三将军烈士墓等抗战遗址—桂林图书馆战时临时馆舍（普陀寺）—桂林医学院战时临时院址（七星岩西侧）—施加园等抗战文化人聚居区等。

④西线：李宗仁故居—培养抗日人才的"桂北革命摇篮"桂林（两江）师范学校旧址—美国陈纳德将军领导的抗日"飞虎队"指挥所旧址及秧塘机场遗址—李宗仁甲山行宫—桂林博物馆—茅盾、柳亚子等文化名人丽君路聚居点遗址—广西省立艺术馆旧址及榕荫路文化人居住一条街—救亡日报社旧址—桂西路、太平路"书店文化街"及文化人聚居点遗迹—白崇禧官邸—国际新闻社桂林总社—第三届学生军集训处—抗战时期的广西日报社遗址—抗战时期的桂林市政府旧址—马君武故居遗址—李宗仁官邸陈列馆。

⑤夜游线路：象鼻山—太平天国军营寨（云峰寺）—"两江四湖"景区—夜寻抗战文化人居住点、抗战文化机构所在点、抗战文化活动点、区（市区各抗战旧址、遗址、遗迹点）等。

（六）实施长远规划与具体保护措施

从桂林历史文化保护与利用的总体方案考虑，遵循"抢救第一，有效保护，合理利用"的原则，对桂林现存的抗战遗址遗迹进行整体层面的保护规划与旅游开发设计。

（1）制定桂林抗战文化遗址遗迹总体保护规划与旅游开发设想方案。

（2）成立一个专门的保护与管理机构（"桂林抗战文化资源保护管理委员会"或"桂林抗战文化遗产资源保护管理局"）。现在许多省市、地方都采取分类管理，或者专业管理的模式，更有利于管理的专业化、规范化和可持续发展。

（3）实施以桂林"八办"旧址为核心，结合桂林红色旅游建设发展规划，做好桂林抗战文化遗产保护的具体规划，拟定分三步走的方案：

第一步：完善基地设施，扩大教育基地展示面积。同时美化周边环境，营造良好的参观教育环境。

①继续完善现有的保存完整，并已开辟为纪念馆和爱国主义教育基地的抗战旧址、遗迹的各种宣传和展示设备设施，增加和充实展览内容，加大保护力

度，尽可能纳入旅游线路，提高旅游接待和服务能力。

②在交通相对发达，基础设施完备，属现有旅游线路内的遗迹、遗址，要尽可能地修缮、保护，竖立说明标志牌和保护标志牌，旧址建筑完好的进行一些基本内容陈列，尽可能向游客开放，突出桂林抗战红色旅游，增加桂林旅游项目。

③在交通不便、设施不完善，遗址、遗迹相对分散，或在市区、繁华街道的遗址、遗迹基本不存在的，应尽可能地竖立抗战文化标识及说明标志牌，以利于在本市市民中宣传和满足外地游客旅游寻访桂林抗战遗址遗迹的需要。

④桂林抗日活动和抗战文化内容相当丰富，涉及范围广泛，遗址、遗迹、史料和历史照片较多，需要做集中保护和集中展示。因此，结合国家大力推行红色旅游活动，需要建设一个专题性"桂林抗战文化博物馆"，以便将桂林伟大的抗日斗争史实真实、全面地展现给全国的旅游者，使桂林这一全国仅有的抗战进步"文化之都"的宝贵文化遗产得以万古流芳，造福于子孙后代。

第二步：建设反映桂林抗战的标志性主题雕塑群，产生地域性文化标志引导作用。同时在无法新建"桂林文化抗战博物馆"前，也可考虑先改造位于桂林"八办"旧址对面的叠彩路政府办公大院的办公大楼，扩建为"桂林文化抗战博物馆"（面积7000平方米，2012年桂林市委、市政府领导就曾提出在市政府办公区域全部搬迁至临桂新区后，将此地改建成"桂林抗战文化博物馆"的设想，目前大多数机构已经搬迁），同时整治周边历史环境，营造与对街的"八办"旧址相协调的参观环境区。

第三步：以"八办"旧址为依托，恢复桂林抗战时期的重要历史环境街区，"建设一个具有民国特色的重现抗战大后方盛景的一条街"。

即在继续完成第二步规划的基础上，拓展桂林抗战文化遗产保护与传承规模。以"八办"旧址为依托，恢复桂林抗战时期的重要历史环境街区，"建设一个具有民国特色的重现抗战大后方盛景的一条街"。目前第二、第三期规划内容都已论证并上报相关部门，通过近期、中期、远景规划后并能够实施，这样就能与周边的靖江王城、独秀峰、叠彩山、伏波山、宝积山等景点相结合，形成方圆二公里的红色与绿色相协调的国防与爱国主义教育展示大景区。

（4）充分利用桂林丰富的抗战文化资源，结合城市文化与相关休闲设施配套建设，国防与爱国主义教育，拟建设七星山、宝积山、鹦鹉山、铁峰山、猫儿山等抗战遗址公园。

（5）模拟建设路莫村八路军办事处军需物资转运站的"八路村"。建设观众参观互动区、休息区、第三产业服务区。内容包括：建立抗战军事训练营，让游客扮演成八路军，参加各项革命思想教育和军事训练，体验当年八路军革命生活；休闲娱乐；旅游购物、餐饮等。

（6）可以结合临桂新区建设，增设文化氛围，开发多个文化休闲体验区。

①桂林抗战"文化城"休闲景观园区。结合新区城市建设，选择与市区环境地形相近的位置，将桂林抗战历史文化古城按比例浓缩，采用立体、多维的高科技展示视觉，集中展示桂林主要街道，抗战历史遗址、遗迹景点和历史街区，复原桂林抗战古城风貌，再造一个桂林抗战"文化城"。

②抗战文化名人生活体验区。结合桂林抗战"文化城"景观园区建设，在园区适当模拟修建茅盾、巴金、柳亚子、何香凝、叶挺、夏衍、徐悲鸿、李四光等文化人的旧居，以及国民党要员在桂林的住处。模拟当年的环境特征，体验文化名人一天的生活、工作情景，感受文化名人在桂林艰苦环境下生活的喜、怒、哀、乐。

以上各类项目建设，在资金筹措上可采取申请国家补助、自治区支持和桂林市自筹等方法。第二、第三期以及文化休闲体验区的投资则可以采用市场营运的方式建设。

通过这些规划与建设，其目的在于将桂林"八办"和桂林"抗战文化之都"这个全国爱国主义教育示范基地、国家国防教育示范基地、全国红色旅游经典景区品牌做大做强，成为广西红色旅游的龙头，将桂林"八办"特色历史文化内容和抗战"文化城"内容开发成桂林市的一个新文化亮点和城市文化旅游新品牌，成为全国具有一定影响的"红色旅游"景区。在一定意义上也可提高桂林旅游的文化品位，不同程度地弥补外地游客只知桂林山水，不知桂林文化的缺陷。

结论

重视对现有抗战文化遗产的有效保护和合理利用，实施分第一、二、三期保护与建设规划，旅游开发的战略步骤，最大限度地发挥桂林抗战文化遗产资源在"深刻揭露日本军国主义的侵略罪行"，驳斥日本"右翼势力"否认侵略历史罪行的同时，更大限度地让其发挥"以史为鉴，面向未来，激励人民铭记国耻，树立奋发图强报国之志"的独特社会教育功能。尤其以抗战文化内涵为主要资源优势的桂林"红色旅游"，作为大桂林旅游圈内一个重要的节点，可以共享旅游圈内的资源与软环境，从而实现桂林红色旅游业发展的飞跃。将桂林"红色资源"与桂林旅游圈内的"绿色资源"有机地结合起来，将爱国主义教育、国防教育和思想道德教育与自然景色等相互衔接，将可达到以"红"促"绿"，以"绿"养"红"的最佳效果。因此，合理开发、科学利用桂林丰富的红色与绿色旅游资源，既能有效保护桂林独特的历史文化资源，又能使桂林的旅游产业富有更加广阔的发展前景。

广西文化发展报告

广西社会科学院 编

地方文化篇

THE DEVELOPMENT REPORT OF GUANGXI'S CULTURE

2018年
广西蓝皮书

广西文化发展报告

地方文化篇

新时代视域下南宁市文化产业发展对策研究[*]

何　颖　漆亚莉　唐　娟　许燕滨　吴　莹　谢　睿[**]

　　党的十九大报告明确指出，经过长期努力，中国特色社会主义进入了新时代，我国社会主要矛盾已经由"人民日益增长的物质文化需要同落后的社会生产之间的矛盾"转化为"人民日益增长的美好生活需要和不平衡不充分的发展之间的矛盾"。人民日益增长的美好生活需要，已经从满足物质需求提升为满足精神需求，正如习近平同志所说，"满足人民过上美好生活的新期待，必须提供丰富的精神食粮"。文化需求是精神需求最核心的内容，我们必须加强文化建设，积极发展文化产业，实现新时代社会主义文化繁荣兴盛，才能满足人的精神需求。

　　新时代文化主要矛盾及其表现主要集中在七大方面：一是相对于物质需求，文化需求不均衡不充分；二是文化消费发展不均衡不充分；三是丰富的文化素材与创造性转

　　* 国家社科基金项目"构建面向东盟的'一带一路'人文交流区域中心研究"（19XGJ007）阶段性成果；南宁市委宣传部委托课题"南宁市文化产业发展对策研究"成果。

　　** 何颖，中共广西壮族自治区委员会党校文史教研部教授；漆亚莉，广西师范学院经济管理学学院讲师；唐娟，广西南宁市民族文化艺术研究院助理研究员；许燕滨，广西南宁市民族文化艺术研究院助理研究员；吴莹，广西壮族自治区图书馆助理馆员；谢睿，广西民族博物馆产业开发部副主任、馆员。

化的不均衡不充分；四是文化大发展与创新性发展的不均衡不充分；五是严重过载的信息与优质内容发展的不均衡不充分；六是传统文化单位和企业内容生产能力强与技术创新的不均衡不充分；七是国内传播能力增强与国际传播能力的不均衡不充分①。通过对比发现，当前，南宁市在文化事业和文化产业方面尚不能很好地满足人民对美好生活的追求。面对新时代文化主要矛盾已经发生的根本性变化，要有效地解决和处理好这些矛盾，我们需要采取新理念、新思路和新方法，积极探索新时代发展要求下南宁市文化产业的发展新思路。

近年来，南宁市大力实施"文化立城""文化强城"战略，以推动文化产业成为国民经济支柱性产业为着力点，加快文化产业的发展。经过努力，现阶段的南宁市文化产业发展速度较快，产值总量有了新的提高，正成为南宁经济发展新的增长点，对地方经济的贡献率有了进一步的提高，在全区文化产业行业中保持着较快的增长，也存在发展中的问题，有待不断优化和持续推进。

一、南宁市文化产业发展现状

（一）产业实力不断提升，奠定新高地

南宁市以重点项目和示范基地建设为抓手，着力调整文化产业结构，打造文化产业品牌，优化产业发展环境，文化产业规模不断扩大，产业总量持续增长。"十二五"期间（2010—2015 年），文化产业得到较快发展，产值总量迈上新台阶，文化产业增加值从 59.29 亿元增加达 120.8 亿元，年均增速达15.29％，2015 年文化产业增加值占全市生产总值比重达到 3.54％，占全区文化产业增加值总量1/3。文化产业正成为南宁市经济发展新的增长点，为"十三五"时期建成广西文化产业高地奠定了基础。

表 1　2012—2015 年南宁市文化产业情况

	文化企业工商登记注册（户）	文化产业法人单位数量（个）		文化产业增加值（亿元）	文化产业增加值与上年比增（％）	文化产业增加值占生产总值比重（％）
		规模以上企业	规模以下企业			
2012 年	7254	116	仅经济普查年份有	87.87	16.9	3.51
2013 年	9552	117	3968	104.8	18.82	3.74
2014 年	14709	121	仅经济普查年份有	111.16	6.07	3.53
2015 年	21099	121	仅经济普查年份有	120.8	8.67	3.54

---

① 郭中全：《新时代文化主要矛盾及其表现》，中国经济网，http：//www.ce.cn/culture/gd/201711/06/t20171106_26769363.shtml。

（二）多种业态融合发展，示范基地壮大

随着经济的发展，南宁市把握文化产业融合发展趋势，以提升产业附加值和推进跨界融合为导向，大力推进文化产业与旅游、科技、金融、贸易、城建等领域双向深度融合，促进文化与第一、二、三产业联动发展，推动文化创意产业跨行业、跨部门渗透融合，培育融合型的新业态和产业链。2017年，南宁市拥有各级文化产业示范基地（园区）86家，其中国家级示范基地2家，自治区级示范基地29家，自治区级示范园区1家，自治区首批特色文化产业（项目）示范县（区）5个，逐渐建立起了国家级、自治区级、市级三级文化产业分级示范基地建设体系。据统计，仅国家、自治区级示范基地总资产规模达159亿元，2015年营业收入超25亿元，运行状况良好，支撑了南宁市文化产业健康持续发展。

表2　南宁市文化产业园区、基地等单位数（单位：个）

国家级文化产业示范基地	国家认定动漫企业	自治区级文化产业示范园区	自治区级文化产业示范基地	自治区小微文化企业
2	5	1	29	11

（三）财政文化投入加大，文化产业品牌项目丰硕

南宁市采取多渠道、多方式筹措资金，保障文化体制机制改革创新、构建现代公共文化服务体系、构建现代文化产业体系等重点文化支出。2012—2015年，财政文化投入从66300万元增加到130147万元，增加了63847万元，年均增长达46.18%，有效推动南宁市文化事业和文化产业的繁荣发展。

从2013年起，南宁市在全区率先设立市级文化产业发展专项资金，每年统筹安排5000万元，支持文化体制改革，培育壮大文化企业，重点扶持文化旅游、动漫游戏、工艺美术、影视娱乐等文化产业项目，做大做优文化企业，构建现代文化产业体系。如广西阳光传奇文化投资有限公司建设南宁非物质文化遗产产业基地、广西千年传说动漫影视有限公司制作26集《铜鼓传奇》动画片、上林县鼓鸣寨旅游开发有限公司建设上林县鼓鸣寨民俗博物馆等文化项目，助推文化企业打造具有市场竞争力的文化项目，优化文化产业结构，促进了文化产业的健康发展。经过近几年的发展，南宁市逐渐树立起了具有代表性的文化产业品牌项目，如以中国—东盟博览会、中国—东盟商务与投资峰会为代表的商业会展，以南宁国际民歌艺术节为代表的节庆文化品牌，以"美丽南方"为代表的文化旅游品牌，以"美丽南宁大舞台"为代表的演艺品牌，以《兵变1929》《再见，在也不见》等为代表的本土影视文化品牌等，这些品牌效益不断显现，助推了南宁市文化产业的发展。

（四）重点行业蓬勃发展，集群效应凸显

南宁市积极培育和发展重点行业，激发了演艺娱乐、工艺美术等传统行业活力；不断加快新闻出版发行、广播影视和动漫等优势行业成长；推动创意设计与广告、新媒体及文化信息服务、节庆会展和文化旅游等业态融合发展，其中新闻出版发行业增加值首次突破50亿元。

文化企业培育力度不断加大，文化企业向"专、精、特、新"方向发展。近年来，南宁市培育了华蓝集团、华南城、千年传说、榜样传媒、新影响集团等一批具有较强实力、竞争力和影响力的文化企业，积极发挥了"筑巢引凤"的作用，吸引南宁东盟文化旅游项目、万达茂文旅项目、广西文化艺术中心、隆门水都、禾田信息港、中国—东盟绿色创意印刷产业园项目等重点文化产业项目落地南宁，引进新浪传媒、美丽传说等226家媒体广告经营公司、1300多家关联企业入驻南宁广告产业园，形成了一批规模壮大、布局合理、产业体系完善的产业项目集群。

二、南宁市文化产业发展的主要做法

（一）夯实文化基础，推动产业升级

南宁市以推进五象新区文化产业发展为重点，加快重大标志性文化产业项目建设，促进文化产业与城市现代化建设融合发展，如广西文化艺术中心、东盟文化博览园、南宁博物馆等项目落户五象新区。同时加快推进南宁市民族艺术基地、南宁市群众艺术馆、南宁市图书馆等一批重大公共文化设施建设，巩固夯实文化基础，提升公共文化服务能力，吸引更多文化企业落户南宁。目前，南宁·中关村双创示范基地、中国—东盟信息港人文交流平台、广西新媒体中心等一批重点项目落户南宁，不断推动产业升级。

（二）培育文化市场，引导文化消费

近年来，随着城镇居民收入的稳步提升，人民群众对于高质量的文化消费产品需求日益旺盛。供给侧改革将通过优化产业结构调整，激发企业发展活力，提高文化有效供给，提升城市文化资源使用效益及文化品牌竞争力，推动文化产业实现由低水平供需平衡向高水平供需平衡跃升，促进文化消费市场健康繁荣发展，不断满足人民群众日益增长的精神文化需求。南宁市从精品剧目演出市场入手，引进优秀剧目激活首府演出市场，通过政府购买服务、市场运作的方式，继《仓央嘉措》《碧海丝路》之后，继续引进亚彬舞影工作室舞剧《青衣》《2016传奇萨克斯——肯尼·基（Kenny·G）世界巡回演奏会南宁站》等国内外优秀剧（节）目，推出惠民票价，吸引公众买票进剧场享受文化盛宴，培育壮大首府演出市场，挖掘文化消费潜力，唤醒了民众的文化消费需求，培养了文化消费习惯。

（三）突破领域合作，培育骨干企业

在文化产业骨干企业培育方面，如广西金壮锦文化艺术有限公司是国家文化产品出口重点企业、自治区和南宁市两级文化产业示范基地，获得自治区服务外包重点企业荣誉称号、广西"桂绣"文化产业基地以及旅游接待基地和大专院校的实习基地，是广西对外定点文化交流重要基地，设有广西传统工艺展示馆和少数民族织锦馆锦屋，是南宁以及广西对外的重要接待窗口。目前，金壮锦在上海投资建立了上海广西民族文化园，占地约8亩，内设广西壮锦民族文化博物馆、主题酒店、特色餐饮及土特产展会等，既是一个民族文化综合体，更是一个广西民族文化对外服务窗口，是连接沪桂两地的桥梁和纽带。"金壮锦"已成为广西知名品牌企业，多次代表广西参加国家级的各种文化博览会，以及欧美、日韩、东盟等国的文化交流活动。通过培育骨干企业，进一步提升示范带动作用。

（四）发展新空间，催生新业态

当前，以数字技术、网络技术为代表的高新技术迅猛发展并在文化领域得到广泛应用，文化产业与高新技术相互交融、相互促进，电子商务、互联网+、大数据等新兴数字网络企业的快速发展，为文化产业发展增添了强劲的动力。

影视动漫产业正处于千载难逢的大发展时期，机遇与挑战并存，南宁动漫公司将牢牢把握时代主旋律，推出了许多具有良好市场效益又具有较高艺术性的动漫影视作品，传递社会正能量。在巩固国内市场的同时，大力拓展海外动漫影视市场，向东南亚和欧美输出中华民族优秀文化。如广西千年传说影视传媒股份有限公司是目前广西第一家在新三板挂牌上市的动漫影视生产企业，经过5年的发展，已经成为广西知名文化企业，一直以"中国梦""美丽中国""美丽南方·广西"等主题系列作为工作重心，打造反映八桂文化的动画四部曲——《攀霞降魔记》《铜鼓传奇》《那世纪》《喀斯特神奇之旅》，历时三年时间制作的52集大型动画连续剧《漂移岛之天空历险记》在央视少儿频道播出，是广西首部登陆央视的大型原创动画作品。南宁市紧紧抓住新技术不断深化和广泛推广的时机，通过培育文化产业新的增长点，推动文化产业快速发展。

三、南宁市文化产业发展存在的问题

（一）文化定位不够鲜明

如今南宁市文化产业发展中，文化定位有所模糊，没有主动形成特色鲜明的文化标识。南宁作为广西首府，是壮、瑶、苗等多民族的聚居区，又因是通往东盟国家的重要门户，理应呈现南宁的文化特征。但是在南宁市文化产业的

发展中，南宁市文化特征并不凸显，其原因在于南宁市不断吸收了各种文化，反而不能最终融合成自身的文化标识。

（二）文化产业结构有待优化

南宁市文化产业结构发展中不够合理，缺少统筹规划。集中表现为传统文化产业比重过大，新兴文化产业比重偏小，基本上以传统文化经营为主，以信息化、数字化为核心的新兴产业如软件业、影视业、会展业、音像业等发展缓慢。现有的传统文化企业规模小，布局分散，大型、集中的规模效应、集聚效应和知名效应还没有形成，一些文化企业的功能定位和规划有待进一步明确。文化产业还没形成完整的产业链和健康发展的良性循环机制，发展的重点不够突出，缺少优势明显、特色突出、带动经济发展作用大的龙头企业和主导产业。

（三）创新创造能力不足

文化创意需要依靠一定的技术手段转化为文化产品，科技构成了现代文化产品的核心。在"互联网＋"的市场体系中，以新技术原创为核心的技术进步在经济增长中的作用愈显突出。特别是现代演艺、出版传媒、影视动漫、网络游戏等领域更是如此。广西地处西部，属欠发达地区，文化产业结构中传统文化产业比重大，科技创新与转化能力偏弱，从而对文化产业的发展造成了一定掣肘。

（四）文化产业人才相对匮乏

文化产业专门人才总量不足，结构不合理，缺少文化创意人才、文化经营人才，人才集聚程度较低，普遍缺乏自我造血功能，导致创新力不足，市场运作能力不高。一是缺乏文化产业创意人才，尤其是从事文化产品开发、设计、文化产业运作人才；二是缺乏适应信息时代文化产业高技术化的人才，尤其需要能够将高新科技用于文化产业的专业科技人才以及具有创新能力的人才。

（五）文化企业融资比较困难

文化企业具有智力密集、轻资产、中小微企业为主的特点。长期以来，文化产业存在融资难的问题。从资金需求方看，大量中小微文化企业由于治理结构不完善、经营不规范、财务不健全、缺少可抵质押资产、信息不透明等问题，获取市场融资困难。从资金供给方看，金融机构现在还没有针对无形资产的估价体系，也不认可第三方机构的评估，因此著作权、知识产权等文化资产没法通过价值体现出来。广西是后发展地区，文化部门文化产业经费缺乏，推动文化创意和设计服务与相关产业融合发展的一些措施难以付诸实施。

四、新时代南宁市文化产业发展的实施路径和对策措施

顺应新时代的美好生活对文化发展的要求，我们应该大力提升文化发展的质量和效益，更好满足人民在文化方面日益增长的需要，更好推动人的全面发展、社会全面进步。在新时代文化发展背景下，文化产业大有可为，备受瞩目。作为"一带一路"有机衔接的重要门户城市、中国面向东盟开放合作的前沿城市，南宁文化产业获得了长足的发展，但规模小、竞争力不强、产业结构不合理、产品和服务类型单一、产业链不完善、缺乏龙头企业和产业集群、粗放型经营明显、产品附加值低、国际化程度不高等问题也十分突出。在人民追求对美好生活向往的目标上，文化交流与文明融合开启了"加速度"模式，南宁文化产业机遇与挑战并存，要多管齐下，加快转型升级，打造国际知名文化品牌，提升南宁文化产业的竞争力，使文化产业真正成为南宁的重要支柱性产业。

（一）实施路径

1. 做好顶层设计，完善区域文化产业发展的政策支持体系，健全文化产业的各类服务平台

顶层设计是最高决策层对国家发展层面的战略规划、战略目标、战略重点等进行的带有全局性和根本性的整体设计①。南宁文化产业发展的实施路径，首先需要政府进行全面性、科学性、有预判的顶层设计和统筹规划，通过提供强有力的政策和制度安排，为文化建设提供了强劲的发展动力，推动文化产业的快速发展；另外，政府通过搭建平台、提供优质服务，为文化产业发展提供保障。

（1）构建完善的政策体系。文化政策：文化政策是国家在文化领域实行多层次管理所采取的一整套制度性规定、规范体系的总称，包括文化事业政策、文化产业政策以及对外文化政策等内容。南宁市虽然出台了《中共南宁市委南宁市人民政府关于进一步加快文化产业发展的实施意见》《南宁市关于加快文化产业发展的若干政策》系列政策文件，努力创造出了有利于优化文化产业发展环境。但与其他先进省市相比，南宁市文化发展的整体规划与政策扶持还不够完善，存在一些问题与不足，如区域文化政策存在政策重点不突出、针对性不强、对产业的扶持力度不够和缺乏可操作性等。因此，须加强组织领导和统筹，从顶层科学规划文化产业发展的宏观指导和布局，构建以文化市场、文化贸易、文化金融、文化财税、文化土地等分项政策为支撑的政策体系，为南宁市文化产业发展提供强大的政策保障。

经济政策：经济政策包括财政政策、税收政策、金融政策等，是文化产业发展的支撑性政策，对文化产业的健康快速发展具有重要影响。文化产业的发

---

① 王一木：《中国文化顶层设计的基本内涵和路径选择》，《江西社会科学》2012 年第 2 期，第 18 页。

展，迫切需要政府给予财政资金和税收政策的支持。财政政策方面，应继续发挥文化产业发展专项资金的引导作用，市本级财政根据推进文化产业发展的需要统筹安排资金，在服务业发展专项资金中统筹安排文化产业发展资金，通过项目补助、贴息、奖励、股权激励、政府购买服务等方式支持南宁市文化产业快速发展，重点支持重大项目、重大工程，以及文化企业自主创新、文化内容创意生产等。各县区、开发区财政根据实际情况可设立文化产业发展资金，不断加大对本地区文化产业发展的支持力度。

在金融政策方面，探索构建多层次、多样化、宽领域的文化金融服务创新体系。创新文化金融服务产品，积极探索设立专业化的文化金融专营机构，创新推出符合各行业融资需求的金融产品；积极鼓励开发针对文化产业的特性设置特色险种，重点设置版权和知识产权等无形资产保险产品；鼓励融资租赁公司和融资性担保公司等开发以版权、专利等知识产权作为质押物的多种反担保产品。

在税收政策方面，政府需进一步完善和制定税收优惠政策，在营业税、增值税、所得税等方面，通过税收减免、先征后返等方式，支持有市场前景的特色文化产业项目和企业发展，加强税收政策跟踪问效。由单一扶持政策向以构建全面的服务体系为重点，通过制定政策、创造环境、搭建平台相结合的方式，创新推动和扶持文化产业发展的手段，落实好文化产业技术支撑领域企业所得税优惠、国家重点鼓励的文化产品出口实行增值税零税率、暂免征收部分小微企业增值税和营业税、小型微利企业所得税减半征收等税收优惠政策。

（2）搭建完整的平台体系。在新兴义化经济领域，为支持旅游区特色文化产业健康、快速发展，建议南宁市政府主管部门按照建立公共服务型政府的要求，为产业发展提供综合性的公共服务平台。

创意研发设计平台：文化资源与创意融合的实现过程一般包括两个方面。一是无形符号的具象化，即将文化符号依附于某个具体的实物，成为可以流通销售的商品，从而实现无形文化的价值。二是运用创意将多种资源整合在一起，形成 $1+1 \geq 2$ 的聚合价值。基于文化创意在文化资源转化为文化产业竞争力中所起到的重要作用，南宁市政府与各级文化部门应积极为文化创意实现搭建各类平台。

公共服务平台：以企业需求为导向，着力解决文化企业发展的难题，充分挖掘并整合南宁市的公共服务资源，为南宁市文创企业搭建集行政服务、人力资源、技术支持、产权交易、金融服务、信息咨询等在内的线上线下综合服务，建设广西区内示范性的文化产业公共服务体系。

交易平台：促进文化产品交易，必须完善文化产品营销体系，政府主管部门或行业协会通过主办承办文化产业博览会，为产品交流、交易、展示、推广提供平台。第一，要鼓励相关企业积极参加各类国内外相关推介会、招商会、文博会。第二，举办区域文化产业博览会，可利用南宁市多民族文化资源和民族特色工艺品市场基础，创新举办民族民间工艺品文化产品博览会平台，集中展示博览。

2. 优化升级南宁市文化产业：主导、改制、创新、融合、协同

（1）确定文化产业的主导产业，区域性产业结构优化。南宁市文化产业"十三五"发展规划中指出，要把南宁建设成为面向东盟区域性文化中心和建成广西文化产业高地的发展目标，结合"一带两区三组团"的产业发展空间布局，确定了大力发展文化创意与设计业、文化旅游与会展业、新闻印刷与出版业、影视创作与服务业、装备与工艺制造业、文化演艺与娱乐业、体育普及与休闲业、网络数字化产业等文化产业重点领域，需要对以上商业的空间布局及目前发展形势和已有基础进行行业评估评价，分区域性地发展以上产业，在某区域确定一项领头行业，明确其主导地位，延长其文化产业链、加强与其他行业融合发展的态势，形成文化产业对其他产业发展的带动作用逐渐增强，应在大力发展主导文化产业、潜导文化产业的同时，合理发展与主导、潜导文化产业相关程度较高的外围层产业和相关层产业，从而实现文化产业的协调、全面发展。

（2）深化文化行业体制改革，创新文化宏观管理体制。各级政府应从直接参与转化为间接管理，必须调整其在计划经济时期的传统角色和定位，应该按照建设法治政府和服务型政府的要求，逐步退出竞争领域，积极推进政企分开、政事分开、政资分开、政府与市场中介组织分开和管办分离，使目前政府的"办文化"职能演变为"管文化"职能。按照"产权明晰、权责明确、政企分开、管理科学"的要求，全面建立规范的现代企业制度，鼓励创新发展，培育合格市场主体。进一步深化国有文化单位劳动人事、收入分配、社会保障等内部改革，建立起以消费者为中心、以市场为导向、以经济效益和社会效益有效统一为目标的文化经营管理机制。加快企业产权制度改革，通过股份制改制、上市，推进文化企业投资主体多元化。加大知识产权保护力度，鼓励直接融资、知识产权质押融资、企业债券、银行授信等金融品种更多地用于文化企业。推动文化资源与要素适度向优势企业集中，支持有实力的文化企业跨地区、跨行业、跨所有制兼并重组。

（3）加强文化产业跨界融合，大胆创新业态。南宁市文化产业的发展要适应新技术、新事物、新媒体的新时代环境，打破媒介、行业和地区壁垒，实现多媒体融合、多业态整合的良好发展局面。"文化＋"是文化要素与经济社会

各领域更广范围、更深程度、更高层次的融合创新。文化产业与其他产业的融合是文化产业发展的强大动力。产业融合可以扩大自身内容来源，极大地拓展内容的载体形态，扩展内容产业的存在空间，保证文化产业链的完整，进而促进自身的繁荣壮大。另外，产业融合是其他产业腾飞的关键，促进其他产业结构的优化升级，也是完善我国经济结构的重要环节。南宁市文化产业在当前大时代的背景下，文化产业发展之路必须采用"文化＋"，必须要立足南宁市的本地的文化资源、区位优势以及放在"一带一路"的大时代背景之下来考虑其发展方式，积极探索"文化＋互联网、文化＋创意、文化＋科技、文化＋现代农业、文化＋旅游"等方式，激发文化创意创新，培育新型文化业态，激发文化产业发展的内生动力，拓展文化产业发展空间。

（4）协同各区域文化产业发展。文化产业不是单一的链条，而是产业链条上重要的一环，所以需要多种方式来协同文化产业的发展。一是传统文化产业的协同发展。传统的文化产业如报刊、出版、印刷、广播影视、舞台演艺等在新技术和新媒体的冲击之下已成削弱之势，虽然在文化产业的比重中仍占有很大部分，但是面对日益减少的消费群体，必须采用新的方式融入相关产业，如数字化、信息化以提升行业的综合竞争力和技术水平，吸引消费者的注意力和购买需求，协同各个方面的发展，才能使整个行业继续保持良好的势头向前发展。二是区域协同发展。南宁市辖区内文化产业资源、行业类型、技术力量、经济实力各有不同，必须依靠上级政府对整个辖区内的资源总体把握，按区域规划发展，尽量让各区域相互联系，形成较为完整的产业链条抑或是互为补充、协同发展，才能形成整体的效应，才能生产出较高质量的文化产业或服务，逐渐取得品牌效应，提升南宁市文化产业的市场竞争力。

（5）打造国际通道，拓宽国际视野，提升文化软实力。南宁地处中国南边，处于珠三角经济带上游区域、连接整个西南片区出海的陆路黄金大通道、作为西南连接海上丝绸之路入海口的重要通道、连接东南亚的重要通道，由此可见，南宁市在整个国家的战略位置上处于一个很重要的通道位置。故南宁应据其地缘优势，充分发挥"南宁渠道"的作用，重点面向东盟国家，打造南宁与东盟国家间的文化产业平台，扩大文化交流、文化吸引的优势，进一步提升文化软实力，这也是新时代文化发展的客观需求。

3. 加快培育产业主体，扶持"大而强"骨干企业，培育"小而美"中小企业

培育产业主体，首先重点扶持国有骨干文化企业。国有文化企业是发展文化产业、建设社会主义先进文化的重要力量。南宁市积极推进国有文化企业改革，建立有文化特色的现代企业制度，健全确保把社会效益放在首位、实现社

会效益和经济效益相统一的体制机制。加快推进国有文化企业公司制股份制改
造，积极探索建立混合所有制文化企业。探索国有文化企业分类监管，支持公
益类文化企业承担更多社会职责，鼓励竞争类文化企业积极参与市场竞争，推
动骨干文化企业跨地区、跨行业、跨所有制兼并重组，努力成为文化市场的主
导力量和文化产业的战略投资者。其次重点培育区域内若干实力雄厚、竞争力
强、品牌优势突出的民营骨干文化企业，如华南城、千年传说、榜样传媒、新
影响集团、南宁万达茂文化旅游、南宁禾田信息港等一批具有较强实力、竞争
力和影响力的文化产业企业。同时，打破地区、行业分割，主动开放市场，鼓
励外地企业到本地投资发展文化产业，鼓励其他行业企业和民间资本通过多种
形式进入南宁文化产业，把引入外部资源和做强做优本地企业有机结合。

此外，南宁市政府应通过政府采购、信贷支持、加强服务等多种形式扶持
小微文化企业发展，提高区域内文化产业活力和创意创新水平。鼓励科技型中
小企业与骨干文化创意企业进行多层次合作，支持建设以创意设计、动漫游
戏、数字出版、新闻媒体、文化信息服务等为重点的文化产业众创空间。引导
小微文化企业走"专、精、特、新"和与大企业协作配套发展的道路，在开展
特色经营、创新产品特色和服务、提升原创水平和科技含量等方面形成竞争优
势。实施"借力"工程，支持孵化器、文化创意产业园等小微文化企业服务平
台建设，鼓励发展互联网创业平台、交易平台、创客空间等新兴创业载体，从
企业注册、场地租赁、创业指导和技术研发、金融支持、商业配套等方面，为
小微文化企业提供分类支持与服务。

4. 围绕市场办文化，扩大引导促进文化消费

近年来，南宁市居民文化消费水平存在着总体偏低、居民文化消费的结构
不合理等问题，亟须从供需两端发力，以创新供给带动需求扩展，促进文化资
源与现代化消费需求对接，努力实现更高层次的供需平衡。建立扩大和引导文
化消费的长效机制，坚持"文化、消费、惠民"三位一体，进一步扩大南宁文
化消费，增强文化消费市场活力，推动文化消费方式创新。

第一，加大政策支持力度，延伸文化消费渠道。制定文化消费（税费）补
贴政策，通过对居民文化消费支出中实际纳税（费）的部分按照一定的比例给
予财政补贴，降低文化产品价格，拉动文化消费。第二，举办南宁惠民文化消
费季，助推文化消费方式创新。例如，可发放南宁惠民文化消费电子券，消费
券作为电子代金券，可在文化消费，包括文化艺术、新闻出版发行、广播影视
和文化电商等领域的合作单位使用，创新了财政资金支持方式，由直接补贴文
化经营单位向补贴居民文化消费转变，将有效撬动和促进大众文化消费。第
三，鼓励文化文物单位和社会力量开发文化创意产品，满足多样化消费需求。

充分激发市场活力和社会创新创造能力，引导文化企业提供个性化、多样化的文化产品和服务，培育新的文化消费增长点。

5. 培育引进人才，为南宁市文化产业发展提供核心竞争力

南宁市的文化产业人才现状是：原创人才不足、管理人才短缺、中介人才匮乏，高端人才数量极少。在文化产业人才划分中，既懂文化又懂经营的复合型文化经营管理人才是整个行业最宝贵、最核心的资源。南宁市的文化产业人才培养、引进之路需要各方面的配合。首先，要加强政府的支持力度，做好文化产业人才培养的专项规划，加大文化产业人才培养的扶持政策，建立健全文化产业人才培训认证体系，建立完善文化产业人才培养的社会激励机制。其次，要依托本地高校文化产业相关学科开展教育培训，充分结合南宁市教育资源丰富的特点，联系教育单位加强文化产业学科设置专业方向与内容，推进文化产业人才专业化培训。推行双向"产学研"培养，双向合作建立文化产业基地教学机制。再次，拓宽人才培养和引进渠道，推广文化产业网络教学、打通文化产业人才培养的线上通道，加强人才培养的国际交流合作，有针对性的引进行业紧缺人才或领军型人才，通过高端人才带动和促进本地文化产业人才的快速成才。

（二）发展对策

新时代发展背景下，南宁要在树立文化自信的基础上充分发挥"南宁渠道"的作用，活化与整合特色文化，寻找和创新文化产品形式，优化区域文化产业布局，融合发展，并从供给侧改革发力，大力发展南宁特色文化产业，着力解决发展不平衡不充分的问题，并通过"南宁渠道"为"一带一路"建设做出积极贡献。

1. 鲜明树立文化自信，这是发展文化产业的基础

树立文化自信是发展文化产业的基础，党的十九大报告明确指出，文化是一个国家、一个民族的灵魂。文化兴国运兴，文化强民族强。没有高度的文化自信，没有文化的繁荣兴盛，就没有中华民族伟大复兴。文化自信是一个国家、一个民族发展中更基本、更深沉、更持久的力量。文化自信是一个民族珍贵的精神品质，是中华文明的影响力、凝聚力、感召力的发展动力，是来自于对中华民族优秀文化最深层的认同，代表着中华民族独特的精神标识。在发展文化产业的过程中，我们要坚守中华文化立场，立足中华文化优秀传统，保持中华文化的基因，树立文化自信，保持文化自觉，南宁市文化产业发展必须建立在鲜明的文化自信的基础上，才能扎实地、高质量地发展。

2. 主动融入和服务"一带一路"建设

南宁作为"一带一路"有机衔接的重要门户城市、中国面向东盟开放合作

的前沿城市，要努力促进"一带一路"建设与南宁市文化产业的有机融合，为南宁文化产业的腾飞、为"南宁渠道"的升级、为南宁服务"一带一路"发挥先锋作用提供强劲的文化支撑、产业支撑。首先要立足南宁区位优势，重点打好东盟牌。目前，中国—东盟自由贸易区正在加快升级，泛北部湾经济合作、大湄公河次区域合作、中国—中南半岛经济走廊等平台建设也在加速推进，南宁要充分利用好这些平台，发挥文化先行的作用，借助南宁壮族文化、岭南文化、东盟文化等形态丰富的文化资源优势，增加文化产业合作内容，从而实现文化产业输出性增长。其次加强跨区域合作，建设区域性文化产业中心。南宁市作为北部湾的核心城市，要起到示范引领作用，牵头谋划北部湾规划区域文化发展布局，形成优势互补、错位发展、创新渠道的跨区域文化发展新格局。最后是培育外向型文化企业，打造文化跨国群体。南宁市要重点扶植南宁大地飞歌文化产业集团、千年传说、榜样传媒、亚联、峰值文化等重点骨干文化企业，支持这些企业在巩固国内市场的同时，大力拓展海外市场，向东南亚和欧美输出中华民族优秀文化，打造具有国际影响力的跨国文化企业集团，从而带动南宁文化产业的整体提升发展。

3. 发展特色文化产业，走差异化发展道路

发展特色文化产业是区域差异发展、特色发展、快速发展的必然要求，已成为国家文化产业发展战略的重要内容与导向。南宁历经千年积累而形成的特色鲜明、积淀深厚、丰富多彩的文化资源是推进南宁文化产业发展的天然优势，也是南宁文化产业的核心竞争力所在。南宁文化产业要珍惜和利用好这一优势，将创新、创意、创造的力量深入文化资源的沃土之中，走差异化发展道路，大力发展特色文化产业，这将有效推动区域文化产业与相关产业融合化发展，实现区域内精准扶贫。一是抓紧制定《南宁特色文化产业发展规划》，引导特色文化企业有序参与资源开发和布局。二是实施"资源→资本→产业"转化战略，盘活南宁各类文化遗产实现可持续发展。三是建设"南宁特色文化服务互联网"，构建社会化大生产体系。四是紧密结合城镇化建设，推动城镇文化建设。五是设立"南宁特色文化企业担保风险资金"，为特色文化企业的发展保驾护航。

4. 以融合发展为引领，主动适应社会发展需求

文化产业的内涵是文化，外在形态是产业，文化和文化产业的发展要以满足人民群众日益增长的对美好生活的向往和追求为导向，把握需求导向，引导文化消费。创意是文化可持续发展的内在动力，主要表现在创新文化内容、形式、手段、方式等方面，而产业融合是其本质特征之一。不仅文化产业内部存在融合发展的趋势，而且文化产业与其他产业融合的趋势也日益明显。

首先，从技术发展角度讲，科技进步为文化产业与其他产业融合提供了技术支撑和强大动力。其次，从文化产业生产和再生产角度来讲，文化产业既要讲社会效益，也要讲经济效益。只有加快文化产业与其他产业融合，创新文化产品和服务的生产、储存、传播和消费形态，发展新型文化业态，开发衍生产品和服务，延伸文化产业链，才能最大限度地实现文化产品和服务的经济效益，也才能更好地实现文化产业的社会效益。最后，从消费角度讲，文化消费是社会消费的重要内容，是文化产业发展的内生动力。丰富文化产品和服务的品种和样式，提升文化产品和服务的供给能力，拓展文化产品和服务的消费渠道，扩大文化消费规模，提高文化消费水平，为文化产业发展提供强大的拉动力。

5. 加快推进文化供给侧结构性改革

在全面深化改革的大背景下，加强供给侧改革是南宁文化产业发展的内在要求和转型升级的重要方向。一是从宏观经济层面将文化产业作为调整产业结构的工具，使其成为国民经济支柱性产业。南宁市应将文化产业作为调整经济结构的工具，将其作为国民经济支柱性产业，进行重点打造，大力扶持，完善文化产业市场体系，加强文化基础设施建设，改善文化消费条件，完善公共文化建设对文化产业发展的反哺和支持作用，规范文化市场秩序，建立文化消费长效机制，同时鼓励社会资本进入文化产业，加大文化产业项目与人才引进力度，并从政策、资金、财税等方面予以倾斜，加快文化产业发展步伐。二是从微观经济层面对文化产业内部进行调整，实现文化产业的健康高效发展。当前，文化产业发展进程中所存在的供需不匹配和发展不均衡的问题根本原因在于文化产业内部供给失衡。文化产业具有"供给创造需求"的特点，南宁文化产业要健康高效发展，应着眼于生产端，对南宁文化产品进行全面摸底，深入研究文化市场需求，根据需求调整生产，抑制资源过剩的文化产业门类生产过剩，扶持资源不足且前景广大的产业门类健康发展，使文化产业内部能够协调发展，积极向市场需求靠拢，丰富文化产品和服务形式，扩宽南宁文化产业业态，扩大文化产品和服务的有效供给，满足人民群众日益增长、不断升级和个性化的精神文化需求，引导文化消费需求，提升消费品质。

2018年
广西蓝皮书

广西文化发展报告

地方文化篇

做大做强花山文化旅游品牌的战略思考

周贻刚　陈立军*

文化是旅游的灵魂，旅游是文化的载体。旅游业是一项经济活动，更是一种文化活动，在民族地区尤为明显。文化与旅游的本质属性决定了两者之间是密不可分、相辅相成的。

宁明县已经连续 23 年保持全国文化先进县荣誉称号，宁明花山岩画是全国重点文物保护单位，花山风景名胜区是广西三个国家级风景名胜区之一，以宁明花山岩画为核心区的左江花山岩画文化景观 2016 年 7 月 15 日正式列入世界文化遗产名录。这些诸多文化旅游资源优势，为宁明花山文化旅游产业的快速发展，为做大做强花山文化旅游品牌，为助推宁明县创建广西特色旅游名县和建成更具影响力的广西文化旅游大县目标的实现，提供了千载难逢的机遇。

如何在更广阔的视野中，在文化旅游融合发展上对整合资源、完善设施、加大宣传、提升品质、打造品牌上找准特色定位，优化战略布局，明晰发展道路，实现花山文化旅游产业"一年打基础，两年见雏形，三年出成效，四年树品牌"目标，进而做好做足做大文化旅游发展这篇大

* 周贻刚，中共宁明县委宣传部副部长、宁明县社会科学界联合会主席；陈立军，宁明县社会科学界联合会办公室主任。

文章，已是一个急需思考的区域性战略发展问题。

宁明花山文化底蕴深厚，博大精深的花山文化为宁明文化旅游产业发展创造了极其有利的条件。在实施"文化＋旅游"战略上应如何实现文化和旅游的融合，让旅游更有文化内涵，本课题研究旨在正确理解文化旅游含义的基础上，全面分析宁明文化旅游的发展现状，探析其在发展过程中所存在的问题，提出打造宁明文化旅游品牌的战略性发展策略。

一、宁明文化旅游发展现状

（一）文化旅游产业发展迅猛

宁明地处桂西南边陲，县域面积达 3705 平方公里，总人口 44 万人，边境线长 212 公里，是崇左市县域面积最大的县份和广西边境线最长的县份。县内有一个国家 AAAA 级景区宁明花山岩画文化景区，两个国家 AAA 级景区狮子山国家森林公园和派阳山国家森林公园，一个自治区级自然保护区——陇瑞自然保护区，一家四星级酒店——花山温泉国际酒店，穿境而过的明江河全长 142 公里。全县文化旅游资源丰富，文化旅游融合发展优势凸显。近年来，宁明县抓住花山岩画申遗成功的契机，抓紧推进创建广西特色旅游名县步伐，做好做足文化旅游发展大文章，全县文化旅游业得到较快发展。2016 年，全县共接待游客 200.4 万人次，同比增长 60%；旅游总消费 24.61 亿元，同比增长 80.17%。旅游产业增幅排名全市第一。

（二）文化旅游基础设施相对滞后

由于财力有限，投入不足等诸多原因，宁明花山岩画文化景区内，有的道路需要拓宽，有的则要加强安全防护。游客集散中心停车场、乡村农家乐、星级旅游厕所、旅游标识标牌、旅游专线车等基础设施相对较少，各种服务跟不上，还不能满足花山岩画成为世界文化遗产后蜂拥而至的国内外广大游客们的需求。

（三）文化旅游专业人才缺乏

目前，宁明县普遍存在缺乏旅游专业及饭店管理人才，县内无一家有资质的专业旅行社，无一支专业导游队伍。全县旅游从业人员业务素质不高，难以适应新常态下旅游产业的发展。同时，旅游产业管理机制和经营机制尚不完善，影响各个景区的健康发展。

二、打造花山文化旅游品牌面临的问题

（一）规划滞后

2017 年以前，没有编制完成花山文化旅游产业发展规划，致使花山文化的保护和旅游的发展思路不太清晰、目标不太明确。花山景区内一些民房乱搭乱盖，杂乱无章现象还没得到彻底整治。

（二）品牌缺乏

丰富宝贵的文化旅游资源和千年屹立的世界文化遗产花山岩画，一直未能得到很好的利用，没有转化为品牌优势。全县境内的花山、公母山、狮子山，明江河、派连河、公安河、浦下河、独木成林、蓉峰夕照、东湖钓月、荷城晨钟、濑江暮鼓、迁隆书院、珠连朝渡、阴阳二泉、永平古墓、边关炮台等"三山四水十景"文化景观，是热门的自然、人文和古迹景点，但却还没有能够打造成名副其实的文化旅游品牌。

（三）宣传缺位

宁明花山岩画、边关风情闻名遐迩，有着丰富的文化底蕴，然而在策划包装、对外推介、整体宣传方面缺乏大手笔，没有新颖创意。主要体现在各方宣传力度不足，花山文化旅游知名度还较小。在上级主流媒体以及本地媒体中，花山文化旅游专题报道相对较少，还没有形成强大宣传阵势。在花山文化旅游包装推介上，制作的宣传画册和专题宣传片数量也较少，没有发挥应有的作用。在新媒体的应用上，对微博、微信等平台还没有能够很好地利用。

（四）产业偏小

文化旅游产业规模很小，开发水平不高，旅游产品单一，普遍处于分布不合理、规模不大、效益偏低的状态，对高端客源市场吸引力不强。由于县内各旅游景点分布较散，缺乏空间上、功能上的有机规划整合，尚未形成区域优势线路和特色板块。文化和旅游部门之间也缺乏联系与合作，不能形成资源优势互补，难以发挥各种文化资源和旅游资源融合发展的综合效益。景区旅游基础设施建设相对滞后，交通运输、游客集散等旅游交通公共服务体系尚未建立健全。

三、打造宁明文化旅游品牌的发展策略

以花山岩画申遗成功为引爆点，抢占制高点，打造大品牌，力争"一年打基础，两年见雏形，三年出成效，四年树品牌"，全面做好做足做大文化旅游发展大文章。

（一）持续扩大花山知名度

一个地方的文化旅游知名度，不仅为城市带来可观经济收入的增加、解决劳动力就业问题等，同时也会提高旅游目的地的整体经济效益和居民的生活水平。扩大花山知名度，就是借助花山文化发展特色旅游，以文化旅游作为城市发展旅游业的依托，寻求新的经济增长点。

1. 大力开展媒体宣传

主动加强与新华社、中新社、《人民日报》、《光明日报》、中央电视台等国家级主流媒体的沟通联系，把花山的声音和形象通过强大的主流媒体平台传播到全国乃至世界各地。2016 年 7 月，在庆祝花山申遗成功重点宣传中，《人民日报》7 月 16 日在第 4 版刊发了专题报道《广西左江花山岩画文化景观列入世界遗产名录》，并配发两张图片；7 月 18 日在第 12 版"文化"专版中，以头条并占据半个版的篇幅做了《江水寂寂映千载，花山一朝为君知》专题报道，同时配发了评论《护好岩石上的人类悲欢》；7 月 21 日在第 24 版上刊发了宁明县文物所所长朱秋平撰写的综述《花山岩画：骆越人写在断壁上的歌》。《光明日报》2016 年 7 月 16 日在第 1 版第二条位置刊发了重点报道《花山岩画申遗成功》，配发两张图片；在第 2 版头条刊发了专题报道《花山梦——广西左江花山岩画申遗之路》。同时，还要注意依托互联网和新兴媒体，谋划好与各大知名新闻网站的合作，建立花山微信公众号，推介宁明的知名旅游景点，让游客通过新闻网站、新媒体平台发现花山、认识花山、关注花山、走进花山，吸引更多的游客到花山观光旅游。

2. 大力开展专题宣传

要精心制作花山文化旅游专题宣传片，让国内外游客都知道花山岩画的历史价值、文化价值和神奇奥秘，把花山文化生动形象地展现出来，通过花山文化宣传带动旅游发展。要在汽车站、火车站、大型商场、文化广场等游人、游客众多的公共场所利用 LED 显示屏等媒介滚动播放宣传，让花山文化旅游主题宣传入脑入心，过目难忘。2017 年 5 月 29 日，由中央电视台纪录频道拍摄的《中国影像方志》"宁明篇"在中央电视台一套综合频道黄金时段播出，时长约 40 分钟，是宁明县在中央电视台进行的时间最长的专题宣传。《中国影像方志》"宁明篇"用影像手段讲述了宁明县花山岩画、壮族山歌、传统民俗、彩调艺术、边境贸易等独有的、最具边疆特色的风土人情、地域特点、风俗习惯，美好地展现了花山文化的传承与发展，在海内外引起了极大反响，进一步提升了花山文化旅游的知名度和美誉度，节目播出后收到了显著的社会效益。目前，宁明县也与技术雄厚的北京金影公司签订合作，为宁明旅游宣传拍摄制作 6 分钟《宁明县旅游形象宣传片》、10 分钟《宁明县旅游推介宣传片》，同时制作缩剪 60 秒、30 秒、15 秒各一条广告片。通过在专题宣传上提升档次、优化服务、打造品牌，努力形成报纸有文、网络有声、电视有影的良好宣传氛围，进一步扩大宁明文化旅游对外的影响力。

3. 大力开展社会宣传

通过精心制作精美宣传画册，印刷品等，在首府南宁各大客运站、南宁高铁站、南宁国际机场等人流量大、流动快的地方放置，给过往旅客浏览，让更多人接触并了解世界文化遗产——花山，努力提高大众知晓率。同时，要迅速抢占社会宣传高地，利用各种高杆宣传广告牌、大型铁架宣传广告牌等加大宣传力度。2016 年以来，宁明县已经投入 240 万元，先后在南友高速路宁明段、花山景区、宁爱二级公路及县城主要交通要道设置 6 块永久性高杆宣传广告牌，整合社会资源 4 块大型高杆宣传广告牌，宣传面积近 2000 平方米。主要围绕"骆越根祖 岩画花山""宁明，一个让人出神入'画'的地方"等文化旅游主题开展大张旗鼓宣传，让花山文化旅游宣传深入人心。

4. 大力开展文艺宣传

邀请国内外知名导演、音乐家、作家和专家学者深入花山拍摄影视作品、制作音乐作品、创作文学作品、搭建文化论坛，全面提升花山文化品牌知名度。要大力开展花山文化传承与保护，组织开展《花山组歌》《花山拳》《花山鼓舞》等系列花山文化精品的创作普及、推广活动，开展全国性的花山征文、征歌和书画、摄影比赛，优秀原创歌舞作品展演等活动。对熟悉打弹吹花山铜鼓、花山仙琴、壮族啵咧等花山文化民间艺人，将给予适当创作、传承补贴，激发他们挖掘和传承传统民俗文化的积极性。积极搭建花山文化原创展示平台。通过搭建花山文化原创平台，以花山文化题材开展文艺创作和开发，推出文学、戏剧、音乐、美术、舞蹈、摄影、影视等文艺优秀作品和产品，让古老的花山文化艺术焕发出新的活力与光彩。每季度要举行一次花山原创文艺作品展示、比赛，比赛、展示内容包括文学、书法、美术、摄影、音乐、歌舞等。年终要举行一次综合性花山原创文艺作品评选，选出优秀代表作品，编入《花山文化原创优秀作品选》。同时，开展花山文化精品艺术作品创作，对精品壮族群舞、本土歌曲、民间乐器及民族服饰进行重点包装、打造、推介。

（二）抢占骆越文化制高点

1. 高标准修编一个文化旅游总体规划

要坚持从全域文化旅游的视野完善规划布局，用景区的标准建设城乡，努力实现全县是景区、处处是景观、村村是景点、人人是导游的工作目标。要高起点、高标准对全县文化旅游总体规划进行修编，科学设置县内景区景点和基础设施布局，明确旅游主题形象、建设内容和实施方案。注重规划衔接，按照景城一体、产城融合的思路，保障各项建设与全域景区化建设统筹推进、协调发展，确保各项建设的风格景观化，从而实现文化与旅游的高度融合发展。

2. 适时推出一台实景演出剧

努力打造集唯一性、艺术性、震撼性、民族性、视觉性于一身的实景演出项目。2017 年 9 月 15 日，左江花山音画夜游和花山实景演出项目正式开工。

左江花山音画夜游和实景演出项目分为左江音画夜游项目和实景演出项目两个部分，总投资约 6.5 亿元，总建筑面积约 37020 平方米。左江音画夜游即花山"船"说，将在明江沿岸的岜耀屯至岜荷屯河段沿途设置红人、娶亲、晒壮锦、祭祀、山体投影、村寨、花海等光幕文化景观。游客可从明江沿岸的岜耀屯至岜荷屯乘坐游船夜游观景，全程约 50 分钟，可在游船上感受面对面的"天琴说唱"，以及两岸"声、光、电、景、点"形成奇特的感观效果。实景演出项目的演出舞台和观众席总占地面积 15000 多平方米，舞台分为 7 个表演区，观众席座数量为 1600 多个，每场演出的演员与后勤人员总数达 450 人。游客可通过实景演出了解壮族先民与自然灾害做斗争的故事，感受花山独特魅力。当前，就要全力推进项目建设，争取 2018 年"五一"期间两个项目投入运营。

3. 统一开展形象包装与设计

要组织强有力的创意人才队伍，覆盖动漫、影视、摄影、舞蹈、诗歌、音乐、美术、广播、音像、网络、广告等各种艺术门类和传播媒介载体，以市场运作的方式，统一开展形象包装与设计，将花山岩画文化产品整合为花山文化品牌，加强旅游企业与文化企业开展合作交流，围绕花山岩画构思、创作各类文化产品。要聘请专业设计公司进行平面、logo、3D、园林、环境、建筑等设计及广告制作，在景区、城市道路、街景、城雕、车站、广场等城市建设中更多地融入花山文化元素和符号，使城市建设与文化旅游有机融合、共同发展。目前，全县已完成德华街、江滨大道、荷城街等特色街区的规划设计，荷城街等特色街区已经着手实施中。

4. 固定举办一个骆越文化节

骆越文化节是传播花山文化的绝好形式，是经贸洽谈、招商引资的最佳场所。要充分发挥花山文化的地理优势，每年邀请东盟各国嘉宾、朋友参与，以精彩的民俗歌舞表演、热烈的壮族竞技活动以及书画展、摄影展等来待客会友。让文化节活动成为展示骆越文化和当地民俗风情的重要窗口，成为吸引游客的一张靓丽名片。宁明县 2017 年"三月三"举办的"骆越盛世"文化活动规模大品位高，主办方已上升到自治区级，由自治区旅发委和民宗委主办。东盟国家代表、区内外嘉宾、宁明各族群众代表 1 万多人齐聚花山文化广场寻根祭祖，品味花山美食。为扩大知名度，还专门邀请了曾在宁明生活过、从花山走出去的国际著名画家、美籍华人周氏山作，台湾花莲县著名书画摄影家彭明德、姜秀琴以及广西北部湾书画院院长陈中华等知名书画家、摄影家，到花山进行现场艺术创作、举办书画摄影作品展等，使花山文化艺术品位得到超前提高。"骆越文化节"正逐渐成为宁明文化旅游的一个代表性品牌。今后，每年都应该保持以这一高规格的格局来精心举办每一届骆越文化节，以持续不断提高花山文化旅游的扩张力和影响力。

5. 精心设计一篇导游解说词

在深入研究骆越文化发展史和民间传说的基础上，精心设计一篇花山导游解说词。解说词要结合花山岩画图案进行拓展延伸，凸显两千多年前骆越先民所作的雄伟图画而闻名世界，具有趣味性和传奇色彩，使游客听得进、感兴趣、有联想。解说词不但在用于导游向游客的介绍中，同时还在全县各个景区、车站、宾馆酒店中进行配乐播放，让进入宁明县的每一位客人都能随时通过导游解说词认识花山，了解花山，关注花山，向往花山。通过导游解说词，讲述好"花山故事"，传播好"花山声音"。

6. 注重开发一批旅游产品

以花山文化元素为主基调，引资开发一批具有浓郁民族特色和纪念意义的旅游产品。这种产品既要符合游客的要求，又要具有花山民族特色的"概念产品"，真正引发游客对花山岩画、花山文化旅游的关注与兴趣。如以花山岩画代表性的"蹲踞式人形图案"为蓝本制作各种类型的代表壮族文化的标识产品，可以"蹲踞式人形图案"雕塑品成为崇左市乃至广西的一个重要标志，以"蹲踞式人形图案"创制的仿古工艺品成为配饰吉祥物、仿古礼品等，以"蹲踞式人形图案"的标志印在T恤、钥匙扣、精美瓷器上，作为旅游纪念品或者生活用品而加以推广，等等。同时，要注重以花山文化元素为主基调，引资开发特色旅游商品，特别是根据花山图案研发和包装濑江红糖、糖波酒、花山民族背包、花山文化绣球等一批具有浓郁民族特色和纪念意义的旅游纪念品。此外，在花山文化旅游资源集中的综合性商业区，出售深受花山文化影响的特色纪念品、工艺品，品尝具有民族特色、地域特色的风味饮食；欣赏具有原生态、承载壮族历史记忆、反映当地壮族民众风貌的歌舞节目，体验具有民族特色的各样游艺项目等。这样不仅满足了游客的需求，还提升了花山文化旅游美誉度，推动当地经济发展和文化建设。

（三）打造文化旅游大品牌

1. 打造"三泉泡澡"品牌

让游客到宁明冬季泡温泉、夏季泡冷泉、全年泡山泉。花山景区内泉水资源相当丰富，狮子屯的温泉常年水温保持在45℃左右，含有锶、锌等10多种利于人体健康的微量稀有元素；木洲屯的冷泉常年水温保持在22℃左右，濑江屯的冷泉常年水温保持在18℃左右，冷泉属单纯碳酸泉，具有理疗及美容的功效；自治区级陇瑞自然保护区附近有长年不断的山泉，水质清澈透明，可饮可浴。要充分利用好景区泉水资源，努力培育和打造全广西最优质、最知名的"三泉泡澡"品牌，让各地游客到宁明冬季可以泡温泉、夏季可以泡冷泉、全年可以泡山泉，也可以三泉混泡，体验别样感觉。

2. 打造"山水生态"品牌

要以"骆越根祖·岩画花山"为主题，以明江河两岸优美秀丽的风景为依托，建设一条25公里长的明江旅游线以及蝴蝶谷原始森林公园等，通过沿途各种秀美的自然风光、奇特的原始房屋、特色的民俗风情，把各景点通过明江水路连接在一起，形成覆盖明江流域的花山文化旅游线路，着力打造依山傍水、名山胜水、观山玩水、青山绿水的明江山水生态旅游区。

3. 打造"花山探秘"品牌

要组织历史学、考古学、民族学、民俗学、社会学、美术学、地理学、传播学、旅游学、文化学等各学科的专家学者等高端人才，通过这个品牌邀请他们到宁明探索研究花山岩画历史、成因等，多角度解读花山、深层次诠释花山，构建起"花山学"的理论体系，努力打造"花山探秘"品牌。这样既能增加文化旅游卖点，也能推动花山文化发展和给子孙后代留下更加丰富的骆越文化遗产。

4. 打造"跨境旅游"品牌

以宁明爱店公母山—越南禄平母山旅游区和云天中草药商贸城为基地，加快推动中越宁明爱店—禄平峙马国际旅游合作区的实施，力争公母山中越跨国观光旅游项目早日落地。2017年，宁明县启动合作区规划的编制工作。规划建设合作区交通、通信等公共服务设施。推进出入境管理机制改革，实现通关便利化，为合作区建设创造有利条件。加强合作区周边环境整治和保护，加强合作区内导览标识标牌及旅游厕所等配套设施建设。目前，中越宁明爱店—禄平峙马国际旅游合作区完成与越方的对接并达成合作共识，签署了《中国广西宁明县—越南谅山禄平县关于在1232号界碑地区开通中国广西宁明那呼边贸管理区—越南谅山禄平锅沙通道的会谈纪要》。

（四）打好配套建设攻坚战

1. 抓好基础设施建设

完善"吃、住、行、游、购、娱"等文化旅游配套设施建设。积极推进宁明高速路口至岜荷一级路、花山景区二级路（二期）、岜荷隧道拓宽、花山互通立交、崇左至爱店至越南海防高等级公路建设，完善旅游交通路网，实现高速公路服务区和旅游集散中心之间快捷的交通连接，方便游客中转。加快与南宁吴圩机场达成开通机场至花山景区旅游大巴专线的商谈事项，争取将机场通往花山景区客运线纳入广西运力发展计划并尽快实施。要充分利用全县旅游资源优势和区位交通优势，以城区为中心，统筹整合周边资源，高标准、高起点规划建设一批有规模、上档次、有市场前景的旅游配套设施和旅游项目，不断扩大和增强城区的旅游辐射力、影响力和服务水平，逐步把宁明城区打造成为面向东盟一流的旅游集散中心。同时，精心设置完善的县域旅游导览图、交通旅游标识牌等，方便游客选择、寻找旅游目的地。要加强城区餐饮住宿、娱乐、停车场、旅游厕所等硬件基础设施配套建设，不断增强旅游集散的承载功能。

2. 建好景区星级酒店

提升"住"的品位，完善"购"的功能。抓紧抓好花山温泉国际酒店、花山民族山寨旅游度假区的回购和提级工作。宁明县要积极与中旅集团对接，全力做好花山温泉国际酒店的回购工作。花山温泉国际酒店占地400亩，是集温泉体验、文化体验等氛围浓郁、互动性强的项目，资产评估近4亿元，可由目前四星级提升为五星级酒店。要对接广西国资委做好花山民族山寨旅游度假区回购工作。该项目占地面积为90亩，总投资1亿元人民币。现已完成项目评估工作，双方签订了转让协议，正待自治区国资委讨论通过。项目回购后，可引资建设五星服务标准的精品度假酒店及配套设施，延伸至珠连村攀龙、弄那、浦刊等村落。

同时，对接广西品和投资发展有限公司按国家B/T14308五星级酒店标准建设一座宁明国际大酒店项目。该项目呈园林式布局，占地约48亩，总建筑面积47952平方米，预计总投资2.2亿元。对接广西三月花酒店有限公司意向投资建设四星级旅游饭店项目，该项目预计总投资1.8亿元人民币。拟建的两家酒店规划打造成为集餐饮娱乐、特色购物、酒店住宿、休闲度假于一体的旅游综合体项目。

3. 搞好旅游精品项目

以项目带动文化旅游产业发展，加快推进广西特色旅游名县创建工作。目前，花山岩画文化景区创建5A级景区项目已经列入自治区层面统筹推进重大项目。花山岩画文化景区创5A级景区项目总投资约2亿元人民币，策划工作已启动，并完成5A级景区的景评工作，建设内容包括蝴蝶谷度假酒店、观景服务设施、旅游服务设施及生态农业配套基础设施、高端休闲体育设施等。花山岩画文化景区创建5A级景区项目现已被列入自治区重点旅游项目，是宁明的核心景区。要大力推进派阳山森林公园创建4A级景区建设，充分利用现有森林资源，以森林景观为主体，以自然景观为依托，以人文景物为点缀，以大众性、娱乐性、休闲性旅游产品为特色，挖掘森林生态文化内涵，开发休闲度假类旅游产品，延伸森林景区内森林养生、休闲度假、山地运动、林业科普等产品功能，打造成吃、住、行、游、购、娱为一体的国家4A级旅游景区。

同时，对接浙江颐高集团意向投资开发花山小镇颐居美丽乡村项目。该项目计划投资 30 亿元人民币，以"美丽乡村"全域旅游、众创孵化、精准扶贫、创业培训类产业为核心，全方位打造宁明县的美丽乡村运营中心。中心包含：宁明全域旅游营销平台、乡村旅游文化展示中心、颐居草堂 O2O 体验中心、颐居乡村众创空间和颐居美丽乡村培训中心四大模块，以及植入农业众创平台和县域互联网＋双创孵化器。项目以宁明花山特色产业和文化背景为依托，以"颐居养生小镇"为模式，建设较高端的养生休闲小镇，进一步提升宁明县的旅游休闲口味和接待能力。此外，大力推进花山岩画博物馆、骆越王祭祀大殿、现代岩画艺术中心、周氏兄弟艺术馆、花山游客中心、花山演艺中心、花山岩画观摩房、花山壮族古村寨等项目建设，以项目带动文化旅游产业发展。

4. 做好环境保护工作

组建环境综合执法队伍，重点整治景区内非法采砂、乱搭乱建、乱砍滥伐、网箱养殖等现象，确保花山岩画遗产区生态环境得到有效保护。要注重保护生态，倡导绿色发展。在做好花山岩画本体保护工作的同时，切实加强岩画台地以及遗产区村落、山崖、河流等的保护、管理与监控，形成以岩画为核心的综合保护体系。近年来，宁明县主动放弃了甲醇项目等 3 个投资超过亿元但对申遗有影响的项目落地，对遗产区内 8 处采砂点进行全部关停。全县累计投入经费 2 亿多元，先后实施 3 期抢救性修复工程，完成花山岩画保护监测站建设以及花山岩画博物馆的规划设计和选址工作。同时，宁明县加大岩画周边环境整治力度，编制了濑江等 8 个村屯的整治规划并正在推进综合改造，开展山体、河道塌方整治。推进遗产区农业产业结构调整，对沿江两岸 50 米范围内进行绿化，并将 2000 多亩甘蔗改种为观赏类植物或农作物。

2018年
广西蓝皮书
广西文化发展报告
地方文化篇

黄姚镇文化现状与发展对策建议

过　竹　方世巧　邱有源[*]

一、黄姚镇概述

（一）黄姚镇

黄姚镇位于广西壮族自治区贺州市昭平县东北部，北面与贺州市钟山县同古镇、清塘镇接壤，东面与昭平县凤凰乡、贺州市八步区公会镇毗邻，南与昭平县樟木林镇、富罗镇交界，西面与昭平县走马镇相依。镇政府所在地距离贺州市区 40 公里，距桂林 200 公里。

2016 年 10 月，黄姚镇辖区总面积 244 平方公里，辖 19 个行政村（街）委会，552 个村民小组，总户数 12008 户，总人口 55662 人，其中街区人口 5791 人，非农业人口 1983 人。

全镇水田面积 31000 亩，是昭平县粮食和各类水果主产区，盛产优质大米、青梅、晒烟、香芋、杨梅、山楂、月柿、柑橘、板栗等。著名的土特产百年历史佐餐调味品"黄姚豆豉"、养生补品"九制黄精"等。镇政府所在地的巩桥圩历来是昭平县北域中心集市，是全县最大的农贸集市。

（二）黄姚古镇

黄姚镇核心区域黄姚古镇山环水绕，周围有酒壶山、

---

* 过竹，广西社会科学院文化研究所副研究员；方世巧，广西师范学院规划与管理研究院副院长、博士；邱有源，贺州市文联原主席、一级编剧。

真武山、鸡公山、叠螺山、隔江山、天马山、天堂山、牛岩山、关刀山等，姚江、小珠江、兴宁河三条小河于古镇交汇。

古镇区域方圆 3.6 公里，发祥于宋朝年间，兴建于明朝万历年间，鼎盛于清朝乾隆年间。因黄姚镇以黄、姚两姓为主，故名"黄姚"。古镇现有黄、姚、邹、莫、曾、邓、吴、古八大姓氏，九个宗祠，两个家祠，居民 600 多户。

遗存于安乐寺的碑刻记载黄姚古镇的历史。

黄姚人杰地灵。据史料记载，自明朝以来，黄姚计有 20 人考取进士、举人和秀才，仅清康熙至光绪年间黄姚就出 11 位举人。黄姚士子接触代表举人梁都，为官清廉，忠于职守，光绪帝御赐牌匾嘉奖。古镇有"六多"：山水岩洞多、亭台楼阁多、寺观庙祠多、祠堂多、古树多、楹联匾额多。据不完全统计，历代诗人赞美黄姚的诗歌 186 首，楹联 197 副。古镇由龙畔街、中兴街、商业街区 3 个条形自成防御体系的建筑群组成，建筑群之间通过桥梁、寨墙、门楼巧妙连接构成一个整体。古镇 8 条主街道全部使用石板铺设，全长 10 多公里。古镇内有山必有水，有水必有桥，有桥必有亭，有亭必有联，有联必有匾，构成了古镇独特的风景。

古镇同姓民居建筑多以祠堂为中心修建并向外辐射。古戏台、宝珠观、文明阁、天然亭、兴宁庙、安乐寺、吴家祠、郭家宅、佐龙祠和广西省工委旧址、广西艺术馆旧址、何香凝、张锡昌、千家驹等文化名人故居寓所等建筑为九宫八卦阵式布局。古镇留存韩愈、刘宗标墨迹及贤哲留下的碑刻和 100 多副楹联匾额给古镇增添人文神韵。

古镇现存 486 幢明清古建筑、10 处亭台楼阁、20 座寺观庙祠和 11 座特色桥梁，建筑面积 162200 平方米。屋顶大多采用硬山、悬山、歇山结构，部分建筑采用石柱撑梁，杜上有雕刻，琉璃瓦屋顶，青砖青瓦。

每年的大年初二，古镇的居民自发地集中一起，舞鱼、舞龙、舞狮、舞龟蚌，以及表演光对阵、五花阵、提灯等传统活动，共同祈福新春，庆贺新年。提灯晚会当地也称舞鱼龙，由上千人的游行表演队伍组成，他们在游行前进中向观众展示光对阵、唢呐、提灯、五花阵、扮饰、扮龙、舞板凳龙、舞狮、舞鱼、舞龙等近 20 个当地民间传统表演节目。

七月十四"中元节"是古镇居民的重要节日。十四晚上，居民多会聚集带龙桥头至兴宁庙段，观看放柚子河灯。十五的晚上，大家又聚集河边，观看放柚子河灯。放灯结束后，年轻男女纷纷跳下河里，争抢柚子灯，并把抢到的柚子拿回家和家人分享。

九月初九重阳节，在黄姚古镇又叫作"老人节""登山节""重逢节""牛王节"。这天，古镇居民邀约登山，登高望远。

黄姚古镇文化形态有诗描述——

黄姚风光名胜多，

写成八句顺口歌，

概括五十六个字，

赞颂古镇天和人。

三水十山七岩洞，

七楼一台五凉亭，

八街二阁九祠堂，

一观九寺十六门。

十二古樟十一桥，

三庙七榕十龙树，

六社九曲十三湾，

三石跳二十陀佛。

表 1 黄姚古镇重要传统文化资源一览表

序号	名称	形态	内容	备注
1	建筑	物质文化遗产	民居	486 幢
2	建筑	物质文化遗产	亭台楼阁	10 处
3	建筑	物质文化遗产	寺观庙祠	20 座
4	建筑	物质文化遗产	桥梁	11 座
5	建筑	物质文化遗产	石板街	8 条
6	建筑	物质文化遗产	广西省工委旧址	1 座
7	建筑	物质文化遗产	广西艺术馆旧址	1 座
8	建筑	物质文化遗产	何香凝故居	1 座
9	建筑	物质文化遗产	千家驹故居	1 座
10	建筑	物质文化遗产	张锡昌故居	1 座
11	建筑	物质文化遗产	欧阳予倩故居	1 座
12	建筑	物质文化遗产	高士奇故居	1 座
13	建筑	物质文化遗产	仙人井（古井）	1 座
14	建筑	物质文化遗产	钱兴烈士塑像	1 座
15	墨迹	非物质文化遗产	韩愈、刘宗标墨迹	2 项
16	舞鱼	非物质文化遗产	民俗文娱	1 项
17	舞龙	非物质文化遗产	民俗文娱	1 项
18	舞狮	非物质文化遗产	民俗文娱	1 项

续表

序号	名称	形态	内容	备注
19	舞龟蚌	非物质文化遗产	民俗文娱	1项
20	舞鱼龙	非物质文化遗产	民俗文娱	1项
21	板凳龙	非物质文化遗产	民俗文娱	1项
22	扮龙	非物质文化遗产	民俗文娱	1项
23	扮饰	非物质文化遗产	民俗文娱	1项
24	提灯	非物质文化遗产	民俗文娱	1项
25	光对阵	非物质文化遗产	民俗文娱	1项
26	五花阵	非物质文化遗产	民俗文娱	1项
27	柚子灯	非物质文化遗产	民俗文娱	1项
28	唢呐	非物质文化遗产	民间乐器	1项
29	中元节	非物质文化遗产	民间节庆	1项
30	重阳节	非物质文化遗产	民间节庆	1项
31	诗歌	非物质文化遗产	文学作品	186首
32	楹联	非物质文化遗产	文学作品	197副

二、黄姚古镇的文化现状及产生原因

黄姚古镇于20世纪90年代末开始旅游开发以来，黄姚古镇的文化产生重大变化，非物质文化遗产逐渐离开黄姚的古镇区域。

2015年12月5日，广西黄姚古镇旅游文化产业区揭牌成立。产业区管委会组建了以"呵护古镇、保障秩序"为使命的黄姚产业区综合执法局，建立长效机制，全面遏制了古镇核心景区多年来违拆违建屡禁不止的现象，全面遏止古建筑频遭破坏现象的蔓延，保存了古镇8条古街区486幢宋代至明清年代的民居民宅，保护了千年古镇的历史文化和建筑文明，避免了国家历史文化遗产遭受破坏带来的"传承遗憾"，留住了黄姚发展的"文化自信"。广西黄姚古镇旅游文化产业区管委会的工作成绩十分令人欣慰。

（一）黄姚古镇的文化现状

物质文化遗产得到完好保护并强化，比如街区建筑的修缮、亮化、美化等；注入新文化元素，比如民宿客栈、酒吧、餐馆、排档夜市等。

外来的非物质文化逐渐注入，如居住文化、餐饮文化、酒吧文化、茶艺、音乐、装饰艺术、园林景观、灯光色彩等。特别明显的是夜市排档餐饮文化逐渐成为古镇夜生活的主角。

本土的非物质文化逐渐弱化，并慢慢退出古镇街区。如光对阵、唢呐、提灯、五花阵、扮饰、扮龙、舞板凳龙、舞狮、舞鱼、舞龙等当地民间传统表演节目。

表2　黄姚古镇重要文化现状一览表

序号	名称	形态	内容	备注
1	建筑	物质文化遗产	民居	得到修缮
2	建筑	物质文化遗产	亭台楼阁	得到修缮
3	建筑	物质文化遗产	寺观庙祠	得到修缮
4	建筑	物质文化遗产	桥梁	得到修缮
5	建筑	物质文化遗产	石板街	得到修缮
6	建筑	物质文化遗产	广西省工委旧址	得到修缮
7	建筑	物质文化遗产	广西艺术馆旧址	得到修缮
8	建筑	物质文化遗产	何香凝故居	得到修缮
9	建筑	物质文化遗产	千家驹故居	得到修缮
10	建筑	物质文化遗产	张锡昌故居	得到修缮
11	建筑	物质文化遗产	欧阳予倩故居	得到修缮
12	建筑	物质文化遗产	高士奇故居	得到修缮
13	建筑	物质文化遗产	仙人井（古井）	得到修缮
14	建筑	物质文化遗产	钱兴烈士塑像	得到修缮
15	墨迹	非物质文化遗产	韩愈、刘宗标墨迹	得到修缮
16	中元节	非物质文化遗产	民间节庆	离开古镇
17	重阳节	非物质文化遗产	民间节庆	离开古镇
18	舞鱼	非物质文化遗产	民俗文娱	离开古镇
16	舞龙	非物质文化遗产	民俗文娱	离开古镇
17	舞狮	非物质文化遗产	民俗文娱	离开古镇
18	舞龟蚌	非物质文化遗产	民俗文娱	离开古镇
19	舞鱼龙	非物质文化遗产	民俗文娱	离开古镇
20	板凳龙	非物质文化遗产	民俗文娱	离开古镇
21	扮龙	非物质文化遗产	民俗文娱	离开古镇

续表

序号	名称	形态	内容	备注
22	扮饰	非物质文化遗产	民俗文娱	离开古镇
23	提灯	非物质文化遗产	民俗文娱	离开古镇
24	光对阵	非物质文化遗产	民俗文娱	离开古镇
25	五花阵	非物质文化遗产	民俗文娱	离开古镇
26	柚子灯	非物质文化遗产	民俗文娱	离开古镇
27	唢呐	非物质文化遗产	民间乐器	离开古镇
28	建筑	物质文化	民宿、客栈	进入古镇
29	建筑	物质文化	酒吧	进入古镇
30	建筑	物质文化	茶馆	进入古镇
31	建筑	物质文化	餐馆	进入古镇
32	建筑	物质文化	排档	进入古镇
33	园林	物质文化	景观美化	进入古镇
34	灯光	非物质文化	灯光亮化、美化	进入古镇
35	居住文化	非物质文化	特色与个性居住	进入古镇
36	酒娱文化	非物质文化	特色与个性娱乐	进入古镇
37	茶文化	非物质文化	特色与个性休闲	进入古镇
38	饮食文化	非物质文化	特色与个性饮食	进入古镇
39	夜市文化	非物质文化	特色与个性体验	进入古镇
40	音乐	非物质文化	特色与个性视听	进入古镇

来源：作者根据调研整理。

从《黄姚古镇重要文化现状一览表》中我们不难看到：

①得到修缮的文化遗产15项，其中，物质文化遗产14项，非物质文化遗产1项。

②离开黄姚古镇的文化15项，全都是非物质文化遗产。

③进入黄姚古镇的文化13项，其中，物质文化6项，非物质文化7项。

（二）原居民社区消失与文化守望者、传承者迁移

本土的非物质文化弱化退出古镇街区的根本原因是原居民社区的消失。

开发商进入黄姚古镇之后，古镇居民先后迁移出祖居地，在古镇外建立新的家园。随着古镇原居民的生活空间挪移，古镇本土文化自然而然地随着原居民——文化守望者与传承者迁移出古镇。古镇本土文化在失去集聚平台空间之后，逐渐淡化，失散在岁月之中。

其关系如下图：

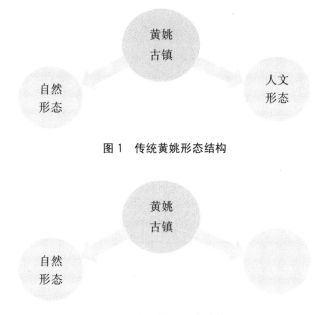

图1　传统黄姚形态结构

图2　当下黄姚形态结构

古镇空心化，只留下有形躯壳——486幢明清古建筑、10处亭台楼阁、20座寺观庙祠、11座桥梁。好比一台电脑，只有硬件，缺乏软件，成为摆设物件。而传承千年、生生不息、古镇最本源的活力源泉——古镇本土文化，则被忽视。

古镇缺失人文形态，等于失去前行的另一条腿。即使装上精美、华丽的假肢——居住文化、餐饮文化、酒吧文化、茶艺、音乐、装饰艺术、园林景观、灯光色彩、夜市文化等等，行走也会不顺畅。

（三）整体空间被挤压与文化空间错乱

黄姚古镇的整体空间被挤压、文化空间错乱问题十分突出。

黄姚镇的核心吸引源是古镇区域。黄姚古镇的最佳环境空间（自然环境与文化环境的组合）是"古镇＋周边田园＋秀峰"。"古镇＋周边田园＋秀峰"是黄姚镇的核心价值所在。

根据黄姚文化茶业园区的规划，与古镇一墙之隔即将诞生普利小镇、黄姚东街、梦里黄姚文化城、黄姚百家巷等大体量项目。

如普利小镇将是一个"九千亩世界养生文化度假区"。如此大体量的旅游康养地产项目,无疑对黄姚的古镇环境空间造成不可避免的大尺度挤压。

古镇周边的田园不见了或减少到极限了,代之以大体量建筑物体。古镇将失去弥足珍贵的千年时光建构起来的环境空间与生态之脉。有可能造成黄姚古镇发展所依托的水系、农田、山体、植被等周边环境系统遭到破坏,古镇的空间形态和居民的生活形态、劳作方式、民俗信仰等非物质文化遗产遭到遗弃,传统文化记忆正在逐渐消失。

因为黄姚古镇整体空间被挤压,外来文化无序进入与介入,使得黄姚古镇原有的文化空间的生态平衡被打破。最明显的表象是,光对阵、唢呐、提灯、五花阵、扮饰、扮龙、舞板凳龙、舞狮、舞鱼、舞龙等本土非物质文化遗产淡出黄姚古镇文化空间。外来的居住文化、餐饮文化、酒吧文化、茶艺、音乐、装饰艺术、园林景观、灯光色彩、夜市、文化等进入黄姚古镇文化空间,与486多幢明清古建筑、10处亭台楼阁、20座寺观庙祠、11座桥梁和广西省工委旧址、广西艺术馆旧址,何香凝、张锡昌、千家驹等文化名人故居寓所无序地揉在一起,造成黄姚古镇文化空间错乱。

三、黄姚古镇文化发展的对策建议

2017年7月7日,住房城乡建设部《关于保持和彰显特色小镇特色若干问题的通知》指出:

——尊重小镇现有格局,保持现状肌理,尊重小镇现有路网、空间格局和生产生活方式。

——延续传统风貌,统筹小镇建筑布局、协调景观风貌、体现地域特征、民族特色和时代风貌。

——新建区域应延续老街区的肌理和文脉特征,形成有机的整体。

——传承小镇传统文化,充分挖掘利用非物质文化遗产价值。保护与传承本地优秀传统文化,培育独特文化标识和小镇精神。

《关于保持和彰显特色小镇特色若干问题的通知》为黄姚古镇的发展指明方向。

(一)黄姚古镇文化发展应在保护"根文化"上下功夫

黄姚古镇的"根文化"是黄姚文化传承与发展的基础。

黄姚古镇经历千年的岁月锻造打磨,拥有丰富的物质文化遗产与非物质文化遗产,体现了以"黄""姚"为主体的姓氏血缘文化、祖宗崇拜、伦理观念、典章制度、建筑风格、地域特色等等,它们构成黄姚"根文化"。

黄姚"根文化"有着深厚悠久的文化积淀、丰富翔实的历史信息、意境深远的文化景观。因此，黄姚古镇文化发展，应在保护"根文化"上下功夫。

将黄姚古镇"根文化"的保护作为建设特色小镇的重要任务。以"历史的真实性、风貌的完整性、生活的延续性"为保护原则，适时出台相关的保护规划、条例或办法，为保护好黄姚古镇"根文化"奠定法律基础，从而使黄姚古镇"根文化"得以传承与发展，做到既保护黄姚古镇"根文化"遗产本身，又保护其生存与发展的文化空间。

加强政策扶持，将黄姚古镇"根文化"的保护利用纳入黄姚开发建设总体规划，并采取多种手段筹集古镇"根文化"保护资金，对相关的文化遗产进行抢救保护与活态开发利用。

充分尊重黄姚古镇"根文化"的地方性，坚持黄姚原居民为"根文化"保护主体。同时，通过政策引导、制度约束，不断提高管理者、开发商和古镇原居民对黄姚古镇"根文化"的保护意识，自觉传承与发展黄姚古镇"根文化"，在发展中珍视历史传承，在创新中维系原居民与外来者黄姚古镇的地方认同和文化认同，让居民（原居民与外来者）"望得见山、看得见水、记得住乡愁"，从而使黄姚古镇建设步入"保护促进利用、利用强化保护"的良性循环轨道。

（二）充分激发黄姚古镇本土文化的内生力量

古镇本土文化的内生力量是黄姚古镇文化发展的原动力，要充分激发黄姚古镇本土文化的内生力量，莫让外部力量挤压内生力量的发育、成长。

黄姚古镇文化发展要解决诸多矛盾或关系，不仅仅是内生力量和外部力量，还有古镇与新城、资本与资源、常驻与旅居、归乡与下乡、生产与生活、生存与生命，生态与文化，等等。

在黄姚古镇未来的发展中，内生力量是主要的，外部文化必须尊重本土文化，不能侵害黄姚古镇的"根文化"，黄姚古镇的开发建设不能伤及环境空间。自然环境空间、人文环境空间、人居环境空间、生产环境空间、生活环境空间。

黄姚古镇文化发展的本质是提高黄姚居民对"根文化"的认知能力与传承动力，必须树立居民在黄姚古镇文化发展中的主人翁意识，重振居民在古镇文化发展中的主体地位，激发居民在古镇文化发展中内生繁荣能力。

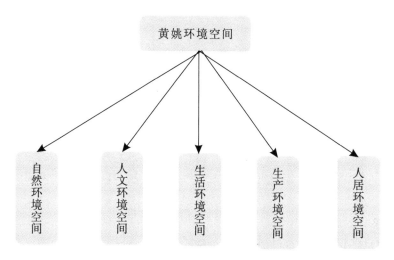

图3　黄姚古镇环境空间结构

（三）建立现代黄姚文化发展体系

建立现代黄姚文化发展体系是黄姚古镇文化发展的保障。

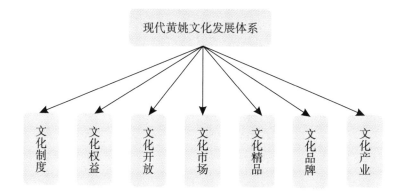

图4　现代黄姚文化发展体系结构

（四）重构黄姚文化空间

我们在这里所谈的黄姚文化空间，指的是大黄姚文化空间，黄姚古镇区域的文化空间仅是其中的核心部分。

文化空间与生活空间是一个不可分割的整体，文化空间的产生及发展，与生活空间形态息息相关。

重构黄姚文化空间，关键在于合理进行空间规划，空间布局疏密有度，古镇空间与新区空间、乡野空间、山野空间等之间有合理的空间距离，以产生最佳视觉效果与生态环境效果。

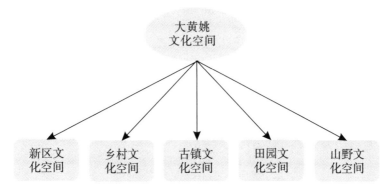

图 5　大黄姚的文化空间结构

特别是古镇空间不能随意地让开发项目挤占。古镇的良性发展（旅游、文化等方面），必须留足生态空间、生活空间、生产空间。因此，必要的"空间退让"将是黄姚未来发展的一个关键性问题。一些开发性项目，必须与黄姚古镇区域有一定的空间隔离带，避免喧宾夺主，造成对黄姚古镇的空间挤压。

转变方式，将黄姚空间内挤转化为空间外延。在优化黄姚古镇空间的同时，逐步延伸到周边的乡村、田野、山野，以文化旅游村、田园综合体、生态旅游区、康养综合体、休闲度假区、森林公园、河湖公园、湿地公园、农业园区等为依托，建构大黄姚空间。

黄姚古镇是月亮，文化旅游村、田园综合体、生态旅游区、康养综合体、休闲度假区、森林公园、河湖公园、湿地公园、农业园区是一颗颗璀璨明星。只有众星捧月，才显出月亮的皎洁美丽。

广西文化发展报告

广西社会科学院 编

附　录

2017 年广西文化大事记

王建平　李　萍　过　竹　任旭彬　吕文静　陶志红 *

1月

1月1日，《广西壮族自治区非物质文化遗产保护条例》正式实施，广西非物质文化遗产传承保护有了法规保障，广西非物质文化遗产保护体系日趋完善。

1月3—20日，广西戏剧院2017年"唱响八桂中国梦·艺术精品到基层"精准扶贫国家级贫困村屯惠民演出启动。广西戏剧院的壮剧团、桂剧团、彩调剧团和京剧团分别奔赴凌云、隆安、大新、天等、大化、宜州、罗城、富川开展演出活动。

1月4日，中央文化产业发展专项资金立项扶持的《百鸟衣》文化旅游产业项目暨东兴国门演艺剧场启动仪式在东兴市边贸中心举行。项目由广西杂技团组织策划，演出内容包括舞剧、音乐剧、杂技剧、动漫剧、魔术等多个艺术种类。

1月5日，国家新闻出版广电总局公布了2016年全国敬老养老助老公益广告作品征集评选结果，广西电台作品《爷爷泡的茶》获得本次评选优秀奖。

该日，由文化部、广西壮族自治区人民政府主办的"刘开渠与二十世纪中国美术"经典作品展（广西专题展）在广西美术馆开幕，展览精选刘开渠最具代表性的50件雕塑原作和数百件珍贵历史文献，全面呈现他的艺术人生，突出一代美术宗师与广西的不解之缘。

1月6日，在第九届广西戏剧展演中，环江毛南族自治县非物质文化遗产保护中心推送的《乡路遥远》，摘取桂花剧目金奖、编剧奖和导演奖。该剧还曾在广西第十七届"八桂群星奖"评奖中获金奖，并受邀参加世界面具艺术高峰论坛。

---

* 王建平，广西社会科学院文化研究所副所长、研究员；李萍，广西社会科学院文化研究所副教授；过竹，广西社会科学院文化研究所副研究员；任旭彬，广西社会科学院文化研究所副研究员；吕文静，广西社会科学院文化研究所助理研究员；陶志红，广西大学新闻传播学院副研究馆员。

1月7日，"相约民歌湖畔·共眷天下民歌"——2017大型民歌专场演出活动在南宁市民歌湖启动，来自我国广西、贵州、海南、宁夏以及越南的民歌手共聚一堂，壮族的对歌、宁夏的花儿、海南黎族原生态山歌和越南经典民歌相继唱响。

1月8日，"党旗领航·电商扶贫'我为家乡代言'年货电商大集暨2017年广西电视台'手拉手'走进横县"活动在横县茉莉花文化广场举行。

1月11日，广西广播电影电视协会第六届常务理事会第五次会议在南宁召开。广西壮族自治区新闻出版广电局领导班子、广西广播电影电视协会第六届理事会常务理事、理事出席会议。

1月11—12日，广西壮族自治区新闻出版广电局在南宁召开2017年全区新闻出版广播影视工作会议，总结2016年工作，部署2017年全区新闻出版广播影视工作任务。

1月13日，首届"美丽广西·宜居乡村——广西传统村落保护发展"系列主题活动开幕。该活动分为"宜居广西——广西传统村落艺术作品征集评选"、"宜居广西——广西传统村落保护发展论坛"和"广西传统村落艺术作品展览"三部分。

该日，广西壮族自治区"扫黄打非"工作小组在南宁召开全区第三十次"扫黄打非"工作电视电话会议，自治区党委常委、宣传部部长、"扫黄打非"工作小组组长范晓莉出席会议并做讲话。

1月15日，中国（广西）首届壮语春节联欢晚会在上林县举行。本届壮语春晚的主题是"壮族老家 绽放梦想"，分为壮乡情、民族梦、八桂魂三个部分，全程采用壮语演出。

1月17日，广西首届文化创意产品设计人赛颁奖仪式在南宁中关村双创示范基地举行。本次大赛以"文化引领风尚，创意改变生活"为主题，总共收到了1488件（套）参赛作品。

1月18日，广西壮族自治区文化厅在南宁通报《广西壮族自治区非物质文化遗产保护条例》的制订、颁布、施行情况。此条例于2017年1月1日起施行。

1月19日，中国岩画学会、中国艺术研究院、国家艺术基金管理中心等主办的"亘古天书——中国岩画艺术展"在崇左市壮族博物馆开幕。展览展出了国内外经典岩画照片、实物、复制品、拓片，百年来的研究成果，岩画保护历程及成果，以及以岩画为题材和元素的新艺术创作、衍生文创产品等。

该日晚，由广西壮族自治区新闻出版广电局主办的"2016桂版好书揭晓仪式"在南宁举行，揭晓了30种"桂版好书"。

1月20日，广西人民广播电台与东盟六国驻南宁总领事馆新春联谊会在南宁举行。

该日下午，由广西社会道德文化研究会主办的"道德之光"——广西首届企业诚信论坛在南宁法兰西文化中心召开，有关领导和经济学家、学者、企业家代表等近150人参会。

1月23日上午，广西电视壮语译制项目启动仪式在广西电视台举行。该项目是广西新闻出版广播影视"壮族三月三"工程的重要组成部分，其中包括用壮语标准音译制8集电视动画片《百鸟衣》和38集电视连续剧《冯子材》，以及首次使用靖西方言译制12集电视动画片《大战人熊婆》，其译制数量、种类和长度都是广西电视台历年之最。

1月28日—2月1日，中华文化联谊会、广西壮族自治区文化厅组织了由南宁市马山壮族会鼓、宾阳彩架、青秀区芭蕉香火龙等三个优秀民间艺术团组成的艺阵队，赴台湾参加"欢乐春节"民俗巡游活动。

2月

2月4—6日，自治区党委常委、宣传部部长范晓莉先后到广西广电网络公司和广西文化产业集团调研。

2月9日下午，广西壮族自治区领导到广西新华书店集团股份有限公司调研。

2月10日，"我们的节日"2017年南宁市欢度元宵大型广场舞会暨元宵花灯会在广西南宁民族广场举行。欢度元宵大型广场舞会暨元宵花灯会是南宁市重点打造的一个全民文化盛宴，通过"花灯＋舞会"的方式，增强活动的观赏性及群众的参与性。

2月13日上午，《广西壮族自治区社会科学普及条例》起草工作组会议在自治区人大召开。来自自治区人大教科文卫委、自治区社科联、广西大学、广西民族大学的起草工作组成员参会。

2月22日，广西壮族自治区社科联在南宁召开2017年广西社会科学重点课题选题评审会。

2月27日，由广西壮族自治区地方志编纂委员会办公室组织编纂，历时3年半、910万字的《广西通志（1979—2005）》正式出版。全书分为综合卷、政治卷、经济卷、文化卷、社会卷、人物大事记附卷共6卷，正文共47篇233章，共910万字，真实地向世人集中展示了1979年至2005年广西经济社会文化等各项事业发展状况。

该日，在国家新闻出版广电总局办公厅下发的"2016年总局《值班日报》

等刊物信息采用情况"中，广西壮族自治区新闻出版广电局以 164 分的信息采用总得分在全国 32 个省（区、市）局中首次排名第一，取得了历史性突破。

2 月 28 日，广西壮族自治区人民政府使用正版软件工作领导小组暨自治区推进使用正版软件工作厅际联席会议在南宁召开全体会议，研究部署广西 2017 年软件正版化工作。

该日，广西壮族自治区新闻出版广电局在南宁组织召开 2017 年全区出版工作座谈会。自治区民宗委、广西出版传媒集团有限公司、广西师范大学等出版社的主管主办单位负责人、各出版社的领导班子成员共 60 多人参加座谈会。

2 月 28 日—3 月 2 日，《广西社会科学年鉴》编辑部在百色干部学院举办年鉴编辑实务培训班。《广西社会科学年鉴》编辑部全体人员参加培训。

2 月 28 日—3 月 31 日，为纪念全民族抗战爆发 80 周年、九一八事变 86 周年，由沈阳"九一八"历史博物馆、八路军桂林办事处纪念馆共同主办的"抗日救亡的史诗——桂林抗战文化城"专题图片展在"九一八"历史博物馆展出。

3 月

3 月 11 日，三江侗族自治县在县城多耶广场举办第二届侗族大歌节，来自该县的近 40 支侗族大歌队同台比拼，为观众献上一场精彩绝伦的视听盛宴。

3 月 12 日，广西"戏曲进校园"演出活动在广西医科大学举行。进校园演出计划安排 120 场，侧重偏远或边境地区中小学，节目内容设置为戏剧院精品剧目和折子戏专场两大主题。

3 月 13 日，广西决策咨询工作会议暨广西特色新型智库联盟成立大会在中共广西壮族自治区委员会党校召开。自治区决策咨询委员会的领导、委员及咨询专家，各设区市决策咨询委员会的领导，广西特色新型智库联盟联席会议理事单位、重点智库单位、成员单位的代表参加会议。

3 月 14 日，广西壮族自治区党委书记、自治区人大常委会主任彭清华，广西壮族自治区主席陈武看望慰问在京参加全国两会报道的中央驻桂和自治区主要新闻媒体编辑记者。

3 月 15—17 日，中越贝侬国际侬峒节在大新县宝圩乡举行，本次活动以弘扬中华民族传统文化为主旨，把民俗活动与旅游文化融合在一起，为中越两国边民提供了一场丰富的文化盛宴。

3 月 16 日，随着金山花炮节、中越贝侬国际侬峒节举办，2017 年崇左花山文化节盛情启幕。

该日，中国—东盟艺术高校联盟（以下简称"联盟"）在广西南宁成立。

该联盟由广西艺术学院、中国—东盟中心和东南亚教育部长组织高等教育与发展区域中心联合发起，是中国和东盟 10 国共 19 所艺术高校在自愿基础上结成的非政府组织。

3 月 17 日，"桂风壮韵——广西壮族织绣文化"展览在杭州市的中国丝绸博物馆开展。本次展览在全面展示壮族织绣历史与文化的基础上，突出表现了壮族独具特色的文化特征。

3 月 17—22 日，广西壮族自治区新闻出版广电局举行两期新任处级领导干部学习贯彻党的十八届六中全会精神、落实全面从严治党责任培训班。

3 月 20 日，文化部公布 2016 年度戏曲剧本孵化计划第一次专家评审入选项目名单，由贺州市八步区文化馆创作选送的剧本客家山歌剧《腐竹飘香》成功入选。

3 月 22—25 日，全国大中城市社科联第 28 次工作会议在柳州召开，来自全国 25 个省（区、市）130 多个大中城市社科联及社科组织 600 多名代表参加会议。

3 月 23 日，浙江杭州工艺美术博物馆、广西民族博物馆、中国民族博物馆联合举办的"外婆送我花背带——广西少数民族妇女儿童服饰展"在杭州工艺美术博物馆开幕。本次展览共展示了广西各个少数民族的 211 套 338 件背带、服饰及玩具，至 5 月 21 日结束。

3 月 24 日，广西壮族自治区第十四次社会科学优秀成果奖颁奖大会在南宁召开。广西壮族自治区党委常委、宣传部部长范晓莉出席会议并讲话。

该日，广西壮族自治区南宁市群众艺术馆未成年人培训示范基地授牌仪式在南宁市中山路小学举行。这是南宁市群众艺术馆面向农村和学校建立的第 25 个文化志愿培训示范基地。

3 月 25 日，由民建广西区委文化委员会和广西博物馆联合主办的"迎三月三——2017 中国—东盟传统礼仪服饰文化展演"在广西博物馆开展，展览通过图片展、服饰展以及真人秀等形式，生动展示了中国广西和东盟国家的传统礼仪文化和服饰文化。

3 月 27 日，广西东兰县举行了"风情三月三　快乐壮家娃"千人亲子活动，家长和孩子们身着节日盛装，参加民族服饰巡演、民族舞表演等活动，庆祝这一壮族传统节日。

3 月 28 日，2017 年桂台各民族欢度"壮族三月三"联谊晚会在广西艺术学院举行。其间，还举办桂台（南宁）少数民族民俗文化交流周、桂台书画摄影文化艺术交流、桂台（南宁）青年创业就业交流座谈会、桂台青年创业就业体验营活动等系列活动。

3月29日，"桂花与壮太——壮锦太鲁阁锦历史文化展"在广西博物馆开展。本次展会以广西壮锦和台湾太鲁阁锦的历史文化为主题，共展出150件精美实物展品。

该日，广西壮族自治区群众艺术馆主办的广西歌王大赛暨"灵水歌圩"斗歌盛会在南宁市武鸣区中心广场举行。来自广西各地12支代表队的36名歌手用桂柳话、壮语、粤语等互拼歌技，以歌会友。

3月30日，2017年武鸣"壮族三月三"歌圩暨骆越文化旅游节在广西南宁市武鸣区开幕。

该日，"壮族三月三·桂风壮韵浓"文化活动在南宁民歌湖隆重开幕。全区各地共组织各类文化活动430多场。"三月三"期间，广西电视台2017"壮族三月三·八桂嘉年华"大直播首次走出国门，国内外融媒体直播送达用户超过1亿人次。

4月

4月3日，2017年百色市布洛陀民俗文化旅游节在广西田阳县拉开帷幕。节庆期间，田阳县依托布洛陀文化、壮族山歌文化，举办了布洛陀祭祀大典、山歌赛、舞狮赛、歌圩运动会、贝侬泼水节等活动。

4月6日，由广西壮族自治区文化厅主办、广西民族文化艺术研究院承办的"2017广西'壮族三月三'与文化发展研讨会"在南宁召开。来自各地的文化专家就"'壮族三月三'文化节庆品牌打造"展开了讨论与交流，一致认为要保护和开发这座民族文化的"富矿"。

4月7日，第三届全国少数民族语电影生产、译制、发行、放映评优活动在国家中影数字电影制作基地圆满结束。本次评优活动共有19部作品和5家发行放映单位获奖，由广西电影集团有限公司少数民族语电影译制中心译制的故事片《笑功震武林》（三江侗语）荣获优秀少数民族语电影艺术三等奖。

4月10日，由广西文联以及广西美术家协会主办的"广西文明史重大题材美术创作选题论证会暨创作研讨会"在南宁召开，广西近百名文艺理论家、美术家代表参加论证研讨会。

4月10—14日，第五届广西全区基层群众文艺会演在南宁举行。本届会演紧紧围绕"中国梦"和推进社会主义核心价值观建设主题，延续了往届传统，分声乐（含合唱）、器乐、舞蹈、戏剧曲艺四大类进行展示。

4月13日，全区"扫黄打非"办公室主任会议在南宁召开。

4月13—16日，2017中国—东盟博览会文化展在南宁举行。本届文化展以"共建21世纪海上丝绸之路、共促中国—东盟民心相通"为主题，印度尼西亚、老挝、马来西亚、泰国、越南、巴西、德国、印度等东盟及其他"一带一路"沿线国家共 90 家企业参展。

4 月 14—15 日，由广西壮族自治区社会科学界联合会、崇左市人民政府、广西民族大学和广西国际文化交流中心共同主办的第二届中国—东盟民族文化论坛在崇左召开。来自 11 个国家的 140 余名民族文化学者参加了会议。

4 月 19 日，习近平总书记在合浦汉代文化博物馆参观了海上丝绸之路文物精品展，并提出：博物馆建设不要"千馆一面"，不要追求形式上的大而全，展出的内容要突出特色。围绕古代海上丝绸之路陈列的文物都是历史、是文化，要让文物说话，让历史说话，让文化说话，要加强文物保护和利用，加强历史研究和传承，使中华优秀传统文化不断发扬光大。

4 月 20—27 日，广西壮族自治区人大常委会《广西壮族自治区社会科学普及条例（草案）》立法调研组，分赴贵港市、梧州市、南宁市等设区市及所辖藤县、桂平等县（市）开展立法调研。

4 月 22—24 日，由广西壮族自治区党委宣传部、广西壮族自治区新闻出版广电局主办，广西新华书店集团承办的首届广西书展在广西展览馆举行。

4 月 24 日，广西壮族自治区文物局举办北海市合浦汉代文化博物馆特色办馆专题研讨会，规划博物馆的未来发展路径以及古代汉墓群的保护和开发问题。

4 月 26 日，由广西壮族自治区新闻出版广电局（版权局）主办的"2017 广西优秀版权登记作品展播活动启动仪式"在广西电视台举行。

该日，在第十三届中国国际动漫节"金猴奖"动漫大赛中，由广西电视台制作的《少数民族民间故事动画系列片》之《百鸟衣》获得了综合类动画系列片提名奖。

4 月 27 日，柳州市三江侗族村寨申报世界文化遗产业务培训在三江侗族自治县举行，柳州市和三江侗族自治县 40 多个部门和单位的 80 余人参加培训。有关申遗专家现场进行授课及研讨指导。

4 月 28 日，广西壮族自治区南宁市与内蒙古自治区呼和浩特市、阿拉善盟三市在南宁签署《文化交流发展战略合作意向书》，以"结对子"的模式，在演出交流、人才培训、艺术普及等方面建立合作关系。

5 月

5 月 3 日，广西壮族自治区人大教科文卫委在南宁召开《广西壮族自治区社会科学普及条例（草案）》立法论证会与征求新闻媒体意见座谈会。

5 月 5 日，广西壮族自治区社科联在南宁召开"广西社科界学习习近平总书记视察广西重要讲话精神座谈会"，广西社科界专家学者及来自实际工作部门的代表共 30 余人与会。

5 月 8 日，全国首部海上丝绸之路大型 3D 动画片《海上丝路南珠宝宝》在中央电视台开播，这是中共广西壮族自治区委宣传部扶持的重点文艺精品项目。

该日，广西壮族自治区人大教科文卫委召开全体委员会议，研究讨论《广西壮族自治区社会科学普及条例（草案）》（以下简称条例草案）。会议原则同意将条例草案提交人大常委会审议。

5 月 10 日，广西壮族自治区龙胜各族自治县第二届瑶族服饰（红瑶）蜡染技艺传习培训班开班。

5 月 11—15 日，第十三届中国（深圳）国际文化产业博览交易会在广东省深圳市会展中心举行。在本届文博会中，广西壮族自治区文化厅荣获"优秀组织奖"和"优秀展示奖"，合浦金蝠角雕厂选送的角雕作品《和谐》荣获"工艺美术金奖"，广西柳州博物馆选送的文创作品《广西民族风系列手机壳》《坭兴陶铜鼓茶具》和广西御品文化传播有限公司选送的铜艺挂轴作品《喜鹊登梅》获铜奖。

5 月 16 日，河池市金城江区政府公布了该区第二批非物质文化遗产名录，涉及民俗、传统舞蹈、传统音乐、传统戏剧、曲艺、传统体育和游艺与竞技、传统技艺等七大类 19 个项目入列。

5 月 18 日，在国际博物馆日的这天，经过近一年时间筹备的北海市海上丝绸之路古文化博物馆开馆。

该日，广西推进"扫黄打非"源头行业自律现场会在桂林市召开。

5 月 21 日，广西首部动画电影《勇闯天空岛》在来宾市举行首映仪式。《勇闯天空岛》是广西千年传说影视传媒股份有限公司第一部走上市场的动画电影，专门为中国少年儿童量身定制，曾获得 2016 年度澳新国际电影艺术节两项国际大奖。本片在 2017 年暑期档面向全国播出。

5 月 22—29 日，广西文化代表团赴斯里兰卡、泰国进行了为期 8 天的文化交流访问。访问期间，广西文化代表团与斯里兰卡、泰国有关政府机构及相关部门就艺术创作、艺术人才培养、艺术作品展览进行交流学习，并积极推介广西优秀文化资源。

5 月 23 日，广西社会科学院举行广西文艺评论基地挂牌仪式并举行"广西文艺评论现状与发展研讨会"，率先在全区展开活动。广西社会科学院成为首批广西文艺评论基地之一。入选首批广西文艺评论基地的共有广西社会科学院、广西师范大学、广西民族大学、广西师范学院、河池学院、广西艺术学院等 6 家单位。

5 月 23—25 日，广西壮族自治区第十二届人大常委会第二十九次会议召开。《广西壮族自治区社会科学普及条例（草案）》提请会议审议。

5 月 28 日，广西防城港市一年一度的海上国际龙舟赛在"海上胡志明小道"的起点——西湾举行。来自越南、泰国、印度尼西亚等国，以及广东、广西和台湾的共 19 支队伍参加比赛。

5 月 28—30 日，由中国—东盟博览会秘书处联合中国动漫集团有限公司、广西壮族自治区文化厅、广西壮族自治区商务厅主办的 2017 中国—东盟博览会动漫游戏展在南宁国际会展中心开幕。

5 月 31 日，广西壮族自治区成立 60 周年文艺精品工程专题汇报会在南宁召开，自治区党委书记彭清华、自治区主席陈武出席会议并讲话。汇报会上，广西演艺集团、广西戏剧院、广西电影集团、广西电视台、广西人民广播电台、自治区文联、广西出版传媒集团等单位负责人先后汇报了有关项目筹备进展情况。

6 月

6 月 3 日，大型古装历史电视剧《沧海丝路》工作推进会在河北涿州影视基地召开。

6 月 6 日，第二届"中国南充国际木偶艺术周"闭幕式颁奖晚会在南充大剧院举行。由广西木偶剧团有限责任公司出品演出的原创儿童木偶音乐剧《壮壮快跑》，从来自 21 个国家和地区的 46 台剧（节）目中脱颖而出，荣获本届艺术周"最佳剧目奖"和"优秀演奏奖"。

6 月 8 日，由文化部、澳门特别行政区政府社会文化司主办的 2017 年澳门"根与魂"——广西非物质文化遗产展演活动在澳门议事亭前地开幕。展演活动包含锦绣八桂展览、手工技艺展示和手工技艺工作坊、壮乡情韵文艺会演等单元，展示了广西少数民族服饰文化、民族歌舞、地方戏曲以及民族工艺等非遗项目的传承与保护成果。

该日，2017 年度"广西广播电视奖"电视文艺优秀作品（含广播电视公益广告）评选工作圆满结束。经过送评单位层层初审推荐及评委会的严格评审，从 208 件参评作品中评选出获奖作品 132 件，其中，一等奖 23 件，二等奖 42 件，三等奖 67 件。

该日，广西壮族自治区新闻出版广电局召集 2017 年全区境外电视节目传播秩序专项整治工作厅际联席会议。

6 月 9 日，2017 年全区新闻出版广播影视法治工作会议在南宁召开。

6月10日，在首个"文化和自然遗产日"中，中央电视台"文化和自然遗产日特别节目"走进宁明花山岩画开展新媒体录制直播活动。节目组采用新媒体直播及现场采访等形式，通过央视新闻客户端、央视新闻微博、央视新闻移动网等多种渠道向全国网友宣传花山岩画独具特色的文化历史底蕴及民俗文化、风土人情等。

6月12—16日，《广西社科联志》编辑部在柳州市三江侗族自治县举行《广西社科联志1984—2014》专家评审会。

6月13日，为进一步对《广西壮族自治区社会科学普及条例（草案）》内容进行论证修改补充，由自治区人大常委会法工委组织的《广西壮族自治区社会科学普及条例（草案）》论证会在广西人民会堂梧州市厅召开。

6月15日，中国世界文化遗产监测2017年年会在广西南宁举行。本次年会以"科学监测，适度利用"为主题，以"遗产地2016年度监测工作报告""左江花山岩画文化景观监测工作调研"为主要内容。

6月16日，由广西壮族自治区社科联主办，广西东南亚经济与政治研究院、广西政法管理干部学院和广西女子监狱共同承办的2017年第1期中国—东盟大讲坛，在广西女子监狱举行。

6月17日晚，由南宁市文化新闻出版广电局主办的"建设者之歌"2017年南宁市外来务工人员优秀文艺节目展演在民歌湖水上舞台举行，上百名来自全国各地的外来务工人员共同登台展示自己的风采，欢度劳动者自己的盛会。

6月18日，防城港市上思县开展创建国家公共文化服务体系示范区暨公共文化服务保障法宣传文艺演出。

该日，柳州市柳南区第五届读书节暨竹鹅小学第二届读书节作家见面会在农民工子弟小学——竹鹅小学举办，邬书林、高洪波、金波、曹文轩、白冰5位儿童文学作家与孩子们会面交谈，分享读书心得，推荐优秀书刊。

6月21—24日，广西壮族自治区文化厅委托广西民族文化艺术研究院组织的"特色文化产业提升工程"调研组深入广西马山县指导该县特色文化产业建设工作。

6月22—24日，为期3天的"中国南方史前考古暨桂林父子岩遗址发掘学术研讨会"在桂林举行。会上公布了中国社会科学院考古研究所与广西各级考古部门合作取得的重要考古成果——在对桂林父子岩、大岩遗址的3次考古发掘中，出土了数万件文化遗物，发现了多种类型文化遗存，填补桂林距今7000年到商周、先秦时期的文化空白。

6月23—25日，文化部、中央文明办"春雨工程"2017年全国文化志愿者广西行暨第九届"魅力北部湾"（北海）系列群众文化活动在北海隆重举行。

活动由大舞台、大展台、大讲台三大部分组成，来自浙江、陕西及广西 14 个地市和区直单位的 500 多名文化志愿者、群文工作者欢聚北海，开展文化志愿服务和文化交流。

6 月 24 日晚，第九届"魅力北部湾"（北海）系列群众文化活动"唱吧八桂好声音"广西百姓歌手网络总展演在北海市人民剧场举行。全区各赛区胜出的 20 强选手，经过现场评委严格的打分评定，评出了一等奖 2 名、二等奖 3 名、三等奖 5 名。

6 月 25 日上午，作为第九届"魅力北部湾"亮点活动内容之一的"欢跃四季 桂风壮韵——广西原创广场舞展演"活动在北海北部湾广场举行，来自南宁、北海、钦州、防城港等地的 16 支广场舞团队分别登台亮相。中国文化网络电视对该展演进行了现场直播。

6 月 30 日，由自治区新闻出版广电局和广西广播电影电视协会共同举办的 2017 年全区广播电视节目评选工作会议在南宁召开。

7 月

7 月 1 日，广西戏剧院开展庆祝中国共产党成立 96 周年暨香港回归 20 周年戏曲会演活动。壮剧《第一书记》、桂剧《刘胡兰》和现代京剧《红灯记》一共三台大戏，分别在明星剧场、桂戏坊和京剧团剧场同时上演，为热爱戏曲的观众献上一道丰富的文化大餐。

7 月 2 日，广西防城港东兴市江平镇开始欢庆为期 7 天的京族哈节。此次节日，京族群众及 100 多名越南代表共同完成了万人聚餐、京族独弦琴民歌表演、山歌会、唱桃等民俗活动。

7 月 4—5 日，广西戏剧院与新疆乌鲁木齐艺术剧院联合打造的"桂新两地艺术家民族音乐会"在南宁明星剧场上演。本次音乐会将广西与新疆独具特色的古笛、铜鼓、马骨胡、独弦琴、手鼓、热瓦普、艾捷克等器乐融入民族交响乐中，通过两地优秀艺术家的精彩演绎，展示出地方戏曲和民族音乐的独特魅力。

7 月 7 日，南宁市青秀区文化馆绿地中央广场分馆暨青秀区第九期全民艺术共享课堂艺术名家讲座活动在绿地中央广场 1 楼举行，有 200 多名市民参加。本期活动邀请了广西著名现代舞者、广西艺术学院舞蹈学院现代舞系主任黄磊现场授课。

7 月 9—14 日，广西壮族自治区人大法制委员会副主任委员黎启新、广西壮族自治区人大常委会委员李奕权、广西壮族自治区社科联科普部主任马文一行赴青海省、河南省就科普立法问题开展专题调研工作。

7月10日，14位国内知名考古文博业界专家接受"合浦海上丝绸之路研究院"学术顾问聘书，他们将通过对当地考古遗址、出土文物现场考察，为海上丝绸之路·北海史迹申遗工作指明方向。

该日，广西边疆民族文化标志性展示窗口、由那坡县博物馆升级改造的广西边疆民族博物馆正式对外开放。那坡县博物馆位于国家重点保护单位"感驮岩遗址"南侧，于1980年组建。2015年，经广西壮族自治区相关部门批准，将那坡县博物馆冠名为广西边疆民族博物馆。

该日，柳州市群众艺术馆第三季度公益培训班开班。本季培训班设置了乐器、舞蹈、声乐、美术和表演等30多个培训项目。

7月13日，国家艺术基金资助项目，中国岩画保护利用与岩画新艺术创作人才培训崇左基地挂牌成立。

7月15日、16日晚，广西壮族自治区柳州市艺术剧院创排演出的3D舞蹈诗《侗》亮相国家大剧院。《侗》多维度描绘了侗族人民生产生活的唯美画卷，并通过3D舞台效果呈现千年侗寨的田园景色和风土人情。自2015年底首演以来，该剧已赴新加坡和台北、天津等近50个城市巡演80多场。

7月17—19日，由广西壮族自治区社科联承办的以"社科类社会组织管理创新与发展"为主题的全国社科联第十八次学会工作会议在南宁召开。

7月19日，海南、河北、江苏、黑龙江及广西5省区社科联工作交流会在南宁召开。

7月21日上午，广西壮族自治区社科联与田林县社科联共建社会科学普及基地（县图书馆）签约揭牌仪式在田林县图书馆举行。田林县图书馆成为全区第七个、百色市第一个县级共建社会科学普及基地。

7月22日，广西壮族自治区党委书记、自治区人大常委会主任彭清华在南宁会见了全国"扫黄打非"工作小组专职副组长李长江。

7月23日，由广西德保县马骨胡艺术中心推出的壮剧《第一书记》在北京民族文化宫大剧院上演。该剧展现了广西一个贫困村的第一书记带领村民脱贫致富的历程。

7月23—24日，全国"扫黄打非"工作小组专职副组长李长江率调研组到南宁市开展"扫黄打非"进基层工作督查调研。

7月24—28日，广西壮族自治区新闻出版广电局在南宁举办2017年局系统中青年干部培训班。

7月25日，"民族遗珍 书香中国——中国少数民族古籍珍品暨保护成果展"全国巡展（北京站）在国家博物馆开幕。广西精心选送了壮族、毛南族的民间宗教经书、民歌、字书、戏剧等抄本共计19件参展，同时，广西近年来整理出版的代表性成果《壮族麽经布洛陀影印译注》（1—8 卷）也在成果展区亮相。

7 月 25—29 日，由广西壮族自治区文化厅主办，广西戏剧院、广西艺术创作中心承办的全区基层院团地方戏曲优秀剧目展演在南宁举行。地方戏曲优秀剧桂剧传统戏《开弓吃茶》、彩调剧《刘三姐夜游柳江》、壮剧《第一书记》等地方戏曲优秀剧目汇聚一堂。

7 月 26 日，国家新闻出版广电总局副局长、国家版权局专职副局长周慧琳一行就广西新闻出版广播影视工作进行调研。

该日上午，2017 年全国印刷复制培训班在广西南宁开班。

7 月 28 日上午，广西壮族自治区十二届人大常委会第三十次会议第二次全体会议以 50 票赞成、0 票反对、1 票弃权高票通过《广西壮族自治区社会科学普及条例》，条例将于 2017 年 10 月 1 日起施行。

该日，由广西壮族自治区社科联主办、桂林市社科联承办的 2017 年全区市县社科联工作研讨与经验交流会在桂林召开。自治区 14 个设区市，111 个县（区、市）社科联约 150 名代表参会。

8 月

8 月 7 日，国家新闻出版广电总局公布 2017 年"原动力"中国原创动漫出版扶持计划入选项目，广西民族出版社的"少数民族民间故事动画系列"丛书入选漫画图书类扶持项目。

8 月 7—11 日，第十一届广西少年儿童艺术比赛在南宁举行，来自全区各地的 1756 名少年儿童同台竞技。本届比赛以"群星耀童年，献礼十九大——少年儿童艺术教育辅导教学成果展演"为主题，分为舞蹈、戏剧曲艺、器乐、声乐四大类进行。

8 月 8 日上午，广西壮族自治区重点电视剧《沧海丝路》在广西电视台举行关机仪式。广西壮族自治区党委常委、宣传部部长范晓莉，自治区人大常委会副主任、党组副书记李克出席关机仪式。

8 月 17—18 日，由滇黔桂三省（区）社科联联合主办，曲靖市委、市政府承办的滇黔桂三省（区）社科联第三届南盘江流域发展论坛在云南省曲靖市召开。广西壮族自治区社科联党组书记、主席沈德海率团出席论坛并做讲话。论坛由云南省社科联党组书记、主席张瑞才主持。来自云南、贵州、广西三省（区）的 120 余名专家学者与会。

8 月 23 日晚，国家艺术基金 2016 年度艺术人才培养资助项目"广西戏曲乐师人才培养"在南宁举行技能专场音乐会。

8月26日，全区"深入生活　扎根人民"小戏小品创作成果展演在柳州文化艺术中心拉开帷幕。来自全区31家文艺单位的52个节目参演。

8月26—27日，由中国人民大学经济学院、广西壮族自治区社科联主办，广西人的发展经济学研究基地、《改革与战略》杂志社承办，广西人的发展经济学研究会协办的中国第十次人的发展经济学研讨会在中国人民大学举办。中国人民大学、中国社会科学院等40家高校及科研机构单位约80名专家学者参会。

8月30日，以"提升海南国际旅游岛国际化水平与建设美好新海南"为主题的海南国际旅游岛智库联盟高端论坛暨海南省第三届（2017）社会科学学术年会在海南澄迈举行。来自广东、广西、贵州、吉林、新疆等省区的社科专家及海南社科界代表近90人与会。

8月31日下午，广西壮族自治区社科联在南宁举办"突发事件应对与网络舆情引导"报告会。

9 月

9月1—3日，2017年全区"深入生活　扎根人民"音乐创作成果展在南宁市工人文化宫举行。本次展演共32家文艺单位参加，参演节目48个，参演选手总人数近200人。作品大都以"深入生活　扎根人民"为主题，展现了老百姓的真实生活。

9月4—30日，文化部、教育部2017年度中国非物质文化遗产传承人群研修研习培训计划——苗族蜡染普及培训班在广西艺术学院开班。本次培训班根据广西地域文化特色，科学安排课程，精心组织师资教学，使学员的文化素养、设计艺术、美术基础和市场意识各方面均得到提升，进一步促进他们的传承能力和实践能力。

9月5—9日，2017中国—东盟（南宁）戏曲演唱会在广西南宁举行。演唱会以"加强艺术交流，传承戏曲文化"为主题。共有116个参演曲目、40个团体182人参与演出。

9月6—12日，第五届中国—东盟戏剧周在南宁举行。来自中国和10个东盟国家的24个优秀院团、40台精品剧目参演。活动期间，参与演出的国内外院团、艺术家们共同组建"中国—东盟优秀艺术家演出团"，开展地方戏曲精品剧目进高校、送戏进基层等活动。同时分赴北海、钦州、防城港等城市，开展巡演。

9月7日，首届中国—东盟艺术院（团）长高峰论坛在南宁举行。来自中国与东盟各国著名艺术院（团）的30余名艺术院（团）长及嘉宾会聚一堂，就中国及东盟的戏剧发展和传播进行深入交流和研讨。论坛举办期间,各参与院团还签署《中国—东盟戏剧合作交流机制谅解备忘录》。

该日,"丝路华章——中国—东盟艺术展"在南宁图书馆开展。中国、印度尼西亚、老挝、缅甸、泰国 5 个国家的展品参加了此次展出。此次艺术展结合了中国与东盟丰富的戏剧艺术文化、非物质文化遗产资源,展出既有视觉冲击力强的摄影图片展、美术图片展、青年电影展映等,还有丰富多彩的手工技艺展。现场还有东盟各国艺术家"手把手"展示和教授戏剧体验课程。

该日,由广西壮族自治区图书馆主办的"文化广西"微视频征集评选活动颁奖礼暨微视频培训总结会在南宁落下帷幕,"文化广西"微视频征集评选活动从 3 月份启动,历时约 4 个月,共收到全区各地报送的微视频作品 119 部。经评选,共有 50 部优秀作品入围,6 部作品获单项奖。

9 月 10—12 日,由中国—东盟博览会秘书处、中国—东盟企业家联合筹备组共同举办的第二届中国—东盟企业家合作高端对话会在广西南宁举行。

9 月上旬,苍梧县六堡镇黑石山茶厂新建的六堡茶国家级非物质文化遗产生产性保护基地,成功入选自治区 2017 年度特色文化产业发展重点项目。

9 月 11 日,第 12 届中国—东盟文化论坛开幕。本届论坛以"中国—东盟传统艺术传承与发展"为主题,来自中国及东盟各国文化部门官员、中国—东盟中心、艺术教育院校代表约 120 人共同出席论坛。

该日,中国—东盟艺术院校校长圆桌会议在广西南宁举行。会议以"中国—东盟传统艺术传承与发展"为主题。参会的艺术教育院校校长、教育专家、行业管理专家围绕传统艺术人才培养途径、传统艺术传承模式等议题展开了讨论。

9 月 12 日,由广西壮族自治区社科联主办,广西东南亚经济与政治研究院、广西体育高等专科学校承办的 2017 年第二期中国—东盟大讲坛在广西体育高等专科学校召开。

9 月 16 日,动画片《独弦琴》荣获"新光奖·第 6 届中国西安国际原创动漫大赛""最佳丝路国际艺术民族动漫提名奖"。

9 月 18—24 日,广西壮族自治区社科联 2017 年第二期全员培训班在中国革命圣地井冈山举行。

9 月 20 日,第二届丝绸之路(敦煌)国际文化博览会(简称"敦煌文博会")在甘肃省敦煌市隆重开幕。广西壮族自治区人民政府主席陈武率广西代表团出席博览会开幕式并参观博览会文化年展和广西展馆。

9 月 20—21 日,"2017 中国广西电视展播周"分别在新西兰和澳大利亚举行。

9月22日，广西剧院（场）演艺联盟正式成立。联盟旨在加强全区各级剧场交流，完善演艺市场体系，"盘活"空置剧场，输送优质节目，形成系统化、规范化的剧场运营管理体系。

9月22—24日，第二届孔学堂·国学图书博览会暨2017北京国际出版论坛孔学堂国学分论坛在贵州省贵阳市举行，广西壮族自治区新闻出版广电局副局长朱为范出席开幕式并率广西出版展团参展。

9月23日，广西壮族自治区党委常委、宣传部部长范晓莉到龙州县水口国门书店调研。通过现场观看、与读者交流、听取汇报等方式全面了解国门书店的经营情况及对外宣传工作情况。

9月24日，以"坚定文化自信·弘扬中华优秀传统文化"为主题的第二届治国理政学术研讨会在广西北海举行。来自中国社科院、中央编译局及全国各高校、科研机构的109位专家学者参加研讨会。

9月25日，本土电影《龙窑》首映暨进校园义务展映启动仪式在钦州举行。影片通过坭兴陶艺人守护传承坭兴陶的故事，宣传广西对海上丝绸之路做出的历史贡献，承续中华文化命脉，传扬民族精神、工匠精神，弘扬爱国主义，赞美广西本土，颂扬人间大爱。

9月26日，广西壮族自治区文学艺术界联合会第十次全区代表大会在南宁开幕。自治区党委书记、自治区人大常委会主任彭清华出席并发表重要讲话，中国文联党组书记、副主席李屹，中国作家协会党组书记、副主席钱小芊分别致辞。自治区党委副书记孙大伟，自治区党委常委、宣传部部长范晓莉，自治区党委常委、组织部部长喻云林，自治区党委常委、秘书长王可，广西军区司令员肖运洪，武警广西总队政委丁晓兵，自治区人大常委会副主任荣仕星，自治区副主席黄伟京，自治区政协副主席黄道伟以及自治区党委组织部、宣传部、统战部、区直机关工委、自治区各人民团体、各有关厅局单位的负责人和650余名大会代表一同出席开幕式。

9月28日，由广西壮族自治区社科联主办、广西社会科学杂志社协办的第六届广西社会科学学术年会在南宁召开。来自广西各界的获奖征文作者和特邀专家学者、新闻媒体代表等共120多人参加。

9月28日下午，广西壮族自治区社科联在广西人民会堂召开《广西壮族自治区社会科学普及条例》（以下简称《条例》）新闻发布会，宣布《条例》自2017年10月1日起施行。

9月29日，由中国妇女儿童博物馆和广西民族博物馆共同举办的"指间经纬——馆藏少数民族织锦展"在广西民族博物馆正式对外开放。此次展览共展出壮族、苗族、侗族、瑶族、毛南族、布依族、土家族等少数民族织锦共计90余条。

10 月

10月1—2日，由广西博物馆主办，广西博物馆协会、广西大学生创业就业研究会共同承办，广西电视台、广西艺术摄影学会协办的"2017年庆国庆迎中秋——广西博物馆第三届文创市集"在广西博物馆民族文物苑隆重开市。

10月11—15日，第九届广西音乐舞蹈比赛决赛在首府南宁举行。本届比赛汇聚全区50多个参赛单位、1000多名参演文艺工作者，148个决赛节目，经过4天角逐，歌曲、器乐曲、舞蹈创作和表演一、二、三等奖各归其主。

10月19日，2017年全区高校社科联工作研讨与经验交流会在南宁召开，共收到35篇会议材料，其中31篇选入材料汇编。来自全区31所高校社科联的近50名代表与会。

10月21日，广西壮族自治区党委书记彭清华、广西壮族自治区主席陈武等领导在北京看望了党的十九大广西采访报道团。

10月23日上午，广西华业投资集团有限公司社会科学界联合会成立大会暨第一次代表大会在防城港市召开，标志着全区第二家民营企业社科联正式成立。

10月23—31日，壮族霜降节在天等县向都镇举行。来自全国"二十四节气"联盟保护单位以及区内文化科研机构、高校民族文化品牌研究领域的专家汇聚天等，共同探讨如何深挖民俗内涵，让我们的"节气"在当代更加"活"起来。作为二十四节气之一，壮族霜降节去年正式列入联合国教科文组织人类非物质文化遗产代表作名录。

10月25—26日，由广西壮族自治区社科联主办的以"山清水秀的自然生态与广西发展"为主题的第十九期广西发展论坛在南宁举行。

10月25日—11月3日，在第三十届东京国际电影节上，根据广西作家朱山坡短篇小说《灵魂课》改编的电影《花花世界灵魂客》入围亚洲未来主竞赛单元最佳影片的提名。

10月27日，在南宁召开广西社科专家学者学术交流会，主题为"广西社科界学习贯彻党的十九大精神座谈会"，来自广西社科界各学科领域的专家学者、相关设区市社科联领导等共40多人参加。

10月28日，"文化柳州二十年"优秀剧目联展活动在柳州市文化艺术中心启动，联展以时隔20年再度打造的民族歌舞剧《白莲》为主线，串联起民族音画《八桂大歌》和舞蹈诗《侗》，形成一条完整的时间轴，立体地诠释"文化柳州"。

该日，第十五届澳门妈祖文化旅游节开幕式暨妈祖祭典仪式在澳门特别行政区妈祖文化村举行。活动由澳门中华妈祖基金会主办，澳门特别行政区政府、中央政府驻澳门联络办公室、中华海外联谊会和广西壮族自治区人民政府协办。第十五届澳门妈祖文化旅游节上还举办广西民族文化艺术展演。歌舞《美丽广西》《大地飞歌》、舞蹈《银落》《茉莉花》、杂技《羽人梦》《瑶心鼓舞》等节目赢得现场观众的热烈掌声和阵阵喝彩。

10月28—31日，2017"文化走亲东盟行"活动走进越南，来自中国南宁、广州的非物质文化遗产展览在活动期间举行，广西壮绣、壮医、书画等非物质文化遗产颇受关注。

10月31日，广西壮族自治区党委宣传部、广西壮族自治区新闻出版广电局、广西出版传媒集团有限公司在南宁联合举行党的十九大文件及学习辅导读物广西首发式。

该日，自治区新闻出版广电局（版权局）与自治区国资委在南宁联合举办2017年自治区国有企业软件正版化工作培训会，部署今后一段时期工作。

11 月

11月2—10日，第三届广西（梧州）粤剧节在梧州市举行。本届粤剧节以"梅花绽放·薪火相传"为主题，除了优秀粤剧剧目展演外，还邀请了广西、广东粤剧界的8位中国戏剧梅花奖获奖演员为观众献唱经典。其间，为了推广和弘扬粤剧文化，8位粤剧名家还走进校园、社区，与广大群众分享戏曲之美。

11月3—6日，在第十届海峡两岸（厦门）文化产业博览交易会上，广西参展团以"桂风壮韵·美丽广西"为主线，展品涵盖10大类200多个品种，与境内外1000多家文化企业和机构的工艺艺术品、文创产品同台展示，进一步扩大了广西文化创意产品的影响力和美誉度。

11月5—6日，广西戏剧院创作的壮剧《冯子材》亮相由文化部主办的第十九届中国上海国际艺术节，并同时参加第28届上海白玉兰戏剧奖评选。在本届艺术节上，壮剧《冯子材》是唯一参演的少数民族地方戏。

11月6—7日，广西罗城仫佬族自治县举办第三届仫佬族依饭文化旅游节暨扶贫产业招商活动。海内外宾客会聚仫佬山乡，体验当地独具特色的民俗文化，并为罗城旅游业和扶贫产业发展献计献策。

11月7日，广西出版传媒集团首个海外阅读体验中心在越南河内正式启用，这是集团走出广西、走出国门投资建设的首个阅读体验中心，为中国文化与东盟的交流与合作开辟了新渠道。

11月9日晚，大型历史粤剧《刘永福·英雄梦》在南宁人民会堂精彩上演，这是纪念刘永福诞辰180周年的广西文化艺术精品之剧。该剧于2017年

10 月在钦州成功首演，这次南宁专场首次与首府观众见面。

11 月 10 日，2017 中国（贵州）国际民族民间文化旅游产品博览会开幕。其中，特邀广西壮族自治区作为主宾省区，组团 20 余家企业同台展示。

11 月 15 日，"2017 年全国曲艺、木偶剧、皮影戏优秀剧（节）目展演"在晋江戏剧中心落幕。广西桂林市荔浦县选送的壮族末伦《堵寨门》作为广西唯一获选曲艺节目，在展演中获得优秀奖。

11 月 16 日，广西防城港市委在《关于深入学习宣传贯彻党的十九大精神的决定》中提出，要坚定文化自信，依托特色鲜明的"边、山、海、民"文化元素，推动社会主义文化繁荣兴盛，激发全市各民族文化创新创造活力，建设边海文化名市。

11 月 18 日，2017 中国·融水苗族芦笙斗马节在融水苗族自治县拉开帷幕，来自亚非欧 11 个国家和地区的宾客应邀前来"打同年"，千人同跳芦笙舞。"打同年"是数百年前苗族村寨之间的联谊交友活动，"同年"是参加联谊交友的两个村寨的互称，如今已发展延伸为融水人民邀请四海宾客交友之意。

11 月 18—20 日，第十八届河池铜鼓山歌艺术节在世界自然遗产地——环江毛南族自治县开幕。本届河池铜鼓山歌艺术节以"神韵河池·世遗环江"为主题，突出本土特色和群众参与，以群众喜闻乐见的艺术样式，表现民族团结、和谐发展、共同致富的美好画卷。

11 月 21—22 日，新版民族歌舞剧《白莲》在柳州市文化艺术中心上演。《白莲》的舞台上，演绎的不单是一段唯美的爱情，还有柳州绚丽的民族风情。

11 月 21—26 日，广西壮族自治区新闻出版广电局在国家新闻出版广电总局研修学院举办学习贯彻党的十九大精神专题培训班，集中深入学习党的十九大精神。

11 月 26 日，广西文化艺术中心正式开票，数百名市民前往排队购买 2018 年首演季门票。广西文化艺术中心是广西壮族自治区成立 60 周年庆典重大项目，其落成和运营填补了广西缺乏国际化高端文艺演出场馆的空白。

11 月 30 日，2017 年广西壮族自治区社科联学会工作会议在南宁举行。自治区社科联所属社会组织负责人、各设区市社科联分管学会工作领导等 150 多人参会。

12 月

12 月 2 日，广西振兴传统工艺研究中心在广西民族大学揭牌。广西传统工艺工作站广西民族大学站点同日成立。在揭牌仪式上，广西振兴传统工艺研究中心主任吴致远表示，中心将建立广西传统工艺振兴目录大数据，总结并推广优秀的振兴传统工艺模式，共创广西振兴传统工艺协同创新平台。

12月6日上午，广西壮族自治区新闻出版广电局在南宁举行全区广电媒体深化融合发展工作会。

12月7—8日，2017"一带一路"（南宁）动漫游戏产业合作发展论坛在广西南宁举行。论坛以"中国动漫游戏产业的全球化未来"为主题，共同探讨在中国引入Pitch Bible合作模式，并力争以此市场先导的作用实现首批国内产品面向海外的输出。

12月8—12日，"新时代广西山歌颂党恩——深入学习宣传贯彻落实党的十九大精神广西山歌巡演"在广西河池市东兰县举办首站系列活动。活动以广西山歌为载体，在广西14个地市开展巡演，推动十九大精神在基层开花结果。活动主办方还将把首站巡演成果汇编成山歌歌本（碟），在八桂大地的文化馆站推广。

12月9日，第二届"广西世居民族论坛"在南宁举行。

12月11—12日，2017年全区文化娱乐行业转型升级研修班暨现场会在桂林市召开。本次研修班暨现场会由广西壮族自治区文化厅举办，有来自全区14个设区市的文化行政管理部门、文化市场综合执法支队以及文化娱乐经营单位的负责人等100多人参加。

12月16日，2017年贝宁"织染绣彩·八桂茶香——广西文化体验工作坊"展演活动开幕式在贝宁中国文化中心隆重举行。

12月19日，《广西文学》2017年度优秀作品颁奖会暨《广西文学》系列精品集出版发布会在南宁隆重举行。会上揭晓了《广西文学》2017年度优秀作品评选结果，选出年度优秀小说共8部、优秀诗歌3组、优秀散文5篇、优秀评论2篇。

12月20日，广西壮族自治区党委常委、宣传部部长、"扫黄打非"工作小组组长范晓莉率队到北海市银海区贵兴社区调研"扫黄打非"进基层工作情况。

该日，广西壮族自治区柳州市三江侗族自治县持续推进民族文化进校园工作，将侗族刺绣等非遗技艺引入课堂，邀请民间艺人为学生开展培训，民族优秀传统文化在校园得到很好传承。

12月29日，武鸣区文化馆以基础设施、公共文化服务双优的成绩在第四次全国文化馆评估定级中脱颖而出，获评为国家一级文化馆。

后　记

　　《2018年广西蓝皮书·广西文化发展报告》终于编成，交付出版了。这是广西社会科学院文化研究所全体同事共同努力的结果。我们所从2004年开始编撰《广西蓝皮书：广西文化发展报告》，每年坚持出版一本，其中2015年还多出版了《2015年广西蓝皮书：广西广电改革创新发展报告》，迄今加起来共有15本。在这个过程中，我们与广西的文化界、新闻出版广电界、社科界、文艺界、统计界等政府部门与行业建立了密切的联系，并且持续地跟踪他们的发展状况，进行理论的分析、科学的判断和准确的把握，不但记录了广西文化发展的历程，而且还提出了对策建议，有的研究成果还得到了中央领导、自治区领导的肯定性批示，获得了广西社会科学优秀成果奖。在这个过程中，我们逐渐地将理论与实践相结合，将基础研究与应用研究统一起来，彼此呼应，共同促进，在发挥社会主义新型智库作用的同时，也彰显出求真务实的学风，不但促使全所研究人员的成长，而且还带动了与广西文化相关的各行各界专家，通过蓝皮书的平台，较为系统地思考和提升自己的业务工作，进而推动广西文化的发展。这些都是编撰出版《广西蓝皮书：广西文化发展报告》的收获。

　　今年这本《广西文化发展报告》在设计框架时，既保持原有的"总报告""理论探讨""行业发展""专题分析"，以及"大事记"等基本框架，又结合习近平总书记视察广西时参观合浦汉代博物馆海上丝绸之路文物精品展所作的重要讲话精神，创新地开辟了"文博研究"的专栏。我们虽然没有能够约到有关合浦汉代博物馆的文章，但得到了广西博物馆、广西民族博物馆、桂林博物馆、柳州工业博物馆、八路军桂林办事处的支持，使读者也能够大致了解到广西文博发展的状况。这也是广西文博界认真学习、贯彻落实习近平总书记关于博物馆讲话精神的重要成果。

　　本书作者主要是自治区人民政府文化管理部门、统计部门、社科研究机构、高校、党校、博物馆、纪念馆，以及地方党委政府的领导、高级管理人员、专家和学者。他们的研究报告和论文能够较为全面地披露了 2017 年广西文化发展情况，提出了切实可行的对策建议，所以既有应用价值，又有理论价值。

本书在编撰中得到了广西社会科学院的支持。广西人民出版社领导、同志们为本书的编辑出版付出了心血，在此表示衷心感谢！

由于我们的水平有限，所以书中难免存在疏漏和缺陷。在此，我也向读者表示诚挚的歉意！

王建平

2018 年 10 月